张 越／著

探物求理

——手边物理实验 身边物理问题

上海教育出版社

前　言

　　建设一流城市，需要一流教育。办好教育，最根本的是要建设好教师队伍和学校管理干部队伍。

　　在长期的教育实践中，上海市涌现了一大批长期耕耘在教育第一线，呕心沥血、努力探索，积累了丰富经验的优秀教师；涌现了一批领导学校卓有成效，有思想、有作为的优秀教育管理工作者。广大优秀教育工作者教育教学和管理工作的经验，凝聚着他们辛勤劳动的心血乃至毕生精力。为了帮助他们在立业、立德的基础上立言，确立他们的学术地位，使他们的经验能成为社会的共同财富，1994 年上海市领导决定，委托教育部门负责整理这些经验。为此，上海市教育局、上海市中小学幼儿教师奖励基金会组织成立《上海教育丛书》编辑委员会，并由吕型伟同志任主编，自当年起出版《上海教育丛书》(以下称《丛书》)。1995 年上海市教育委员会成立后，要求继续做好《丛书》的编辑出版工作。2008年初，经上海市教育委员会领导同意，调整和充实了《丛书》编委会，并确定夏秀蓉同志任执行主编，协助主编工作。2014 年底，经上海市教育委员会领导同意，调整和充实了《丛书》编委会，确定尹后庆同志担任主编。至 2020 年 4 月，先后共编辑出版《丛书》130 册。《丛书》的内容涵盖了基础教育和中等职业教育的各个方面，包含有较高理论水平和学术价值的著作，涉及中小学教育、学前教育、师范教育、职业教育、校外教育和特殊教育，以及学校的领导管理与团队工作，还有弘扬祖国优秀文化、促进国际教育交流等方面的著作，体现了上海市中小学教育改革与发展的轨迹，体现了上海市中小学教育办学的水平与质量，体现了优秀教师和教育工作者的先进教育思想与丰富的实践经验。《丛书》出版后，受到广大教师、教育工作者及社会的欢迎。

　　为进一步搞好《丛书》的出版、宣传和推广工作，对今后继续出版的《丛书》，我们将结合上海教育进入优质均衡、转型发展新时期的特点，更加注重反映教育改革前沿的生动实践,更加注重典型性、实用性和可读性。希望《丛书》反映的教育思想、理念和观点能起到抛砖引玉的作用,引发大家的思考、议论和争鸣;更希望在超前理念、先进思想的统领下创造出的扎实行动和鲜活经验,能引领当前的教育教学改革工作,使《丛书》成为记录上海教育改革历程和成果的历史篇章,成为广大教师和教育工作者的良师益友。限于我们的认识和水平,《丛书》会有疏漏和不尽如人意之处,诚恳地希望广大读者提出宝贵意见,帮助我们共同把《丛书》编好。

《上海教育丛书》编委会

2020 年 4 月

序

　　张越和我都是上海师范大学物理系20世纪60年代前期的毕业生,他是我的学长。"文革"结束后,我回母校工作,后又到了市教育局工作,这样与张越接触的机会自然就多了,与他就十分熟悉了。我的这位校友,在中学物理学界有很大的名声,我为我的这位校友骄傲。

　　"文革"结束后,教育掀起了改革高潮。张越当时积极投入到学校创导的"引导发现法"教改,总结出"通过实验培养学生思维能力"的论文并获奖。同时,他还参与了市教研室倡导的以"突出重点、点拨思维"为核心的"强调实验操作、鼓励学生自主活动"的物理教改实验。1988年,他设计的"电学实验箱"在市里展出,获得好评。他借鉴国际上多种教育流派的思想,提出激活课堂的改革理念。后来,"激活课堂"成为上海师范大学附属中学教改的特色项目之一。

　　张越对于"填鸭式"的教学是非常反对的。他在不断的改革探索中逐步形成了自己的教学特色。他善于运用科学的思想方法和启发式的教学策略化解教学中的疑难问题;他善于利用身边的简易器材制作实验仪器,激发学生兴趣,领悟物理原理;他善于引导学生开展课题研究,提升学生的问题解决能力,等等。他的课联系生活实际,充满了激情,受到普遍欢迎。在欢笑中,深奥的物理疑难被化解了,使同学抓住了"物理的本质",领悟了知识发生的过程和结论。

　　张越较早就提出通过课内外教育活动培养学生的创造力,具体做法就是让学生从"做习题到做课题"。他在部分学生中先开展试验,给学生增加补充作业,称为"观察·思考·疑问",简称G·S·Y。在做作业过程中,学生涌现出不少奇思妙想。他帮助学生凝炼成可深入研究的课题,然后指导学生开展研究,并把结果撰写成小论文。例如,有学生发现用简单的办法可测定直线电流周围的磁感应强度,据此撰写的相关论文获得了市级奖;又如有学生对天体运动产生了兴趣,他们找资料、自学高等数学、做实验,终于制成了模拟实验仪器,成功地运用它解释了物理现象,撰写的小论文获市级奖和全国奖。可以说,张越实际上是研究型课程的倡导者和实践者。

多年来,张越一直从严要求自己,他是中学物理教育界的名师,更是为人师表的榜样。张越十分重视对基层学校年轻教师的培养,他经常放弃休息,手把手地指导他们,其中有不少老师在省、市各类教学大赛和论文评比中获奖。

张越在长期的物理教育工作中形成了自己的教育思想。他提倡物理教学要归真,其一是物理教育要回归科学真理的本质与核心。其二是物理教学要源于真实、呈现真实、探索真实、回到真实。其三是学习物理要真切感受、体验和经历。

张越对中学物理教育工作最重要的贡献是参加和主持了上海版物理新教材的编写工作。20世纪90年代初,他担任了上海一期课改中学物理教材的副主编和初中分册主编;21世纪初,他又担任了上海二期课改中学物理教材的主编。作为编写组成员的物理特级教师王铁桦,对此有过一段精彩的描述。

"张越老师作为上海二期课改中学物理教材的主编,为上海课程改革作出了重要而独特的贡献,在他的领导下,打造出了彰显上海特色的中学物理教材。编写组里有来自教学一线和教研一线富有经验的老师,有来自大学的教授,也有刚展露锋芒的青年教师。张老师用他的'睿智、多才、风趣'团结起这个锐意改革、学术严谨、民主和谐的编写组。"

"在接到编写上海版中学物理教材任务时,正值上海二期课改走向关键时刻。当时,国内的主流教材主要是围绕学科知识,采用概念、规律陈述的方式编写的,实验则以验证或是测量为主,与前者分列两条线。张老师用他先进的理念和丰厚的积累,引领编写组一起寻找突破口。他把出国考察带回来的各种教材、资料和通过各种途径搜集到的国内各版本教材拿出来,与大家一起进行比较研究,坚持要用新载体(新教材)来承载课改新理念。在他的策划和引领下,编写组提出了一个四维设计思路:①以'情景—探究—应用'作为教材主线;②以'数字化信息系统实验(DIS)'改造和优化传统实验;③用四个'学习包',引导学生自主探究式学习;④创设四种新型的练习题。他代表编写组向专家组汇报了编写理念和思路。参会回来,张老师兴奋地和大家讲述专家组对物理教材组工作的充分肯定,激发了全组上下对新教材编写的信心和热情。"

"学习包"的设计是上海二期课改高中物理教材中的一个大亮点。记得我当时有个想法:在知识经济背景下,物理教育的价值在于要让学生具有在纷杂的信息中提炼科学问题的能力,要培养学生勇于通过探索去学习和创造知识、理解和掌握规律,以及运用知识解决问题的能力。我们传统的教材和教学是将知识整理好后"喂"给学生的,这是无法达到上述要求而必须改革的。编写组设计的"学习包",应该说是创造性地回答了这个问题。对此,王铁桦的回忆是:"张越主编做了这样的概括:学习包就是围绕某一特定内容结合学生经验,构成的相对完整的探究式学习单元;其基本学习过程是学生组成小组,在教师指导下根据课题任务提出系列性问题,然后通过自学、查找资料、讨论、探究和实验学习物理知识及解决问题,最后进行小结、交流、评价。这是一种基于问题、基于项目、基于案例的自主学习形式。"

物理新教材中"情景—探究—应用"的设计是张越归真教育思想的体现。就"情景"来说,新教材努力做到有篇情景、章情景和节情景,这其实是很不容易的。上述无论是学习包还是情景等,正是当前高中新课标所强调的,由此可见这些理念和行动的超前性和创新性,这也正是今天要继承和学习的。

张越多才多艺,在上海物理教师圈里是有名的!他能把各种物理情景用笔画出来,既生动又明晰!教材中许多插画都是出自他的手笔。两位活跃在教材中的学生形象就是他亲笔创生出来的。2018年他写了一篇文章,题目是"绘画助我教物理养身心",可见在张越身上科学与艺术左右相通,思维与动手相得益彰。

写序既是幸事,又是难事。幸者,无论是搜集材料,还是提炼观点,都会收获感动,得到教益;而难者,序的篇幅很短,却要把作者立体地表达出来,难度很大。因此,只能尽力而为以表诚意。在最后,感谢帮助我收集资料的同事、学生和学生的学生。

2020 年 3 月 10 日

目　录

第一篇 简易物理实验研究

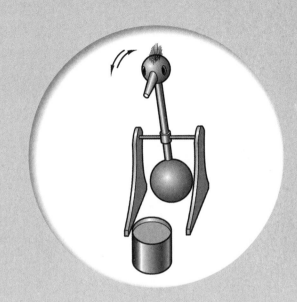

巧做实验

本篇中的"实验",主要是指简易实验,意为取材方便、操作简单,但现象明显、寓意深刻的实验。重点是介绍简易实验的作用、特点、原理、研制方法和使用方法等。

简易实验凸显的是要"巧做"。"巧做"的实验一般取材容易,设计巧妙。它们中有的实验非常有趣,让人意犹未尽;有的实验非常奇妙,令人惊叹不已;有的实验看似简单,言近旨远;有的实验看看容易,知易做难……你一定会为这些巧制妙作所感动而拍案叫绝。

本篇所选的实验以《普通高中物理课程标准(2017年版)》规定的"必修"和"选择性必修"内容为依据,精心挑选,不为求"全",意在通过"举一"达到"反三"的目的。当然这些实验并不仅限于高中物理,也涉及初中物理。加强对简易实验的研究,发挥简易实验在物理教学中的作用,突出"科学探究",有利于培育学生的核心素养,践行"从生活走向物理"的理念。

第一章 物理实验

在物理学中,实验是根据一定目的,运用一定的仪器、设备和手段,在人工控制条件下观察、研究自然现象及其规律性的实践活动。它是获取经验事实或检验科学假说、理论真理性的重要途经。实验中运用的方法主要有观察法、比较法、等效法和控制变量法等。历史上具有代表性的实验物理学家有阿基米德、卡文迪什、法拉第、卢瑟福、费米,等等。

一、物理实验与物理发现

物理规律的发现离不开物理实验,许多物理规律都是通过实验发现的。许多猜想、假设只有通过实验验证才能成为定理或定律。

(一)"十大最美"实验及启迪

2002 年,《物理学世界》刊登了由美国物理学家评选出的历史上最美的十大物理实验。它们分别是:

1. 托马斯·杨的双缝演示应用于电子干涉实验(发现了物质波)
2. 伽利略的自由落体实验(地球附近落体加速度恒定)
3. 密立根的油滴实验(测定电子荷质比)
4. 牛顿的棱镜分解太阳光(光的色散)
5. 托马斯·杨的光干涉实验(光具有波动性)
6. 卡文迪什的扭秤实验(验证万有引力定律)
7. 埃拉托色尼测量地球周长(利用太阳间接测量方法)
8. 伽利略的加速度实验(找到匀变速直线运动规律)
9. 卢瑟福发现核子实验(发现原子核式结构)
10. 傅科钟摆(证明地球自转)

这十个实验入选的理由是,它们都"抓"住了物理学家眼中"最美丽"的科学之魂:用最简单的仪器和设备,发现了最根本、最单纯的科学概念。它们就像一座座历史丰碑,扫开人们长久的困惑和含糊,开辟了对自然界的崭新认识。

其实,称得上"美"的实验还有许多,如测定大气压强的托里拆利实验、发现电流周围存在磁场的奥斯特实验、发现光的粒子性的光电效应实验、与量子理论有关的黑体辐射实验,以及与相对论有关的迈克尔逊-莫雷干涉实验等。

几乎所有获得诺贝尔奖的物理成果,都是经过实验或事实检验的。例如,杨振宁、李政道提出宇称不守恒后,是在吴健雄用实验验证后才获奖的。又如,比利时物理学家弗朗索瓦·恩格勒特和英国物理学家彼得·希格斯在 1964 年就提出了粒子物理学的标准模型,并预言希格斯玻色子(上帝粒子)的存在,但直到 2013 年欧洲核子研究中心的大型强子对撞机通过实验发现了希格斯玻色子,他们才获得当年度的诺贝尔物理学奖。

"十大最美"实验的评选和诺贝尔奖的评定带给我们的启示是,实验对物理发现起着非常重要的决定性作用。而且,许多成功的实验都包含十分巧妙的思想方法,所用的仪器设备却不十分复杂。

(二) 物理学家谈实验

许多著名的物理学家在回顾自己的成就时都谈到过物理实验的重要性,尤其是在学生时代的实验体验对自己后来从事科学研究的启蒙作用。

杨振宁曾说过:"我在中国学的方法是演绎法,我发现这完全不是费米、泰勒等人的研究方法,他们是从实际实验的结果中归纳出原理,运用的是归纳法。我很幸运把这两种研究方法的好处都吸收了……"

英国伦敦大学的亨特教授也说过:"我的学术兴趣主要在力学和流体运动方面……小时候,我就喜欢把许多电动小火车编组运行,还用雪茄烟盒等配件造出矿石收音机。上高中时我和朋友设计了一个实验以检验和说明一个常见的事实:为何码头和船甲板的系船柱上,仅绕一圈的缆绳就足以承受那么大的拉力……实验使我们真正感受到了科学的魅力和实用性。"

美国芝加哥大学费米研究所的诺贝尔奖获得者克罗宁说:"我对物理学真正产生兴趣,应当归功于上'高地公园中学'时一位非常特别的老师——马歇尔。马歇尔先生告诉我们,物理是一门实验学科,我们上课时要做许许多多的物理实验。开始,马歇尔先生要求我们做两个实验,第一个是要求我们从废旧物处理场和二手商店中寻找零部件,自制一台可由 6 伏电压驱动的电动机;第二个是自制一台能将 120 伏交流电分别降为 12 伏、6 伏和 3 伏的变压器,还要变压器能够承担 10 瓦功率的负荷……通过学习,我对数据分析着了迷,什么数据都要拿来研究一番……我把自己的数据分析癖与获取重要数据的实验有效结合起来,并且对'物理学主要是一门实验科学'有了更为直接的感受。1964年,我到普林斯顿大学任教,与同事一起作出了一项重要发现:宇宙中的物质与反物质在表现上有所不同。这不仅是一项理论预言,而且有实验证据。应当说,我们是在仪器设备极其简陋的条件下经历了多次失败后才作出此发现的。而这正是实验物理学如此有魅力、如此吸引我的缘由。"

2003 年诺贝尔奖获得者莱格特说:"过去的 40 年里,我在物理世界的诸多领域提出了一系列有意义的猜想。这当中有些已被证明是错误的,但却是给人以启示和希望的错误,因此并不显得愚蠢——大部分是人们前所未闻的观念和设想。更多的猜想则被实验证明是正确的,其中之一还被授予了诺贝尔奖。正确和错误,使我的理论思考与现实世界相映成趣,并得到检验。正是这样的相互印证,令我感受着物理学的无穷魅力。"

1995 年诺贝尔奖获得者珀尔说:"理论应当成为实验家、发明家的亲密伴侣,有时是实验先导,有时它又紧随理论之后。实验家和工程师不应当让理论流于形式,或者为理论所左右……实验通常要依据极其抽象的理论来进行。无论做何种实验,往往不会去检查猜想本身。但如果你做了自己相信的实验,便可能会更多地认识自然并感到快乐。本质而言,科学的有效性取决于实验和测量的结果。"

丁肇中曾说过:"真正的格物致知精神,不但在研究学术中不可缺少,而且在应付今天的世界环境中也是不可少的。在今天一般的教育里,我们需要培养实验的精神。就是说,不管研究自然科学,研究人文科学,或者在个人行动上,我们都要保留一个怀疑求真的态度,要靠实践来发现事物的真相。在环境激变的今天,我们应该重新体会到几千年前经书里说的格物致知的真正意义。这意义有两个方面:第一,寻求真理的唯一途径是对事物客观的探索;第二,探索的过程不是消极的袖手旁观,而是有想象力、有计划的探索。希望我们这一代对于格物和致知有新的认识和思考,使得实验精神真正地变成中国文化的一部分。"他认为,实验不是毫无选择地测量,它需要有细致具体的计划,特别重要的是,要有一个适当的目标作为整个探索过程的向导。至于这目标怎样选定,就要靠实验者的判断力和灵感。一个成功的实验需要的是眼光、勇气和毅力。

丁肇中将实验的重要性提升到人的素养高度,而不是仅仅局限于物理学,这大大扩展了我们的眼界。今天,实验手段的不断革新,将极大促进物理学继续向前发展。例如,大型对撞机、大型射电望远镜、各种精密的探测仪、超级计算机等,都将有助于物理新规律的发现和佐证。尽管如此,实验物理的基本思想方法、严谨的科学态度和创新独到的设计,仍然是最根本的,必须一以贯之。

二、物理实验与物理教学

物理实验不仅有利于物理研究,而且也是物理教学中不可或缺的重要环节。实验教学不但可以帮助学生理解、掌握物理知识,还能培养他们的动手和实践能力,提高科学探究的素养。

(一) 物理教材中的实验

1. 物理实验的发展历程

我国的教科书很早就有了实验要求。在清朝末年,清政府颁布的《学堂章程》中指出:"凡教理化者在本诸实验得真确之知识,使适用于日常生计及实业之用。"这说明,当时的学者已经认识到物理实验的重要性。

图 1-1

1923 年颁布的《新学制课程标准》,在高中课程纲要中提出了 44 个物理实验,要求每个学生在一年中至少做 30 个实验,而且纲要非常重视简易实验,强调观察能力。1927 年规定初中学生实验 31 个,高中学生实验 41 个。1936 年后初中学生实验减少到 16 个,高中学生实验减少到 32 个。尽管如此,但由于条件有限及行政部门控制不力,实际执行中偏差很大。当时的教科书多是由各私营书店自主编写、学校自由选用的,实验器材也无法做到统一配置。其中,使用较多的是王兼善编的《民国新教科书·物理学》,书中有演示实验 117 个。有的学校也选用蒋宪淞翻译的《实用物理学》(勃拉克、台维斯合著,封面如图 1-1 所示),书中的实验大多是借鉴欧洲、美国和日本教科书中的内容。

中华人民共和国成立后,实验教学发生了根本改变,从教材编写到仪器装备做到了高度统一。

1949—1957 年,教材完全采用苏联的模式。大纲规定,演示实验:初中 103 个,高中 131 个;学生实验:初中 15 个,高中 19 个。

1958—1964 年,我国开始自主编写教材,将初中学生实验增加到 21 个,高中学生实验增加到 43 个。

1990 年,国家教委颁布了《全日制中学物理教学大纲》,实验教学也完全走上了正规。当时将物理分为Ⅰ类和Ⅱ类课程,Ⅱ类包括必修和限定选修,高中必做物理实验共有 20 个。

2001 年起,上海启动"二期课改"。上海市中学物理课程标准规定,初中学生实验有 19 个(其中基础 15 个,拓展 4 个),高中学生实验有 24 个(其中基础 12 个,拓展 12 个)。

2017 年,教育部颁布了《普通高中物理课程标准(2017 年版)》。其中,规定高中必修课设置 12 个学生实验,选择性必修课设置 9 个学生实验。

2. 物理实验的早期实例

下面摘录了 70 多年前的教材《实用物理学》(勃拉克、台维斯合著)中的一些实验,以期对我们今天的实验教学有所启发。(图 1 - 2 至 1 - 14 是该书中的原图)

(1) 验证阿基米德原理

如图 1 - 2 所示,右边托盘上的溢水杯中盛有与溢口平齐的水,左边托盘加有砝码使天平平衡,然后拿圆柱形浮体慢慢放入水中,水从溢口中流入烧杯中。放手之后发现天平最终仍保持平衡,这说明浮体的重力等于它排开水的重力。

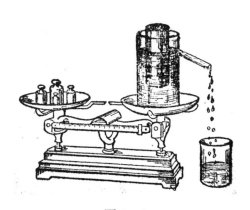

图 1 - 2   图 1 - 3

(2) 液体内部存在压强

如图 1 - 3 所示,将两端开口的圆柱形玻璃管一端托住一轻硬纸片,竖直插入盛水的量杯中,水向上的压力将纸片托住。然后向玻璃管中慢慢倒入水,直到管内水面与管外水面相平时,纸片开始脱落。这说明此时硬纸片受到水对它的向上压力与向下压力相等,表明液体内部存在压强。进而还可以说明,液体内部压强大小与深度有关。这个实验迄今在某些初中物理教材中仍作为学生实验使用。

（3）空气有浮力

如图1-4所示，在抽气钟罩内有一架天平，左边是钩码，右边是密封的充气金属球，体积比钩码大很多。开始时，天平平衡。当逐渐抽去钟罩内的空气，气压表显示气压减小，天平不再平衡，左高右低。这说明金属球受到的浮力比钩码受到的浮力减小得多，表明物体受到的浮力大小与排开空气的体积有关。

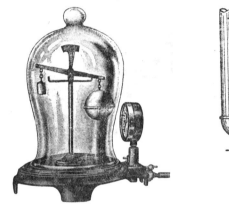

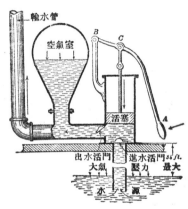

图1-4   图1-5

（4）手压式抽水机模型

如图1-5所示，它带有一个空气室。在1标准大气压下，抽水机一般只能将水抽到10米高处，但有了空气室，活塞将水压入后，空气室内的压强可以大于1标准大气压，能够将水抽到超过10米的高处。这是大气压应用的典型例子。

（5）演示金属丝受力后发生微小形变

这种微小形变肉眼很难看清，但利用杠杆放大后就能被明显观察到。在图1-6中，一根指针的转轴（支点）F固定在木板上，左端近支点B处将针尾用螺旋固定在金属丝上，金属丝上端固定在天花板上，拉直金属丝，调整螺旋B使指针右端指在零刻度线位置上。当在金属丝下面悬挂重物时，金属丝有微小拉伸，经杠杆放大后，指针右端在标尺上会显示明显变化。根据两个杠杆的比例还可估算出金属丝发生形变的长度。

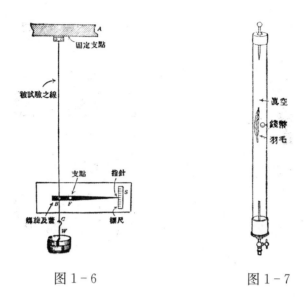

图 1-6   图 1-7

（6）毛钱管（牛顿管）实验

如图 1-7 所示，重物（钱币）和轻物（羽毛）在真空管中同时下落。以前几乎所有的教材中都有这个实验，现在的很多教材中也有这个实验。

（7）演示平抛运动

如图 1-8 所示，A 球套在一根细杆上，B 球在板上右端并被这根细杆顶着，一根弹簧一端固定在板上，另一端连在杆上，拉伸后由开关控制。演示时将装置高高举起，拨动开关，弹簧迅速将杆向右推动，A 球脱离杆后自由下落，同时 B 球水平抛出，结果只听到一次声响，说明两者同时落地（C 是 B 球以更大速度平抛时的落地点）。这表明平抛运动在竖直方向上的分运动是自由落体运动。

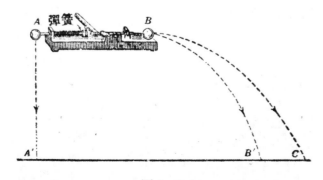

图 1-8

(8) 自录式气压计

如图 1-9 所示，利用测气压的螺纹管，通过杠杆传动装置使指针随气压变化而上下运动，并在圆筒形旋转记录纸上记下气压变化的曲线。这表明当时已经很重视物理学的实际应用了。

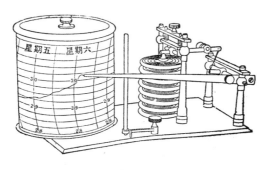

图 1-9

(9) 观察水的反常膨胀现象

如图 1-10 所示，在一长量筒内盛有常温的水，量筒外套有环形容器，量筒上部和下部各有一个温度计。当在容器内放入冰块和食盐时，量筒内的水温逐步下降，此时上下温度计的示数基本相同，并且观察到水的体积在减小。直到降至 4℃ 后，上面水温继续下降，下面水温保持不变，此后水的体积又开始增大，这说明在 4℃ 时水的体积最小。接着，画出水的体积随温度变化而变化的曲线。

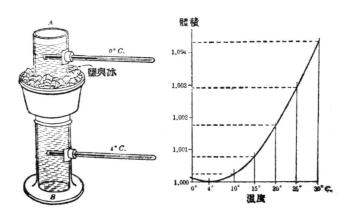

图 1-10

（10）蒸发致冷

如图 1-11 所示,盛有水的蒸发皿放置在铅丝网上,网下面是盛有硫酸的容器,外面盖有一个玻璃罩。当用抽气机抽去罩内空气时,硫酸大量挥发,急速致冷,容器内压强减小,水出现沸腾现象,随后余下的水很快结成了冰。

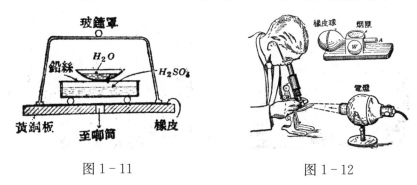

图 1-11　　　　　　　　　　　　　图 1-12

（11）观察烟雾颗粒的布朗运动

如图 1-12 所示,图上部是用橡皮球将烟雾吸入小盒内的装置,图下部将小盒置于容器内并用灯泡照明,在另一端通过显微镜观察烟雾颗粒的无规则运动。今天实验条件已经非常好了,但观察布朗运动的实验在教学中还是很少做,这值得深思。

（12）电流热效应

如图 1-13 所示,在两根棒之间架一根镍铬丝,中间悬挂一个小钩码。当镍铬丝通电发热时,由于热膨胀,镍铬丝将明显下垂。在实际生活中,输电线冬天拉紧、夏天松弛的现象就是由于热胀冷缩造成的。

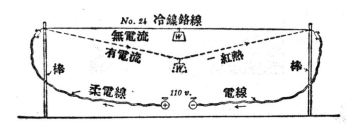

图 1-13

（13）研究圆周运动向心力与哪些因素有关

图 1-14 是早期研究向心力的仪器,上部质量块与弹簧相连,固定在转动轴上,轴的下部通过摩擦盘由电动机带动可以快速旋转。转轴的转速由计数器记录。实验时选定质量已知的质量块让其旋转,逐渐增大转速,当弹簧逐渐伸

长,质量块到达最远端时,推动小杠杆停止计数,可测得质量一定时向心力与转速之间的关系。改变质量,也可测得向心力与质量之间的关系。

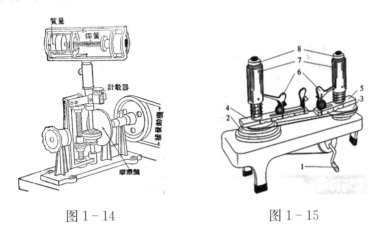

图 1-14   图 1-15

中华人民共和国成立后,人们对向心力演示仪进行了不断改进。图 1-15 是改进后的向心力实验,是用比较法进行研究的。图中由手柄 1 带动两个塔轮 2、3 转动,传动的皮带可调节转速大小,转轴上有长槽 4、5,可放置铁球,球在旋转时会推动小杠杆 6 带动指示筒 7 上升或下降,露出标尺 8 的格子数,从而显示推力的大小,即向心力的大小。演示时,可用控制变量法进行研究,如研究质量相同、转速相同时向心力与旋转半径的关系。

图 1-16 是进一步改进后的向心力演示仪。转速、半径和向心力都用数字来显示,读数比较方便。

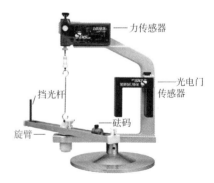

图 1-16   图 1-17

图 1-17 是用传感器演示的数字化向心力演示仪。它用力传感器测量向心力,用光电门传感器测量线速度,从而画出变化图像,研究向心力与哪些因素

有关。

实验技术的进步，使实验更简化、更精确，但也给人不是很直观的感觉。

（二）物理教学中的实验

1. 物理实验教学的主要形式

在课程标准、教材中，实验可以分为学生实验和演示实验等。但在实际教学中，实验还有很多其他的分类方法，常用的分类方法如下：

（1）物理实验按形式分

① 学生分组实验；

② 演示实验；

③ 边学边实验（又叫随堂实验）；

④ 课外实验（或家庭实验）。

（2）学生分组实验按任务性质分

① 探索性实验；

② 验证性实验；

③ 测量性实验；

④ 技能练习性实验等。

（3）物理实验按测量要求分

① 定量实验；

② 定性实验；

③ 半定量实验。

（4）物埋实验按操作难易程度分

① 较复杂实验；

② 简易实验。

本书介绍的主要是简易实验。

2. 物理实验教学的重要作用

众所周知，人的认识是由感性逐渐上升到理性的。感性认识相对是浅层次的，是感觉、知觉、表象的。理性认识是高层次的，是间接、抽象、理论化的。物理学习中观察现象、做实验是感性认识。而实验也是从感性向理性的一种过渡，如通过对实验数据的分析得出规律或证实某种结果都要求上升到理性思维。

总之，中学物理实验的作用主要有四个：

（1）建立概念；

（2）得出规律；

（3）辨别真伪；

（4）验证猜想。

3. 物理实验教学的教育功能

任何学科的教育功能都是以育人为目标,物理学科也不例外,而且物理实验教学的教育功能更加突出,主要体现在提升思维能力、培育科学素养和培养科学精神。

物理实验与理论分析的区别在于:物理实验侧重于"动手",理论分析则侧重于"动脑"。当然实验中也会涉及数据处理、分析归纳等思维过程。人的认知能力的发展需要"动手"与"动脑"相结合。脑科学研究表明:在学习活动中如果大脑的左右两半脑同时被激活,学习效果会大大增强。动手做实验能有效激活左右两半脑。所以,"做"是"思"的外显,"思"是"做"的导向。"做"与"思"结合能使人智力提升、能力内化。

许多教育家都十分强调"动手做",苏霍姆林斯基曾说过:"儿童的智慧在他的手指尖上。"世界某著名理工科大学校长也说过:"我对所有学生说,必须弄脏你们的手(即要动手实验)。"

人们形容心(指脑)和手的关系时常说"熟能生巧""心灵手巧""得心应手"等。其中,"熟能生巧"是指双手熟练操作,可增强思维能力;"心灵手巧"是指脑子灵了,动手能力会更强;"得心应手"是指达到一种高境界,心想事成,一切都迎刃而解。这说明"熟""灵""得"三者不仅是相互关联的,而且也是逐步递进的。

我们应当从多个角度去认识物理实验的教育功能,归纳起来说,物理实验的教育功能主要有八个:

(1) 激趣功能——用实验引发学生的学习兴趣,如魔术类实验等;

(2) 情景功能——用实验为新知识的学习创设情景,如利用大气压托住一杯水等;

(3) 认知功能——用实验来认识物理规律,如通过实验得出牛顿第二定律等;

(4) 释疑功能——用实验解除学习中的疑难,如平抛运动的规律等;

(5) 探究功能——用实验培养学生的探究能力,如通过探究得出电阻定律等;

(6) 训练功能——用实验有效训练学生的动手能力,提升思维能力,如油膜法测分子大小等;

(7) 应用功能——许多实验在设计和操作时,本身就是物理知识的具体应用过程;

(8) 情感功能——做实验时,需要认真、踏实、一丝不苟的态度和实事求是的科学精神。同时,实验也可以提高学生的学习兴趣。

本书重点是讲简易实验,上述功能会在后面有所阐述,这里就不再展开了。

第二章　简易物理实验

本章将着重讨论什么是简易物理实验,它有什么特点,并通过实例说明它在物理教学和教研中的作用,以及做好该类实验的要点。读完本章你会明白,这种看似传统简陋的实验为什么在教学中会长盛不衰。

一、简易物理实验

(一) 简易物理实验及其特点

简易实验是相对于较复杂实验而言的,是一种取材简单、易于制作和操作,不需要大的设备和测量仪器,且便于观察的实验。其又可称为"小实验""手边的实验"等。到底怎样的实验才算是简易实验,下面可以通过一个实例进行说明。

例如,图 2-1 是演示大气压强存在的马德堡半球实验:将两个金属半球合在一起,上部悬挂在支架上,用真空泵抽去球中的空气,下部悬挂很重的物体也无法将金属半球分开来。这个实验不能称为简易实验,因为它的取材不简单,制作和操作也不容易,而且使用了真空泵这种大型设备。

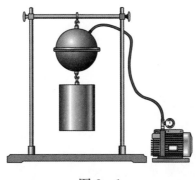

图 2-1

图 2 - 2

图 2 - 2 也是一个演示大气压强存在的实验:取两个常见的家用吸盘(俗称吸壁钩),将两者相对压紧,尽量挤出中间的空气,两手用力分别向两边拉钩子,但很难将它们分开。同样是说明大气压强存在的实验,这个就算是典型的简易实验。

总之,简易物理实验的特点可以归纳如下:

① 材料价格低廉。甚至许多材料都是废物再利用。

② 结构简单。没有复杂的结构,显示原理直接明了。

③ 操作方便。无需花费很长的时间准备,而且成功率很高。

④ 容易模仿、复制。甚至学生自己也可以动手制作器材,自主进行实验。

(二) 简易物理实验研究概述

1. 我国简易物理实验研究

我国从事简易物理实验研究的鼻祖是苏州大学(原江苏师范学院)的教授朱正元先生(1900—1985),他提出了"坛坛罐罐做实验,拼拼凑凑做实验"的理念。1972 年,他带着十几箱自制仪器,走遍了全国十几个省市,在 8 个月的时间里做了 30 多场报告,听者达一万多人次。笔者从朱正元先生那里得到的教益就很多。

大连 116 中的特级教师苏福河先生也是简易实验的能手。他尤其擅长自制教具,几乎做到 90％ 的课堂教学都有实验。他曾到过全国半数以上的省市区讲过学。南京师范大学的刘炳升教授非常注重简易实验,他在《中学物理实验教学研究》一书中,提供了许多用小实验替代(或部分替代)原有演示实验的方案,提倡教师自主开发实验教具,并介绍了一些自制教具的制作和使用方法。广西师范大学的罗星凯教授,也有大量的首创简易实验,并编写过《中学物理疑难实验专题研究》一书。

上海的冯容士、奚天敬、宣桂鑫、赵谊伶和蔡文学等老师,也都是简易实验的行家,都曾编写过简易实验的相关著作。其中,冯容士编写了《制作·实验·思考》,宣桂鑫编写了《创造性物理演示实验》,赵谊伶编写了《初中物理实验》,蔡文学编写了《巧做实验》。

2. 国际简易物理实验研究

联合国教科文组织和国际物理教育委员会都积极倡导"自制教具""低成本实验"以及"动手实验"。在日本,由教师自发成立的"山猫学会""伽利略工作室"等民间组织,对教师自主开发实验教具颇有研究;在每年的物理教育学会上,自制教具的制作和低成本实验通常是交流的重要内容之一。其中,"山猫学会"出版的图书封面上通常会印有自己的 logo(见图 2-3),表示学会的成员们像"山猫"那样在垃圾桶中捡破烂做实验。在美国,物理教学委员会每年都会召开大、中学物理教学经验交流会,物理实验、简易实验、教具制作等都是重要的交流内容,《物理教师》《美国物理杂志》经常刊登这方面的文章,如"低成本探空气球实验""用保龄球做一个实验"等。

We love physics

图 2-3

3. 简易物理实验的国际交流

20 世纪 90 年代,在上海科学会堂举行了两场简易实验报告会。第一场的主讲人是美国的女教师贝蒂,她是简易实验的高手。图 2-4 是笔者与她的合影,最左边是已故著名特级教师袁哲诚,最右边是报告会组织人、上海交通大学严燕来教授。第二场的主讲人是美国弗吉尼亚军事学院的卡蓬特

图 2-4

教授。卡蓬特教授带来的资料非常丰富,厚厚的一本,足有 400 多页,每页都有一个小实验。他着重介绍了自己研制小实验的经验和心得。图 2-5 是笔者与他交流时的合影,我们手中拿的都是笔者展示的小实验"欹器"模型和"滚去来器"。

图 2-5

1994 年底,笔者应德国凯撒斯劳顿大学物理系主任库普希邀请赴德访问讲学。在两周的时间里,笔者做了两个报告,其中一个就是"手边的物理实验",其中涉及的几乎都是简易实验。与会者都非常感兴趣,许多德国同行们在报告结束后上前观看、提问,反响热烈,如图 2-6 所示。当时主持人约德教授总结时,说道:"我们过去也很重视简单小实验,只是现在都依赖于现成仪器,把这一传统丢了,希望大家到中学后不要忘记这个优良传统。"

图 2-6

由此看来,无论教学仪器多么发达,教学技术如何先进,简易实验的作用和价值仍不可忽视,在教学中仍有它的重要位置。

二、简易物理实验的作用

(一)可孕育大发现

物理学中的许多重大发现,可能都是受到小实验启发的结果。

1. 奥斯特实验

奥斯特在一次科学讲座中偶然发现:放在直导线旁的小磁针,在直导线中通有电流时突然转动了一下。他针对这一现象进行了反复研究,终于发现了电流的磁效应,即电流周围存在磁场。

2. 爱因斯坦与罗盘

5岁时,有一次爱因斯坦生病了,只能卧床休息,父亲给了他一个罗盘。罗盘的指针总是指向同一个方向。父亲告诉他,这是因为地磁的作用。年幼的爱因斯坦非常激动,激动得甚至"直颤抖,浑身发冷"。一种看不见的力是如何从磁北极穿过空荡荡的空间到达他家,并使指针偏转的?没人能为他回答这个问题,这促使他开始思考自然界中的这种力。后来,他说他形成"场"的概念与童年时的这段"罗盘经历"是分不开的。

3. 费曼飞餐盘

费曼在耶鲁大学学习时喜欢在食堂向空中扔飞转的菜盘子,他发现一个规律,盘子每转两周会摇摆一次。因为这他不知摔坏了多少盘子,赔了多少钱。但他发现的这个规律却为后来有关电子自旋理论的创建,带来了重要启发。

4. 朱棣文受胶水启发

美国华裔物理学家朱棣文,用激光使原子冷却到接近绝对零度而获得诺贝尔化学奖。他说曾受到滚入胶水的弹丸运动减慢的启发,想到了用激光来减缓原子运动的速率。

5. 威尔逊与云雾

威尔逊经常去阿尔卑斯山观看变幻莫测的山中云雾,从中受到启发,发明了观察射线粒子径迹的云雾室(快速减压、降温后会产生云雾)。

6. 海姆与胶带清洁法

物理学家海姆因制成石墨烯而获得2010年诺贝尔物理学奖。开始时,他让助手将石墨尽量做薄,但无论如何都达不到纳米级水平。后来,他看到实验室的工作人员用胶带(即常用的粘胶带)通过粘贴再揭去的方法来清洁工作台的表面。受此启发,他发明了粘贴法揭取石墨薄层,制备出了石墨烯材料。

(二) 可作出大推测

小实验有时可对重要物理问题作出重大的推断。

1. 费米的小纸片测核爆炸

这是一个非常著名的推测故事。原子弹的研创人费米,在一次爆炸试验时向空中撒了一把纸片,此时冲击波刚好到达他所在位置,根据纸片被吹移的距离,他立即推算出该原子弹的威力约为 2 万吨 TNT 当量。原来他是根据冲击波的振幅来推得爆炸时在当地产生的能量,再根据能量按距离衰减的规律,推测出原子弹爆炸的威力。

2. 有科学家用单摆推测地球质量

这也是小中见大的推测。可以从单摆的周期公式中得出重力加速度 $g = \dfrac{4\pi^2 L}{T^2}$,再根据万有引力定律得到 $g = \dfrac{GM}{R^2}$,由此得到地球的质量 $M = \dfrac{4\pi^2 L R^2}{T^2 G}$。式中,$R$ 为地球半经,L 为单摆摆长,T 为单摆周期。

3. 傅科摆推测地球自转

同样用简单的单摆,法国物理学家傅科推测出地球在不断地自转。1851年,在法国巴黎,傅科将一根长 67 米金属线上端悬于先贤祠最高圆顶处,下端挂一个 28 千克的重锤,让其自由摆动。这样长的摆线,周期很大,于是可以观察到摆球的摆动方向不断发生变化,摆动平面沿顺时针方向缓缓转动。如果地球是不动的,则摆动平面应当是不变的。因此,傅科认为这是由于地球沿逆时针方向转动的结果,从而成功地证明了地球在自转。

4. 费曼的冰水实验

这是一个更为典型的用小实验作出大推测的事例。理论物理学家理查德·费曼曾参与调查 1986 年"挑战者"号航天飞机失事的原因。参加调查的专家大多是火箭工程技术的顶尖专家,只有他一个人是搞理论物理的。几天下来,专家们各抒己见,但始终未能找到火箭起火爆炸的真正原因。费曼听了事故介绍后,有了自己的思考并准备了一个小实验。在调查公开会议现场,他做了一个惊世骇俗的冰水实验:他将火箭助推器上的 O 型环橡胶密封圈放在很冷的冰水中,一段时间后取出,在短暂的几秒钟内,密封圈受低温影响失去了膨胀性。他认为这个实验结果与航天飞机失事直接相关,正是火箭助推器上的 O 型环橡胶密封圈在太空中遇冷失去膨胀性,才导致了助推器的燃料泄漏而引发起火爆炸。航天飞机失事的真正原因被一个小实验找到了。

5. 儒可夫斯基飞纸条

苏联航空空气动力学奠基人儒可夫斯基,在 1940 年发现了飞机机翼产生升力的原因,即升力等于空气密度×气流速度×环量值。环量值表示环流的强弱程度,为了说明环流的含义,他做了一个飞纸条的小实验:取一个长约 20 cm、宽约 3 cm 的纸条,在高处水平举着,让它逆向转动的同时,抛向前方,可观察到纸条并没有立即落向地面,而是边转边飘地飞向远处。原来逆向旋转的纸条带动周围空气产生一个环流。纸条前进时,相对它有一个向后的气流。纸条上部的气流与环流方向一致,流速增大;纸条下部的气流与环流方向相反,流速减慢。而空气压强大小与流速有关,流速越大,则压强越小,于是纸条受到了向上的升力。这个小实验成功地解释了飞机机翼产生升力的原因。

(三) 有利于物理教学

简易实验对物理教学可以起到多方面的作用,主要体现在激发兴趣、形象说理、解决疑难、建立概念、巩固知识和激励创新等方面。

1. 激发兴趣

为了激发学生的学习兴趣,可以安排一些简易实验来吸引他们的注意力,让他们积极地投入到新知识的学习中去。例如,学习平面镜前可以安排魔盒实验:如图 2-7 所示,将立方体形空纸盒的一个侧面挖去,作为观察口;在纸盒内斜放一块与底面成 45°角的平面镜,盒盖上开一个小孔,大小可放入一枚硬币。当从小孔中放入一枚硬币时,由于平面镜的反射作用,观察者从观察口处看去,盒内并没有硬币。实际上,硬币落到了平面镜的背面。这种观察与认知上的冲突引发了学生学习平面镜知识的极大兴趣。

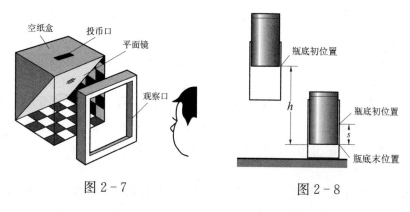

图 2-7　　　　　　　　　　图 2-8

2. 形象说理

用简易实验来说明物理原理,直观而形象,学生非常容易理解。图2-8所示的空中落瓶实验,可形象地说明功与能之间的关系或冲量与动量变化之间的关系。

将一个装满铁钉(也可以用沙子、米粒等)的塑料瓶紧紧地塞入轻纸盒中。如果将瓶子塞到盒底,纸盒从高处自由下落到桌面上时会猛烈地弹跳起来,这是因为瓶子的重力势能转化为动能,遇到桌面阻挡,发生撞击后回弹。但如果只将瓶子的一部分塞入纸盒中(见左图),再让其从高处自由下落,可以发现纸盒落到桌面上时,不再弹跳起来,而是稳稳地立在桌面上(见右图)。研究发现,纸盒接触桌面后,由于要克服瓶子与盒内壁间的摩擦力做功,消耗掉了瓶子的机械能,才使得纸盒慢慢停下来。根据图上所标的高度变化,再利用克服摩擦力做功与机械能变化关系可知,$fs = mgh$。(式中 m 为瓶子和铁钉的质量,纸盒的质量忽略不计。)

从动量定理的角度来分析,也很形象直观。根据碰撞时瓶子所受合外力 $F = \dfrac{m\Delta v}{\Delta t}$ 可知盒子的着地速度从 v 变为 0,两次下落时动量变化相同,因此 F 的大小与时间 Δt 有关。瓶子部分塞入下落时,瓶子与纸盒间的摩擦使碰撞时间 Δt 延长了,所以瓶子所受的合外力 F 变小了,纸盒就不会弹跳起来了。而当瓶子完全塞入盒底下落时,由于 Δt 很短,则 F 很大,所以纸盒会被猛烈反弹而跳起。总之,本实验形象地说明了什么是缓冲作用。

3. 解决疑难

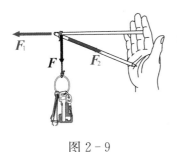

图2-9

简易实验在教学过程中有时也能很好地解决疑难问题。例如,在进行力的分解教学时,如何判断支架两根杆的受力方向,对学生来说是有一定困难的。如图2-9所示的小实验可以帮助学生来解决这一难题:取两支铅笔,一端用线扎住并悬挂钥匙圈之类的重物;用食指和中指夹住一支铅笔的另一端,让另一支铅笔支撑在掌心处。此时,会感觉到手指夹住处有向外拉的趋势,掌心处有向里压的作用,由此判断出悬挂的重物对支架的拉力 F 可分解为沿杆向左的分力 F_1 和沿斜杆向下的分力 F_2,判断分力方向的疑难便迎刃而解了。

4. 建立概念

对于学生来说,要建立一个新的物理概念有时确实非常困难,借助简易实验可以收到事半功倍的效果。例如,学习压强概念时,压力对接触面的作用效果,说与压力大小有关,学生容易理解,但说与接触面积也有关,对初中生来说就比较困难了。于是,可以做一个如图 2-10 所示的"捏图钉"小实验:在大拇指和食指之间捏住一颗图钉,稍稍用力压,感觉到与钉尖接触的大拇指很痛,与钉帽接触的食指不痛。而两手指所受的压力大小相同,这说明压力大小相同,压力的作用效果与接触面积有关,接触面积越小,作用效果越显著,从而帮助学生建立起来完整的压强概念。

图 2-10

5. 巩固知识

让学生自制简易小实验有利于巩固所学的知识。例如,在学习了导体电阻与哪些因素有关后,可以让他们做一个课外作业——自制铝箔变阻器。如图 2-11(a)所示,在一张纸上贴上同样大小的铝箔,用刀片划破铝箔,使它成为回转曲折形的导体;在铝箔左端倒置一节干电池,正极压在铝箔上,负极焊接一根导线;导线另一端绕在小灯珠的螺旋上,将灯珠的下端压在铝箔的右端。灯珠、干电池、铝箔和导线构成了一个完整的回路,由于此时导体(铝箔)的长度最长,电阻最大,所以灯珠发光很暗。如果将灯珠慢慢左移(或将电池右移),由于电阻变小,灯珠逐渐变亮,这时铝箔相等于一个"滑动变阻器"。若将铝箔如图 2-11(b)所示那样折叠起来,灯珠也会变亮,可以让学生想一想其中的原因,从而巩固所学的知识。

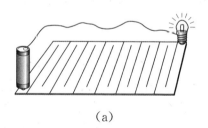　　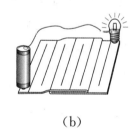

（a）　　　　　　　　　　（b）

图 2-11

6. 激励创新

通过简易实验还可以激发学生的创新能力,如给出一些包含动手操作的小课题,让学生设计一些小实验。

例如,如何设计一个测定车辆匀加速启动时加速度的小实验。如图 2-12所示,可以在车厢顶部悬挂一个小球和量角器,只要测出车辆加速时摆线的偏角 θ,就可以用 $a = g\tan\theta$ 求出加速度。也可以在车厢的桌面上,沿车行方向固定一个弹簧测力计,钩住一个质量为 m 的小球。当车辆加速时,读出测力计的

拉力 F，就可以根据 $a = \dfrac{F}{m}$ 求得加速度。此外，还可以用带量角器的半圆形槽测定加速度，等等。

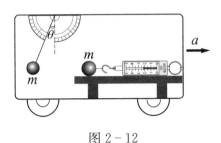

图 2 - 12

当然，简易实验对教学的作用不止上述六个方面，读者有兴趣的话还可以继续挖掘。

三、简易物理实验的能力要求

简易实验看似简单、有趣，但其中蕴含的道理不一定简单。解读和做好这些实验，常常需要具备观察能力、动手能力、分析能力和综合能力。

（一）善于观察

善于观察就是要明确观察什么，集中注意、抓住细节，从而作出推断。下面通过一些具体实例加以说明。

1. 奇怪的牙膏盒

如图 2 - 13(a)所示，将一个空牙膏纸盒放在桌子边缘，当它伸出桌外一半时，不掉下去是正常的，但当它伸出桌外 2/3，甚至 4/5 仍然不掉下去，同学们就感到不可思议了。他们推测，会不会有什么东西将盒子粘住了，或者盒子的重心不在中央……最终打开尾盖，发现有一块铁块粘在其内壁上，使其重心整体右移了，如图 2 - 13(b)所示。同学们恍然大悟，通过观察验证了自己的推测：纸盒的重心果然不在中央。

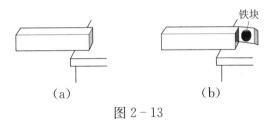

铁块

（a）　　　　　　　　　（b）

图 2 - 13

2. 毛巾挡球

如图 2 - 14 所示,现有两个乒乓球,一个是白色的,另一个涂有颜色。在桌面上方悬挂一条很轻的毛巾,让两个乒乓球从弧形槽上同一高度处自由滚下。它们以同样的速度滚向毛巾,结果白球被毛巾挡住了,涂色的球冲开毛巾阻挡穿了过去。将两球互换位置重复上述步骤,结果还是一样,排除了颜色不同导致效果不同的可能性。把两个乒乓球拿在手里掂量一下,发现是两球的质量不同,涂色球(里面充满了沙子)的质量比白色球的质量要大得多。因

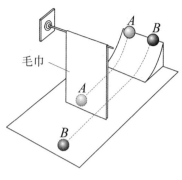

图 2 - 14

为物体的质量大,惯性就大,运动状态不容易改变,所以涂色的球能穿过毛巾。这个实例说明,只有多次观察、排除无关因素,才能推断出正确结论。

3. 哪一张照片是真实的?

图 2 - 15(a)(b)是某人提供的两张照片,拍摄的都是湖面倒影,其中一张是真实的,你能判断出是哪一张吗?可以看出,图(a)上下风景完全对称,图(b)倒影偏少,且与岸上部分也不完全相同。

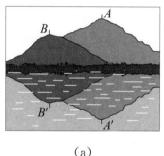

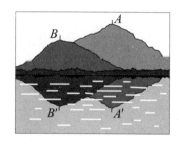

(a)   (b)

图 2 - 15

这是一个观察平面镜成像的问题。平面镜成像的特点是像与物关于镜面对称,但实际上由于观察的角度不同,像看上去与物并非完全相同。如图 2 - 16 (a)所示,"眼"所在的位置 C 也就是照相机的拍摄位置,C 处离开水面有一定的高度。当观察远处山上的高塔 A 及其在水面的倒影 A' 时,由于视角 1 大于视角 2,因此会感觉 AO 大于 $A'O$,即高塔 A 与它在水中的倒影 A' 关于水面并不是完全对称的。所以,在 C 处拍摄的照片中,岸上景物在水中的倒影好像被压缩了,像与物并不是完全对称。因此,对比图 2 - 15(a)(b)可见,(a)是伪造的,

(b)是真实的。

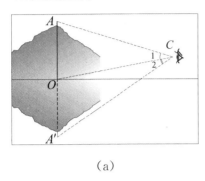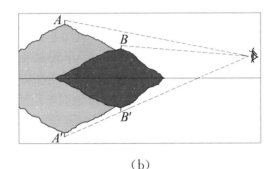

（a）　　　　　　　　　　　　（b）

图 2 - 16

在此还值得提一个有趣的观察现象：A、B 分别是离岸远近与高度明显不同的两座山上的高塔，然而当找到一个恰当的观察点时，如图 2 - 16(b)所示，由于两倒影视角相同，看上去似乎一样高了！

该实例说明仔细观察物理现象十分重要，尤其要注意能辨别事物的细节，只有这样才能应用物理规律作出正确推断。

4. 牙签穿纸

图 2 - 17

我们知道，扔一根牙签要穿透一张纸是很困难的。但如果像图 2 - 17 那样，将牙签放在吸管中，通过吹气让它从纸中穿过，是否可行呢？可以让学生自己动手试试看。实验时要注意安全，纸应当悬挂起来，切勿用手拿着。不同的人可能会有不同的做法，如纸面垂直于吸管放或倾斜放，牙签放在吸管的远端、中间或近端。实验结果发现，吸管垂直纸面、牙签放在近嘴端，这样操作时牙签穿透纸面飞出去得最远。

本实例引导学生通过观察进行思考：假设嘴吹气对牙签的压力是一定的，牙签的质量也是一定的，因此在不计阻力的情况下，可认为牙签的加速度是一定的。假设牙签射出吸管时的速度为 v，由 $v^2 = 2as$ 可知，牙签在吸管中通过的路程 s 越大，其飞出的速度也越大，穿透纸的能力就越强，这与子弹在枪管中的运动是相似的。

5. 估测折射率

可以用一种简易方法来估测液体的折射率，但却需要有很强的观察能力。如图 2 - 18 所示，取一个杯子，盛满水后放置在水平桌面上，在杯底一角放一枚硬币。眼睛从硬币上方向水中观察，由于折射，杯底和硬币的位置似乎都升高了,利用这一现象就可以估测水的折射率。在图 2-18 中,利用从硬币左侧射出的两条光线就可以确定折射后像的位置。其中一条光线沿杯壁竖直向上射出,它不发生偏折;另一条光线斜向上方射出,在水面处发生偏折,其反向延长线与杯壁的交点就是像的位置。此时,在水中的入射角为 r,空气中的折射角为 i,可见 i 大于 r。

根据折射定律,水的折射率 $n=\dfrac{\sin i}{\sin r}$。由于眼睛非常贴近杯壁,所以角 i 和角 r 都很小,因此可以认为 $\sin i \approx \tan i$、$\sin r \approx \tan r$,折射率 $n \approx \dfrac{\tan i}{\tan r}$。

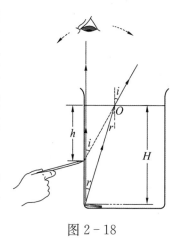

图 2-18

若像的位置离水面的距离为 h,硬币离水面的距离为 H,则 $n \approx \dfrac{H}{h}$。其中 H 是很容易测准的,h 是比较难测准的,需要有很好的观察能力。

在找像的位置时要特别注意:眼睛从杯壁上方一侧观看水中的像,同时拿一支笔点到像在杯子外壁处的位置,找准的关键在于,稍稍移动观看角度笔与像的位置无偏差,这时才能记下这一位置,并量出到水面的距离 h。若得到的 n 值接近 1.33,说明实验比较成功。用此方法也可测定其他液体的折射率。其实在平面镜成像实验中,像的位置也需要通过多角度反复观察来确定。

(二) 勤于动手

简易实验在许多情况下要求学生自己动手做,亲身体验。因此,要求学生经常动手、勤于动手,逐步做到灵巧灵活,从而提高动手能力。动手能力一般包括:选材得当,能使用工具顺利加工,抓住关键、找到问题,调试改进,正确测量,规范操作,能多次重复并注意安全,等等。下面一些实例可以帮助学生逐步提高自己的动手能力。

1. 气球反冲

图 2-19 是用气球表演喷气反冲而高飞的现象。方法很简单,但操作要求有点高。如果将气球直接吹气后释放,气球喷气后会四处乱飞。现在可以在进气口处插入一小段塑料管并用细线扎紧,如图 2-19(a)所示;吹足气后用手按住管口,将它放置在由三根直杆组成的导轨中,如图 2-19(b)所示,然后放手,空气从塑料管中向下喷出,气球会像火箭一样向上飞出,达到一定高度。上述操作需要反复试验才能成功。

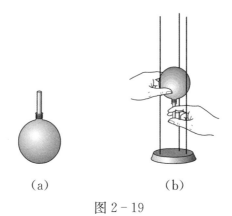

（a） （b）

图 2 - 19

2. 公道杯

我国古代有一种有趣的酒具——公道杯或"九龙杯"，杯子中央有一根像龙一样的柱子。向杯中倒酒并无异常，当酒没过龙头时，就会发生奇怪的现象：杯中的酒很快就会流走，不见了。原来，龙形柱就是一根隐蔽的虹吸管，酒通过龙形柱流到杯子下面的隔层中去了。

这种杯子之所以称为公道杯，是告诉人们做事要讲究公道，不能贪心，一旦做过了头就会失去一切。

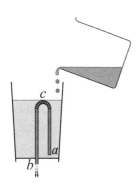

图 2 - 20

可以让学生用如图 2 - 20 所示的方法制作一个公道杯模型：取一个一次性杯子，底部开一个小孔，孔中插入一根可弯折的吸管（中间有波纹管的那种），让弯折部分接近杯子的开口，小孔处可用蜡或胶水封住不漏水，这样就制成了一个公道杯模型。向杯子中加水，水没过管顶时，虹吸管开始工作，杯子中的水流出，直至将近流完为止。

当然，如果在杯子外面再套一个更大一些的纸杯，演示起来更为逼真奇妙。本实验制作的难度是弯折吸管时如何保证吸管不被弯扁且定型良好，以及出水管如何与杯底固定且不漏水。这些问题可让学生自行探索解决。

3. 波动脱钩

在日常生活中经常会发生这样一种现象：很长的被单或衣服被高处的晾衣架勾住而无法直接取下。如何利用物理知识来解决这一问题呢？我们可以建立一个模型，如图 2 - 21(a) 所示，假设两条绳子中有一条 B 套在横向支架上，而支架右侧紧靠墙壁,绳子无法被横向拉出;另一条 A 套在横向支架的短钩子上。该如何将两条绳子顺利取下来呢?

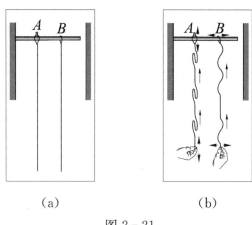

（a）　　　　　　　　　（b）

图 2 - 21

其实,利用机械波的知识可以解决这一难题,因为波可以传递振动形式和振动能量。如图 2 - 21(b)所示,在绳子 B 的自由端左右抖动,绳子中会产生一列横波,横波向上传播至支架处就能使绳子横向脱出。在绳子 A 的自由端上下抖动,绳子中会产生一列纵向传播的波,当波向上传播至支架处时就能使绳环向上升起一些而脱出,只是这种情况操作难度大一些。

4. 振动妙用

（1）振动分离

在日常生活中,假如误将蚕豆和黄豆混在了一起,没有专用筛子很难将它们分开。其实,利用一块平板就能将它们分开。如图 2 - 22 所示,将平板斜放,把混在一起的蚕豆和黄豆放上平板上,敲击平板让其振动,由于黄豆近似球形会发生滚动,蚕豆只能滑动,而滚动摩擦远小于滑动摩擦,于是很快就可以把两者分开。

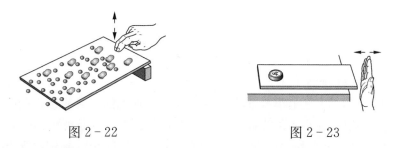

图 2 - 22　　　　　　　　　　　图 2 - 23

（2）振动推进

如图 2-23 所示，水平桌面的边缘放有一块平板，平板上有一枚象棋子。在不能接触棋子且不倾斜平板的情况下，如何将棋子从平板的左边移至右边？可以用振动木板的方法实现：当手向左快速敲击平板边缘，由于惯性，棋子相对于平板向右滑动了一段距离；然后，将平板慢慢拉回原位，棋子在静摩擦力的作用下与平板保持静止。多次重复上述步骤，棋子就一冲一冲地移动到平板右边。

（3）振动上浮

大小不同的核桃混放在一个容器里，能将它们分开来吗？如图 2-24（a）所示，左右猛烈振动容器一会儿，会发现直径大的核桃"浮"在上面，中等大小的在中间，小的"沉"在底部。对此现象的一种解释是：小颗粒物体可填补空间使下部平均密度增大，物体的整体重心降低，重力势能减小（物体的重力势能总有降低的趋势）。另一种解释是从受力角度进行分析，在左右振动容器时，容器里的大小颗粒都在相互挤压。如果开始振动时，小颗粒物在大颗粒物上面，由于大颗粒物之间空隙较大，振动时小颗粒很容易落入空隙中，从而产生"大下推小"的情况。现以上层有代表性的两种情况为例，如图 2-24（b）所示，左边是一个大颗粒和两个小颗粒相互作用的情况，两个小颗粒对大颗粒的合力是向上的，所以大颗粒被逐渐推向上方。反之，图中右边是两个大颗粒与一个小颗粒相互作用的情况，小颗粒受到的合力是向下的，所以小颗粒被逐渐推向下方。

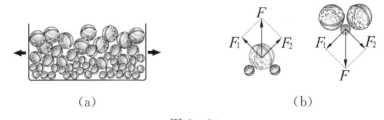

（a）　　　　　　　　　　（b）

图 2-24

5. 木条测重

有一根质量分布不均匀的小木条，在只有铅笔、刻度尺和一枚 1 元硬币（其质量约为 6 克）的情况下，如何测出小木条的重力呢？测量原理是杠杆平衡的条件，但实际操作起来仍有不少难度。如图 2-25（a）所示，首先，把铅笔放在水平桌面上，在铅笔上放上小木条，用平衡方法小心地找到小木条的重心 C，并标记好位置。然后，在小木条的右端放上一枚硬币，并将小木条再次放在铅笔上，调整小木条在铅笔上的位置，使其（可以看作杠杆）水平平衡，标记出支点 O 的位置和硬币重心在小木条上的位置。最后，测量出力臂 L_1 和 L_2 的大小，设小木条的重力为 F_1，硬币的重力为 F_2［图 2-25(b)］，根据杠杆平衡的条件得到 $F_1=\dfrac{F_2L_2}{L_1}$，即可求出小木条的重力。

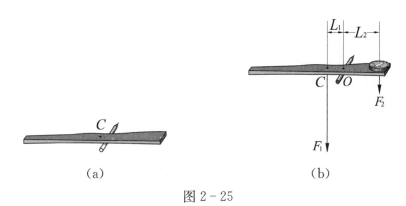

（a）　　　　　　　　　　　　　　　（b）

图 2-25

让学生用天平测出小木条的质量，再计算出它的重力，将该结果与用上述方法测得的数值进行比较，看看差别有多大。然后，让他们找找其中的原因，再重复实验，进一步减小误差。这样的操作对于培养学生的动手能力大有裨益。

6. 巧架钉子

先问学生一个问题：现在手边有 13 根钉子（每根长约 10 cm），其中一根已经固定在底座上，能否将其余 12 根钉子放在这根钉子上而不掉下来？条件是，不得借助任何其他材料。当同学们一愁莫展时，老师可以抛出解决方案，做成一个如图 2-26(a)所示的结构。由图可见，左右两边各有相互交叉的 5 根钉子，钉帽被两根水平放置的钉子 P、Q 卡住，形成一个整体。当把它们架在竖直的钉子上时，整体的重心位于支点下方，因此这种平衡是稳定的，即使稍微摇晃或旋转也不会掉落，显得格外神奇。

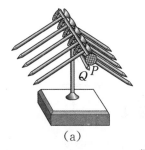

（a）　　　　　　　　　　　　　　　（b）

图 2-26

下面选取其中的一根钉子进行受力分析。如图 2-26(b)所示，设这根钉子的重力为 G，钉帽 MN 与钉身垂直；压在这根钉子上面的钉子 P 对钉帽的压力 F_1 沿钉身向上，对钉身的压力 F_2 垂直钉身向下；下面钉子 Q 对这根钉子的支持力 F_3 垂直钉身向上。将重力 G 分解为垂直于钉身向下的分力 G_1 和沿着钉身向下的分力 G_2，此时这根钉子就处于力矩平衡状态。在不计摩擦的情况下，如果没有钉帽 MN，就没有压力 F_1，钉子在 G_1 的作用下就会下滑(虽然此时力矩仍可平衡)。其他钉子的受力情况与这根钉子类似。此外，上、下两根水平放置的钉子这里就不做受力分析了。

这个结构的搭建过程是：先在水平桌面上水平放一根钉子 Q，再横向交叉地左右各放 5 根钉子，使它们的钉帽靠近 Q；然后再压上钉子 P；最后，两手从两端分别抓住 Q、P 慢慢提起来。即便将该实验过程演示给学生看，再让他们操作还是有一定难度的，这需要多次练习。

(三) 细致分析

要揭示简易实验所蕴含的物理原理，往往需要具有很强的分析和理解能力。从下面实例中可以看出，初看道理似乎简单明了，若仔细分析，会有更深层次的理解和发现，不深究可能还会出错。这也进一步说明了：简易实验并不简单。

1. 弹簧下落

手提一根长弹簧的一端，让其自由下垂，如图 2-27(a)所示。突然放手，让长弹簧自由下落，会看到奇特的现象：弹簧上端先向下逐渐快速收缩，下面未收缩的部分几乎静止不动，直到弹簧全部压缩在一起后再一同下落，如图 2-27(b)(c)所示。为什么会出现这种奇特的现象呢？

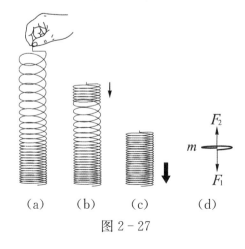

图 2-27

这要从弹簧的受力情况入手进行分析。任取一环弹簧为研究对象,如图 2-27(d)所示,设该环弹簧的质量为 m,其受到下面弹簧对它的拉力为 F_1,上面弹簧对它的拉力为 F_2,当它静止时,则有 $F_2-F_1=mg$。根据胡克定律 $F=k\Delta x$ 可知,拉力 F 越大,环间距离 Δx 就越大,所以静止时,整个弹簧各环的间距越向上越大。只要间距 Δx 不变,拉力 F 就不变,各环仍然保持平衡。假设长弹簧共有 n 环,放手瞬间,拉力变为零,则第一环受到竖直向下的合外力为 nmg,因此这时第一环的加速度为 ng。第 1 环迅速靠向第 2 环,接着第 2 环也向下加速运动,其他环几乎仍处于原来位置,看似直到全部压缩到一起,整根弹簧才以大小为 g 的加速度下落。

2. 巧找重心

如图 2-28(a)所示,用三根手指水平地托住一块形状不规则的薄板,设法找到薄板的重心。先慢慢地移动任意一根手指,当这根手指相对薄板难以滑动时,再移动其他一根手指,如此交替重复,直到三根手指都聚拢起来到达某一点,这一点就是薄板的重心。

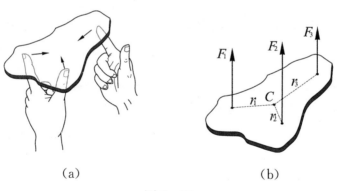

(a)　　　　　　　　　　(b)

图 2-28

手指怎么会有时滑动,有时静止呢?原来这是滑动摩擦与静摩擦不断自动转换的结果。如图 2-28(b)所示,三个手指支撑的三个点上分别受到支持力 F_1、F_2 和 F_3,它们的作用点离重心的距离分别为 r_1、r_2 和 r_3,离重心的距离越小,支持力就越大。因此,当支持力达到最大静摩擦所需的大小时,手指与薄板就难以相对滑动了,而此时一定有另一个手指可以滑动,直到其所受的支持力也足够大,又停止滑动。如此不断转换,手指到重心的距离 r 越来越小,直至 $r=0$,即重心。

移动手指是一个不断尝试的过程,要尽力设法使这根滑动手指最后难以再移动了,这个移动方向就找对了,否则板就会掉下来。

3. 杯底抽纸

这是一个说明静止物体具有惯性的传统小实验。如图 2 - 29(a)所示,在桌边用盛有水的杯子压住一张纸条,一只手用力拉住纸条一端,另一只手向纸条快速劈下,会发现纸条在很短时间内被从杯底抽出,而杯子只是稍稍有一点移动,并不会从桌面上掉落。这就说明了静止物体有保持原有状态的性质,即惯性。

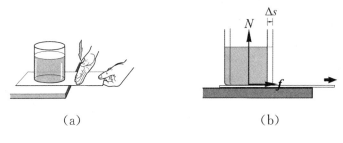

（a）　　　　　　　　　　　　（b）

图 2 - 29

接下来问题就来了。有人将杯子中的水倒掉一些,使其质量变小,再做此实验,借以说明物体的质量越大越稳定,从而说明质量是物体惯性大小的量度。其实只要仔细做一下这个实验,会发现杯子中的水多水少都是相同的。我们可以定量讨论一下。如图 2 - 29(b)所示,杯子是在滑动摩擦力的作用下发生移动的,其加速度 $a = \dfrac{f}{m}$,而 $f = \mu mg$,所以 $a = \mu g$,即加速度与物体的质量无关。只要每次劈纸条的速度相同,纸条与杯子作用的时间就相同,杯子的位移(包括加速启动和滑行制动的位移)s 也相同。因此本简易实验只能说明物体有惯性,不能说明惯性大小与质量有关。

4. 不浮乒乓

"浮不起的乒乓球"是初中浮力教学中经常做的简易实验,用来说明浮力产生的原因:存在压力差。如图 2 - 30(a)所示,将一个底部剪去的塑料瓶倒置,瓶口敞开,放入一个乒乓球,用筷子压住球,向瓶里灌水,然后移去筷子,发现乒乓球并不浮起来。因为此时乒乓球上表面处的压强等于一个大气压与瓶中水对它的压强之和,下表面处的压强为一个大气压,即向下的压力大于向上的压力,所以乒乓球不受浮力作用。而当用手捂住瓶口时,球的下部有水积聚,乒乓球就会浮起。这是由于压强通过水传递直到球底部,此时向上的压强大于向下的压强,所以产生了浮力。

有人认为,只有当乒乓球与手之间充满水后,乒乓球才能浮起来。实际上,乒乓球浮起来的关键是压强能否传递到乒乓球的底部,与乒乓球下面的水是否充满无关。如果乒乓球下面是气体也是可以的,笔者曾做过如图 2-30(b)所示的实验:在饮料瓶的下面再接一个同样的空瓶(不要截去瓶子底部),在瓶壁 P 处开一个小孔,将两瓶口对接封住。实验时,若不堵住小孔,也就是乒乓球下面的压强不变,乒乓球不会浮起;但若用手指将小孔 P 堵住,由于水进入下面瓶中,使瓶中的空气被压缩,压强增大,乒乓球就会浮起。

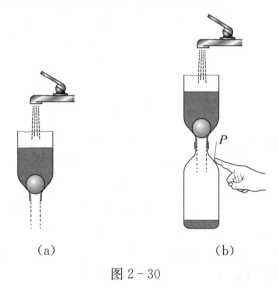

(a) 　　　　　　　(b)

图 2-30

上面这个实验说明,分析实验现象产生的原因时,要抓住关键和要点,不能随意推断。

5. 自翻斟器

下面实例表明,简单地说明与详尽地分析对一个简易实验的理解深度是完全不同的。

图 2-31(a)是一种古代奇特的盛酒器具——斟器的模型。它具有"虚则斟,中则正,满则覆"的特点,意思是:不装酒时,容器是歪斜的;适当装酒时,容器位置很正;装得太满时,容器则彻底倾覆,直到流完才会复原。

实验时,可用一个带盖子的饮料瓶作为它的器身,在瓶底开一个长方形的孔,在瓶身中间横向插入一根铁杆作为水平转动轴 O,使空瓶的重心 C 略在转动轴的下方,如图 2-31(a)所示。由于 O 点不在 C 点的正上方,所以没装水时,瓶身略微倾斜,呈现"虚则斟"状态。

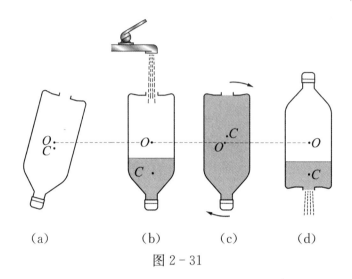

图 2 - 31

装水后,水与瓶整体的重心大大下降,逐步以水的重心为主,器身开始竖起来,呈现"中则正"状态[图 2 - 31(b)]。随着水逐渐增多,水与瓶整体的重心不断上移,由于瓶的容积上大下小,所以当水达到一定量时重心会上升到转轴 O 的上方,于是瓶子处于不稳定平衡状态,就会发生翻转[图 2 - 31(c)],即"满则覆"。瓶子一旦倾覆,水就会不断流出,重心又逐渐下降[图 2 - 31(d)]。当水减少到一定程度时,水与瓶整体的重心又开始上升,若水全部流完,重心又回到原来的 C 点,位于转动轴 O 的上方,瓶子再次处于不稳定平衡状态,重新转动复原。只要不断加水,上述过程就会不断重复。

因此,若只将本实验的原理粗略描绘成重心上升而倾覆、水流完后重心复原,那么这种分析是不到位的。

6. 锥体上滚

有些简易实验看似违背常识,但仔细分析后发现还是符合物理规律,锥体上滚就是其中的一例。如图 2 - 32(a)所示,在水平桌面上放置两根斜面长板,其低端靠近、高端分开,将一锥体放在低端,放手之后,奇怪的现象发生了:锥体自动地由低端滚向高端。

我们先从受力角度进行分析。先不说锥体,假设放上去的是一个球体,而且球被支撑在两条平直的板条 M 上,此时板条对球的支撑点在 A 点(图中只画出了一个板条),如图 2 - 32(b)所示。由图可以看出,球的重力与 A 点在同竖直一平面上,重力矩为零,即不能产生转动力矩,因此球不会滚动。若

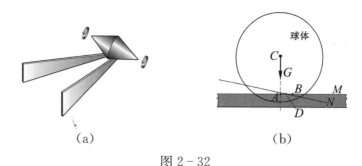

（a）　　　　　　　　　（b）

图 2 - 32

将平行板条左端稍稍分开、右端稍稍靠近,板条对球的支撑点移动到了 B 点,可见重力作用线处于 B 点的左侧,产生了使球向左运动的重力力矩,球就会向左滚动,直到滚到桌面上为止。从图中还可以看出,球向左运动时,重心是不断降低的。如果将两板条做成倾角不太大的斜面 N（左高右低）,此时球的支撑点可能在图2 - 32(b)中的 D 点,但只要重力作用线仍然在 D 点的左侧,球仍能向左滚动,看起来像在"爬坡"。而实际上,球滚动时支撑点不断外移,重心不断降低。

若将球体改成双向锥体,与球体相比,双向锥体的支撑点外移距离延长了,运动时间也延长了,"上滚"的效果就更显著、更逼真。

我们再从机械能角度来分析。如图 2 - 33 所示,开始支撑点在 A、A',最后支撑点在 B、B',虽然支撑点升高了,但从 A 到 B 的运动过程中锥体的重心 C 还是降低的。所以,锥体其实不是在上滚,而是在下滚,这一现象仍然符合物体重力势能总有减小趋势的规律。

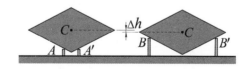

图 2 - 33

7. 逆风行船

简易实验还有一个作用是,用简单的器材模拟真实的情景,以便于分析其中的物理原理。例如,生活中"逆风行船"就是一例。

大家知道,帆船行船当以顺风为最佳,逆风似乎不能行船。事实上,有时在逆风情况下,船工也能使船艰难前行。如图 2 - 34(a)所示,风沿河道方向吹来,船要逆风向而行,船工采用的方法是:通过调整帆面迎风的角度,使船沿斜

向成"之"字形缓慢前行。[图(a)中略去船身较小的侧向位移,将船看作沿船头方向前行]

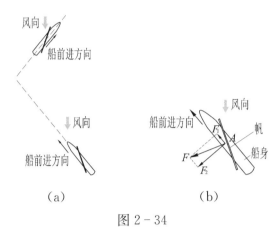

图 2-34

用力学原理分析行船过程稍有些复杂。如图 2-34(b)所示,当船身斜向河岸时,使帆面顺时针转过一个小角度,让风吹在帆面上,这时风对帆的作用力 F 是垂直于帆面斜向左的。可将 F 分解为 F_1、F_2 两个分力,其中 F_1 沿船前进方向,是推动船前行的动力,F_2 是使船侧向移动的力。由于船的形状决定了船在前进方向上受到的阻力较小,而在侧向方向上所受的阻力很大,所以在风力作用下,船身在河道内是沿斜向行进的。当船驶近岸时,船工立即改变船身方向和帆的方向,使船斜向另一侧行进。接着,当船再次驶近岸时,再次改变船身方向和帆的方向,如此反复,船就沿"之"字形曲折地逆风前行。

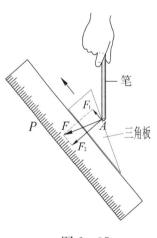

图 2-35

我们可以用简易实验来演示一下这个过程。如图 2-35 所示,取一把直尺 P 斜向放置且固定在桌面上,表示船行方向,在尺右下方放一块三角板表示帆船,其长直角边表示船身、斜边表示船帆,用一支笔的尾部表示风,向下用力戳三角板斜边上的 A 点。这时笔对三角板斜边的压力 F 是垂直于斜边的,将 F 分解为 F_1、F_2,其中 F_2 被直尺的支持力所平衡,三角板便沿 F_1 的方向前进,这便模拟了逆风行船的情景。

8. 验证倒像

有一种说法:人眼看到的像在视网膜上是倒

像,是人的视觉将像自动感觉成正像的。这是因为眼球相当于一个凸透镜,物体通过眼球在视网膜上应该呈现一个倒立、缩小的实像,但人感觉像是正立的。怎样用实验来证明这一点呢? 我们可以做一个有趣的简易实验。如图 2 - 36(a)所示,取一个长约 5 cm 的黑色盒子,右端开口,左端中央开一个约 1 mm 大小的小孔,在近右端开口约 1 cm 处插入一根钉子,使钉尖恰好处于盒子中轴线上。眼睛靠近右端盒口中央,从右向左观看[图 2 - 36(a)],奇怪的现象发生了:在小孔光亮的背景中看到一个很大的钉子黑影,但它的方向却与原钉子相反,是从下向上的[图 2 - 36(b)]。

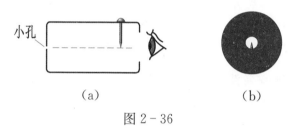

小孔

(a)　　　　　　　　　(b)

图 2 - 36

我们也可以把这个实验进一步简化。如图 2 - 37(a)所示,手持一根大头针放在离眼睛约 4 cm 的地方,让强光线(如灯光)照亮它的头部,眼睛在这样近的地方看到的针头只是一个模糊的光斑。此时,在眼睛和大头针之间用一块小纸片从上向下遮挡光斑,同样奇怪的现象发生了:看到的黑影是从下向上的[如图 2 - 37(b)]。

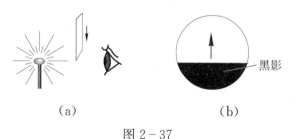

黑影

(a)　　　　　　　　　(b)

图 2 - 37

现在来分析一下这个现象。如图 2 - 38(a)所示,当光源 S 距离眼睛10 cm 左右时,其像应呈在视网膜上的 S' 点。当光源靠近到 4 cm 处时,眼睛已无法看清它,也就是像 S' 在视网膜后面去了[图 2 - 38(b)]。此时视网膜接收到的不是清晰的光点,而是一个模糊的光斑。当纸片从上向下插入时,光斑的上部光线被逐渐挡住,理应见到的像从上而下变暗,而实际感觉是从下向上变暗,这就证明了的确存在"视觉能自动倒像"的现象。

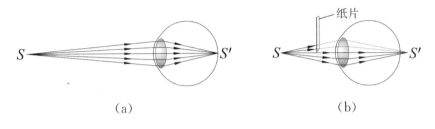

（a）　　　　　　　　　　（b）

图 2 - 38

实际上,医生完全可以通过瞳孔直接观察到视网膜上所成的倒立实像。但本实验采用的间接分析、推理方法也很有借鉴意义。

（四）全面综合

有些简易实验常常涉及物理学中各部分知识的综合运用。例如,力学中各部分知识的综合,或者力学与电学、力学与热学、电学与磁学等知识的综合。这就需要有较全面的综合分析和理解能力。

1.翻滚器

这是一个非常有趣的力学小实验,利用一张普通 A4 纸、一节废旧 5 号干电池经简单加工后,便可组成一个能在斜面上连续不断向下翻滚的翻滚器。

翻滚器的制作方法是:取一张 A4 纸裁剪成如图 2 - 39(a)所示形状,然后将它粘合成如图 2 - 39(b)所示长方体形盒子,在盒内放入一节废旧 5 号干电池,使电池能在盒内自由滚动;将盒子置于斜板上端,由静止释放,盒子便一个筋斗接一个筋斗地向下翻滚,一直滚到木板的底端,如图 2 - 39(c)所示。斜板的坡度要调节适当,坡度太大,静摩擦力不够大,盒子将直接滑下;坡度太小,没有足够的翻滚力,翻滚也无法持续进行。当然,盒子本身也不能太长、太重。那么,盒子为什么能连续不断地自动翻滚呢?

如图 2 - 39(d)所示,空盒的重心在其中央,所受的重力为 P,电池的重心在电池中心,所受的重力为 G。当电池从右端冲向左端时,冲击力为 F,支点在盒的左端 O 点。由于电池的重力比盒子的重力大很多,因此冲击力 F、电池的重力 G 对 O 点的力矩之和,大于盒子重力 P 对 O 点的力矩。同时,由于 F 与 G、P 沿斜面向下的分力之和,小于盒子与斜板间的最大静摩擦力,所以盒子只会翻滚,不会滑动。

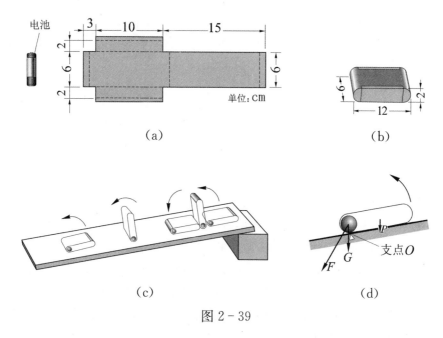

(a)   (b)

(c)   (d)

图 2 - 39

从能量转换的角度来看,电池每次下滚带动盒子翻转的过程都是重力势能转变为盒子转动动能的过程,最终这些能量又因碰撞等阻力作用而被损耗掉。

本实验涉及受力分析、力矩平衡、静摩擦力,以及机械能转化等力学内容的综合。

2. 啄木鸟

这是一种十分有趣的物理玩具。如图 2 - 40(a)所示,在一根固定在底座上的金属细杆上套有一个小木块,小木块可以在细杆上自由滑动。小木块的一侧装有一根弹簧,弹簧的另一端连接一个木制啄木鸟模型。启动时,将小木块置于细杆的上端,推动一下鸟身,可以看到:小木块带着鸟一边啄杆一边下落,每啄一次就会下落一小段距离,直到到达细杆底部。

"啄木鸟"为什么能这样有节奏地自动下落呢?如图 2 - 40(b)所示,当鸟身靠近细杆时,小木块处于正位,因此能自由下滑。但由于鸟是振动的,当它后仰时,拉伸弹簧将小木块扭歪卡住细杆[图 2 - 40(c)],小木块与细杆之间的压力增大,摩擦力也增大。当鸟身继续后仰,摩擦力增大到一定数值时,小木块就会停止滑动。然后,鸟身回摆,小木块回正后又一次下落。如此重复,小木块就会这样有节奏地自动下落。

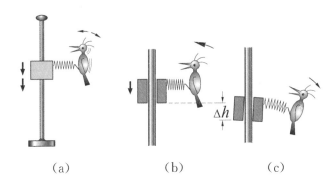

(a)　　　　　　　(b)　　　　　　　(c)

图 2 - 40

我们也可以从能量的角度来分析。小木块每下落一次,其整体的重力势能会转化为鸟的动能,鸟的动能又转化为弹簧的弹性势能。接着,弹性势能又转化为鸟回摆的动能,最终被消耗掉。也就是说,维持啄木鸟振动的能量是由重力势能提供的,而"啄木"的频率与弹簧振动的频率、粗糙程度有关。如果让直杆稍微倾斜,每次重力势能变化量减少,鸟下降的速度就会变慢;但如果倾斜太大,补充的能量不足,鸟便会停止下落。

3.喷水鲸

如图 2 - 41(a)所示,在一个盛水容器中,有一条中空的"鲸"模型。它的头部插有一根细管,插入至近腹部位置,腹部上开有一些针孔大小的毛细孔(肉眼几乎看不出),水可以通过细孔逐渐渗入"鲸"体内。当将沸水淋在"鲸"身上时,水就会从细管中喷涌而出,如"鲸喷泉"一般[图 2 - 41(b)]。

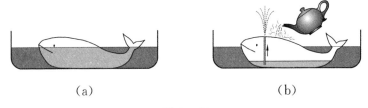

(a)　　　　　　　　　　(b)

图 2 - 41

该实验是力学与热学知识的综合应用。根据连通器原理,水会逐渐进入"鲸"体内,直到体内外液面相平为止。当热水淋身时,"鲸"体内气体温度升高,压强增大,水就会从细管中大量喷出,形成喷泉。喷水之后,"鲸"身逐渐冷却,水又会通过细孔逐渐渗入"鲸"体内,以备下一次喷发。

也许有人会问:为什么不考虑喷水时水会从底部的细孔中渗出呢? 实际

上,这些细孔中也会出一部分水,但由于孔太过细小,出水阻力大,出水很慢。所以,水主要是靠细管大量喷出。当然,在"鲸"腹部开一个大孔来代替这些毛细孔也是可以的,但需要加一个单向阀门,进水时打开,出水时关闭,也很简单,不足之处是缺乏隐秘性。

4. 饮水鸟

这是一个很奇特的著名玩具。1936年,苏联科普作家别莱利曼在他的《趣味物理学续编》书中介绍过,说它是中国古代发明的科学玩具,曾震惊世界。1905年,有人将它赠送给爱因斯坦,爱因斯坦非常喜欢。后来,它被人们称为"让爱因斯坦吃惊的玩具",它看起来很像一台"永动机",饮水鸟的外形如图2-42所示,球形的头部与球形的身体由一根长管连接,长管中部有一根转动轴连在支架上。在饮水鸟前面放上一杯水,开始时鸟的身体慢慢前倾,直到嘴接触到水,立即抬头回摆,摆动几下后停止,然后身体又慢慢前倾,再次饮水,如此不断进行下去。只要它的嘴能接触到水,饮水动作就不会停止。

图2-42

饮水鸟为什么能不停地自动饮水呢?这要从它的内部结构说起。从图2-43(a)可以看出,一根玻璃管上下连通两个大小不同的球形容器,内部盛有易挥发的液体如乙醚。玻璃管与两个球形容器间是密封的,鸟的头部包有吸水的绒布。开始时,浸水后的鸟身体竖直,在上面的小球、玻璃管和下面的大球上方都充满着乙醚饱和蒸气,饮水鸟的整体重心 C 在支点 O 的下方。当鸟头部的水逐渐蒸发时,鸟头部逐渐冷却,压强减小,乙醚被压至玻璃管中,并逐渐增多,整体重心上移至 O 点上方,如图2-43(a)所示,此时饮水鸟处于不稳定平衡状态,产生的逆时针力矩使鸟转动,从而实现低头饮水动作。

(a)   (b)

图2-43

当玻璃管接近水平时,进入管内的乙醚自动返流回大球,大小球内的乙醚蒸气相通,压强也相同,此时整体重心又回到原处,如图2-43(b)所示。顺时针力矩使鸟身重新竖直,回到初始状态,吸满水的鸟头部蒸发还在继续,饮水还会一次次重复,直到鸟嘴饮不到水,头全干了为止。饮水鸟动作能否进行与转轴位置有关,动作快慢与环境温度高低有关,温度越高,动作相对越快。

饮水鸟看似一台永动机,实际上它是一台消耗能量的热机,只是普通热机要消耗燃料转化为蒸汽或燃气来做功。而饮水鸟消耗的是水的分子势能(水蒸发为水蒸气时,分子势能减少),是通过蒸发致冷来做功的。

本实验要运用到热学、气压和物体平衡等多方面知识,对于综合分析能力要求较高。

5. 浮沉子

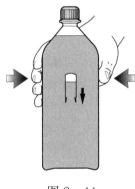

图2-44

浮沉子在理科教材中出现得比较多,因为它跟鱼鳔和潜艇浮沉的原理很相近。分析浮沉子的浮沉过程有助于培养学生的综合分析能力。

制作浮沉子最简单的方法是:如图2-44所示,取一个大可乐瓶,在瓶中注水(不要完全注满,留有一定量的空气);在瓶中放入一个倒置的小瓶(如眼药水玻璃瓶,去掉盖子),小瓶中注有适量的水,为了使小瓶能在水中保持倒置状态,可以在小瓶口外绕几匝铜丝以降低它的重心。如何使小瓶中的水达到适量?方法是:取一个盛水的杯子,改变小瓶中的水量,将小瓶投入杯子中,观察它的沉浮情况;当小瓶刚好能浮在水面上,而一碰就会下沉时,小瓶中的水就算适量了。这样,浮沉子就制作完成了,可将它投入大瓶中了。

操作浮沉子沉浮的方法是:盖住大瓶盖子,用力挤压瓶壁,浮沉子就会慢慢下沉;放手后,浮沉子又会自动上浮。

浮沉子的浮沉是由它受到的向上浮力 F 与向下重力 G 的大小关系来决定的:$F>G$,上浮;$F<G$,下沉;$F=G$,悬浮。浮力 F 等于小瓶瓶身和中间空气排开水的总重力,即 $F=F_{瓶浮}+\rho_水 gV_{气排}$。小瓶瓶身所受的浮力 $F_{瓶浮}$ 不变,当小瓶中气体体积变化时,浮力 F 大小将发生变化;浮沉子受到的重力 G 为瓶壳的重力(其中的空气重力不计)。当用力挤压瓶壁时,小瓶内的空气受到的压强增大,体积减小,进入浮沉子中的水增多,浮沉子所受的浮力减小,于是下沉。反之,则上浮。

还有一种解释是:将小瓶中的水看作是浮沉子的一部分,认为整个小瓶体积不变,所受的浮力大小不变;水进入小瓶后,浮沉子因重力增大而下沉。反之,重力减小而上浮。这种解释也是可以的,但在解释鱼鳔的作用时就显得有困难了。因为鱼鳔不是靠吸放水,而是靠改变体积大小来改变所受浮力大小的,因此"改变浮力"的说法与"改变重力"的说法相比,更妥帖一些。

当环境温度变化时,如果用红外灯照射大瓶[图 2-45(a)],由于气体受热膨胀程度远大于液体,所以水的密度变化不大,但小瓶内的气体体积增大明显,浮沉子因浮力增大也会上浮。于是,有人利用上述现象制成了"浮沉子温度计"。如图 2-45(b)所示,在一些浮沉子内充入体积略有不同的空气,通过测试将它们分别标上相应的温度值,然后投入到同一容器中。观察发现,显示高温度的沉在下面,显示低温度的浮在上面,悬浮在中央的恰好显示当前的室温。(想一想,这是为什么?)图 2-45(b)表示当时室温是 25℃。

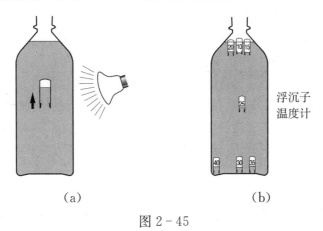

浮沉子温度计

（a）　　　　　　　　　　　　（b）

图 2-45

控制浮沉子使其悬浮在中央,除了控制压强外,也可以改变下层水的密度,如在瓶中撒些盐颗粒,待其慢慢溶解后,水的下部密度变大,浮沉子就会悬浮于中央了。

总之,本实验综合了力学与热学的知识,颇具探究价值。

6. 居里点发动机

这是一个热学与磁学综合的实验。物理学家皮埃尔·居里曾发现磁体被加热到大约 770℃ 时,会失去磁性,这个温度后来被称为居里点。后来,尼古拉·特斯拉据此在 1889 年发明了利用这一特性运行的发动机,称为居里点发动机。

图 2-46 是一种根据居里点制成的摆。在摆线下端系一个磁铁环,左边放

置一根固定的条形磁铁,可以吸住磁铁环。在磁铁环下面点燃一支蜡烛,当被加热到居里点时,磁铁环便会失去磁性,向右摆去。当它回摆时,温度降低,磁性恢复,又能被条形磁铁吸住。这样一停一摆会不断持续运动下去。摆每次运动时要损耗机械能,这些机械能由加热时所获得的内能来提供。

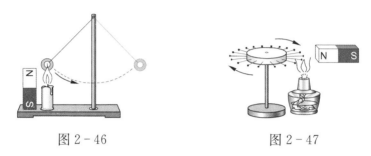

图 2 - 46   图 2 - 47

图 2-47 是一种居里点发动机模型。将一枚枚铁钉插在一个圆盘上,圆盘套在一根竖直转轴上。在圆盘旁放置一个磁体,磁体能吸住靠近它的铁钉。用酒精灯加热吸住的铁钉,当达到居里点时,该铁钉就会失去原来被磁体磁化获得的磁性,轻推一下圆盘,旁边的铁钉又会被吸过来,圆盘转动一下。当第 2 枚铁钉转动到火焰处被加热到居里点时,第 3 枚铁钉又会被吸引过来。圆盘就这样断断续续地转动起来。这种发动机做得好的话,能连续不停地转动下去。

居里点发动机和前面讲过的饮水鸟都是将内能转化为机械能的机械,所以都属于热机。

7. 慢降的磁体

这个简易实验具有一定的奇特性,盛传一时,常作为电磁感应的引入或应用。实验所用的器材很简单:一根长约 80 cm、内径约 3 cm 的铝管竖直放置,一个直径比铝管稍小的铁块,一个与铁块大小相似的钕磁铁(具有很强的磁性)。

实验时,先将铁块从铝管上口静止释放,发现它很快地自由下落;当将钕磁铁放入管口释放时,奇特的现象发生了:它慢慢悠悠地几乎匀速落下,如图 2-48(a)所示。大家都知道铝是非铁磁性物质,与磁铁不会发生相互作用,那么为什么会阻碍磁铁下落呢?

我们可以通过建模来分析一下。铝管是导体,可以看成由一圈圈线圈叠合而成,先大致描绘出磁铁两端的磁感线,如图 2-48(b)所示。在磁铁 N 极靠近的那部分铝管中,磁通量增大,铝管中会产生逆时针方向的感应电流(从上向下看),同样在 S 极离开的那部分铝管中会产生顺时针方向感应电流(俯视)。这些电流的磁场会阻碍磁铁下落,磁铁下落得越快,感应电流越大,阻力就越大。当阻力与磁铁的重力相等时,磁铁就会匀速下落。当然这是一种简化了的解释,实际上铝管并不是一圈圈导线,它产生的感应电流比线圈要复杂。这种在一个平面或物体内产生的感应电流称为涡电流。在下落过程中,铝管中一旦产生涡电流,磁体就会受到阻力。上述实验中,若磁铁横着下落[图2-48(c)],同样会产生涡电流,因此也会阻碍磁铁下落。

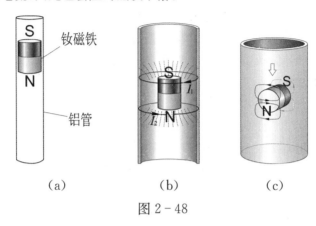

图 2 - 48

在本实验中,磁铁的重力势能先转化为动能,接着又转化为电能,最终通过发热转化为内能而消耗掉。在磁铁匀速下降过程中,铝管的发热功率 $P = mgv$,式中 m 是磁铁的质量、v 是下降速率(可直接测量)。所以,本实验有助于培养学生的综合分析能力和建模能力。

8.简易电动机

电动机是力学与电磁学综合运用的典型实例,下面介绍的方法可以让学生亲手制作一个最简单的电动机,不但取材方便,而且原理解释清晰,设计巧妙,颇有启示作用。

这个电动机的制作方法是:将一节1号干电池置于底板上,取铜片制成两个电极,并用橡筋分别固定在电池两极上;将一个线圈穿过电极的小孔横在电池上方,在电池与线圈之间固定一小块钕磁铁,制成后的情形如图2-49所示。该电动机制作的关键是线圈的制作,将直径约1 mm的漆包线在泡沫塑料块上(4 cm×2.5 cm×1 cm)绕5~6圈,漆

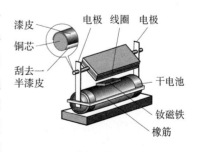

图 2 - 49

包线两端要留出约 3 cm 的长度,作为转轴插在电极的小孔中。而且,转轴的一半要刮去漆,露出铜芯,如图 2 - 49 中放大小图所示。

在图 2 - 49 所示状态下,线圈是通电的,只要稍微推动一下线圈,它就会连续不停地转动起来。该电动机的工作原理是什么呢?

当线圈处于图 2 - 49 所示状态时,线圈在磁场中要受到安培力的作用,这个力产生的转动力矩使线圈转动。当转过 180° 后,若仍然通电,则电流方向就会反向,转动力矩也会反向,就会阻止线圈继续转动。但此时,转轴处有漆包着(绝缘),因此线圈中没有电流,因此也就没有安培力了。线圈依靠惯性继续转动,再转过 180° 后又开始通电,又受到原来方向的力矩推动而转动。因此,这样就确保了转动力矩总是沿一个方向推动线圈转动。

这种电动机的缺点很明显,如果线圈开始处于不通电位置,就不会起动,因此它有一个"死点"。另外,如果线圈处于通电状态而不转动,相当于短路,会发热耗电(可以考虑增加一开关来控制)。此外,这种电动机提供的动力不均匀,且效率低下,因此一般直流电动机都安装有换向器或采用多极化设计。

本实验综合运用了电磁学中的安培力、力学中的力矩和惯性等知识,还可以帮助学生感悟科学与技术的关系,其教育作用也是很好的。

总之,从上述这些案例来看,简易实验简单之中寓深意,对学生能力的要求并不低。这些能力包括观察思考能力、分析理解能力、综合运用能力和动手实践能力等。

第三章　简易物理实验研究

简易实验设计作为物理教学设计的一部分,要根据课的目标、任务和需求来确定方案,要根据课的内容、性质和学生的实际情况来选择、使用具体实验。简易实验不是越多越好,也不是越有趣越好。当然,教师所储备或能自主设计制作的小实验越多,选择的余地就会越大,越能合理有效地选用。下面就阐述一下如何设计、制作与合理使用简易实验。

一、简易物理实验的设计

(一) 设计的原则

1. 释疑性原则

用简易实验来解决教学中的重点、难点问题,可以使学生对所学知识易于理解和掌握。例如,第二章中如图 2-9 所示的支架分力、如图 2-10 所示的手捏图钉、如图 2-30 所示的不浮乒乓,等等。

2. 奇趣性原则

实验现象要奇特,能引发学生的兴趣,激发他们的学习热情。例如,第二章中如图 2-7 所示的光学魔盒、如图 2-40 所示的啄木鸟、如图 2-42 所示的饮水鸟,等等。

3. 恰当性原则

实验要有针对性和恰当性,对教学内容是适合的。例如,第二章中如图 2-24 所示的木条测重、如图 2-29 所示的杯底抽纸、如图 2-44 所示的浮沉子,等等。

4. 简易性原则

实验的结构与取材应该比较简单,容易自制,具有高度的可重复性。例如,第二章中如图 2-2 所示的吸盘式马德堡半球、如图 2-14 所示的毛巾挡球、如图 2-28 所示的巧找重心,等等。

5. 启发性原则

实验要能带来启发，引发联想，体现一定的物理思想和物理方法。例如，第二章中如图 2-20 所示的公道杯、如图 2-31 所示的自翻筋斗器、如图 2-49 所示的简单电动机，等等。

下面以初中物理中的微小形变观察、高中物理中的向心力问题为例，来考查一下上述五个原则。

（1）厚玻璃瓶的微小形变

较硬物体的表面受力后发生的形变，通常肉眼难以观察到，但这种微小形变可以通过间接方法进行观察。比如，一个装满水的厚玻璃圆瓶，用手捏压瓶壁，感觉不到，也观察不到瓶子的形变。但如果采用下面的方法就可以清楚地观察到这种形变：如图 3-1(a) 所示，将瓶口用一个橡皮塞塞紧，橡皮塞中插入一根细玻璃管，水面会升至细玻璃管中的 A 处；然后，握住瓶子，在 P 处用力挤压瓶壁，发现细管内的水面会明显上升一段高度 l 到达 B 处（压瓶时最好带手套，以免误认为温度较高的手将热量传递给瓶中的水，水因发生膨胀而导致液面上升）。

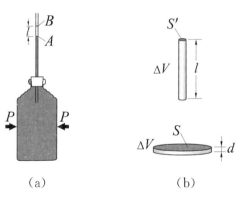

（a）　　　　　　　　（b）

图 3-1

实验中插入细管进行观察，是运用了"放大观察量"的思想方法。柱形容器的高度一定，当横截面是圆形时，其容积最大。用力挤压瓶壁时，横截面积减小使得瓶子的容积变小。假如容积的减少量为 ΔV，瓶内的水面就会上升 d。由于瓶身的横截面积 S 较大，如果这部分水在瓶内上升的话，液面升高的高度 d 很小，难以观察到；但如果将瓶口缩到很小的 S' 时，同样的容积变化量，水在细管内上升的高度 l 就非常明显了，如图 3-1(b) 所示。这样，瓶壁的微小形变通过细管被放大了。

该实验还可以进一步优化,取一个横截面近似椭圆形的玻璃瓶代替圆柱形玻璃瓶。如图 3-2(a)所示,当沿"短轴"方向挤压时,会观察到细管中的水面从 A 处上升到 B 处;如图 3-2(b)所示,当沿"长轴"方向挤压时,会观察到细管中的水面从 A 处下降到 C 处。

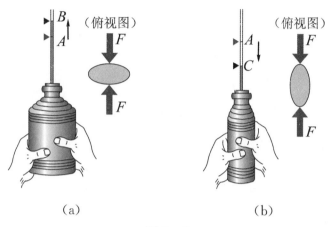

图 3-2

（2）倒转的杯子水不流下来

将一个盛水的杯子倒置,水肯定会流下来。如果让杯子在竖直平面内做圆周运动,杯口始终指向圆心,当杯子经过圆周最高点时,杯子中的水也不会流下来,如图 3-3 所示。当然,条件是旋转半径不能太大,速率不能太小。学生们往往会感到很惊奇,其实道理很简单。水在竖直平面内做圆周运动时,水的重力 mg 和杯底对它的压力 N 共同提供向

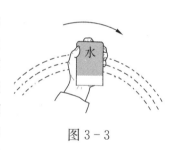

图 3-3

心力 F,即 $F = mg + N = \dfrac{mv^2}{R}$。只要 $\dfrac{v^2}{R}$ 足够大,杯底总受到水的压力。当 $\dfrac{v^2}{R}$ 减小时,杯底对水的压力减小,若 N 减小到 0 时,只有水的重力 mg 提供向心力,这是维持水做圆周运动的向心力最小值。

下面我们从"五性"设计原则来比较上述两个实验的异同。

从释疑性角度来看,它们都有解决疑难的作用:一个难在微小形变的观察,一个难在最高点向心力的提供。也就是说,在这方面它们的作用相当。

从奇趣性角度来看,第二个实验要比第一个实验更有吸引力,更能激发学生的兴趣。

从恰当性角度来看,两个实验的引入都是恰当的,对于教学的促进作用非常显著。

从简易性角度来看,第二个实验更简单,但操作成功需要反复训练。

从启发性角度来看,第一实验要胜过第二个实验,因为它提供了放大微小量的一种思路,具有很强的启发作用。

如果要用五级记分制给它们打分的话,两个实验的得分相当,平均分都在4.6分左右,都属于非常好的简易实验。

表3-1 5个简易实验的"五性"评价

实验名称	释疑性	奇趣性	恰当性	简易性	启发性	平均分
厚玻璃瓶的微小形变	5	4	5	4	5	4.6
倒转的杯子水不流下来	5	5	4	5	4	4.6
手捏图钉	4	3	5	5	3	4.0
不浮乒乓	5	5	4	5	4	4.6
饮水鸟	3	5	3	3	5	3.8

从表3-1可以看出,三个平均分是4.6分的实验是比较优秀的。一般来说,平均分在3分以下、单项得分又不突出的实验,一般不宜选用。

(二) 设计的途径

简易实验内容丰富、数量众多,不可能完全靠教师自己独立设计,那么设计的灵感来自哪里呢?通常要借鉴别人的经验,并加以选择、改造和创新,一般可从以下五方面去寻找设计思路。

1. 从物理学史中选取

物理学在早期没有大型实验设备,器材相对简易,因此可以从中选取科学家曾经做过的实验加以再现,如奥斯特实验、马德堡半球实验、伽利略斜塔实验、帕斯卡木桶实验、牛顿色散实验。实际上现在大家都在做的浮沉子,首创者是笛卡尔。

图3-4是一个简单的蒸汽机模型,它是根据瓦特发现蒸汽推动水壶盖现象而发明蒸汽机这一史实制成的。其结构是:一根管壁上开有小孔的长玻璃管,下端连接一个小烧瓶,瓶内盛有水;在长玻璃管内有一个可上下移动的活

塞,活塞上端安装有一根细铁杆,细铁杆的另一端钩住一个作为飞轮的转盘。加热烧瓶,水沸腾后产生的蒸汽推动活塞向上运动,使转盘转动。当活塞移动至小孔上方时,蒸汽从小孔中排出,活塞回落,转盘转动一周,这样算是完成一次工作全过程。

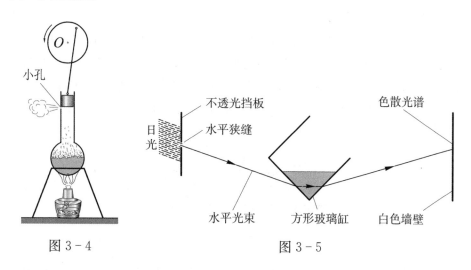

图 3-4　　　　　　　　　　　　　　　图 3-5

图 3-5 是水棱镜的日光色散实验,模拟的是牛顿当年曾做的色散实验。实验过程是这样的:让一束太阳光从不透光挡板的水平狭缝中射入房间,照射在方型容器的一角,容器中的水相当于一个三棱镜,于是在白色墙壁上可看到色散的条纹。

2. 从相关的原理中探寻

第二章中许多实例都是依据动力学、静力学、热学、电磁学、光学等基本原理设计的。下面再举三个实例供读者欣赏。

(1) 喷气浮球

根据伯努利原理,气体流速越大压强越小,有人设计了"吹不走的乒乓球"小实验。如图 3-6 所示,将电吹风竖直向上吹气,在上方气流中放一个乒乓球,乒乓球不但没有被吹走,反而被牢牢地吸住,稳定在一定高度。乒乓球除了底部受到气流对它向上的作用力与其重力相平衡外,还受到侧向力作用,一旦稍有偏离竖直方向,由于气流外侧的压强大于气流处的压强,所以乒乓球会被重新推回到气流中央,因此乒乓球处于稳定平衡的状态。

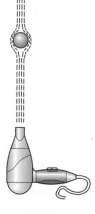

图 3-6

（2）步调一致

物理学中成功演示受迫振动和共振原理的实验有很多。下面介绍一个近年来在网络上非常流行的小实验。如图 3-7 所示，在轻质平板小车上放置多个节拍器（图中取 5 个节拍器为代表），每个节拍器的摆杆上均有一个可调节频率的滑块。实验时，调节滑块的位置，使每个节拍器的固有频率保持相同，但使摆杆开始摆动的位置不同，也就是说振动的初位相不同。开始这些节拍器摆杆的摆动方向看上去杂乱无章，但随着时间推移，发现有些节拍器的摇摆方向会逐渐趋同，发出的声音也渐趋一致。最终，所有节拍器都同步摆动，声音也完全一致了。小车则微微摇动，方向与摆杆的摆动方向相反，此时达到了共振状态。

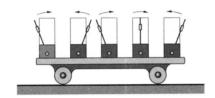

图 3-7

原理分析如下：当节拍器的摆杆向右摆动时，车身有向左运动的趋势（动量守恒原理），也就是说小车受到了向左的推力。但由于各摆杆的摆动方向各不相同，作用力几乎相互抵消，因此小车不会运动。但是，一旦有推力不平衡的状态出现，这时小车的微动会传给与大多数摆动方向不一致的节拍器，对它们形成阻尼，从而使它们的摆动幅度逐渐减小，直到改变摆动方向。那些摆动方向一致的多数摆是策动摆，其余的是受策动摆。就这样，通过小车参与能量传递的受迫振动，所有摆最终达到共振状态。当然，如果各节拍器的固有频率不同，最终也能实现同频率摆动，只不过各摆的振幅大小是不同的。

（3）两种模拟

20 世纪 80 年代，笔者与学生共同开发过一物两用的模拟实验教具，获得了上海市小论文比赛一等奖、全国二等奖。该实验是根据爱因斯坦的空间弯曲理论和卢瑟福的原子核式结构学说设计的，既可以模拟天体运行的规律，又可以模拟 α 粒子散射实验。

如图 3-8(a)所示，先用石膏制作一个纵截面是双曲线的凹模，放上一块有机玻璃圆板，用红外线灯加热，使板变软，然后压上沙袋，待有机玻璃板成型后取出。这样，一个具有旋转双曲线表面和喇叭口形的"弯曲空间"模型就制成了。

　　将上述模型向上放平固定,如果在此曲面上某一位置释放一个小球,让其在此特殊的旋转双曲线曲面上做圆周运动,此时小球所受的向心力由重力与支持力的合力提供。这个向心力恰好与运动半径的平方成反比,因此可以用小球在此曲面上的运动模拟天体的运动。例如,在弯曲空间轴心上放一个稍大一些的球代表地球,则曲面上滚动的小球就相当于人造地球卫星。从斜槽 A 处释放一个小球,如果速度较小,小球会直接落到"地球"上;如果速度恰当,且沿切线方向,则小球可以做圆周运动或椭圆运动(图中 C),以模拟第一宇宙速度;如果速度更大,小球会从曲面边缘飞出去,以模拟第二宇宙速度。

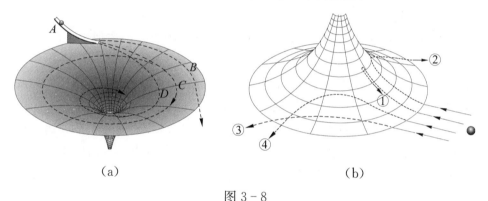

(a)　　　　　　　　　　　　　　　(b)

图 3 - 8

　　如果将曲面翻转过来放在水平桌面上,小球运动到曲面不同位置时,同样满足水平分力与离轴心的水平距离 r 平方成反比的规律,因此可以用来说明原子核与带正电粒子之间的斥力关系。于是,该模型可以用来模拟卢瑟福的 α 粒子散射实验[如图 3 - 8(b)]。曲面的最高峰表示原子核所在处,让弹丸(表示 α 粒子)以相同的速度滚向曲面不同位置,远离中央时弹丸几乎不偏转,越靠近中央时偏转越多(图中编号②弹丸),滚向中央的弹丸可能会原路返回(图中编号①的弹丸)。如果让一排弹丸同时滚向曲面,通过投影观察,效果会更加形象逼真。这与 α 粒子散射实验的结果有些类似。

3. 从儿童玩具中移用

　　很多儿童玩具是利用物理原理制作的,如第二章中提到的喷水鱼、饮水鸟、啄木鸟、公道杯等。此外,不倒翁(一种稳定平衡)、小鸡出壳(旋转时的离心现象)、孔明灯(相当于热气球)、磁悬浮陀螺[如图 3 - 9(a)所示,磁性斥力与陀螺的重力平衡]、碰撞球[如图 3 - 9(b)所示,弹性碰撞原理]、辉光球[如图 3 - 9

(c)所示,模拟雷电现象]等玩具,也都蕴含着丰富的物理原理。下面再举三个由玩具移用的简易光学实验例子。

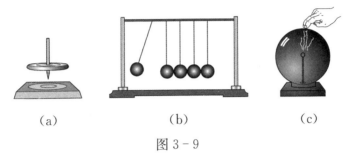

(a)　　　　　　　　(b)　　　　　　　　(c)

图 3-9

（1）透明盒

透明盒可以说是一个魔术玩具,它是一个扁长形的纸盒,类似于牙膏盒,两端开口,盒背中央还有一小口,可插入硬纸片。从盒子一端向另一端观看,对面的景象很清楚,没任何阻挡。现从中央小口中插入一块硬纸片,但纸片竟无法阻挡视线,如同没插入一样。盒子似乎是透明的,这是什么原因呢?

从图 3-10 所示的盒子内部结构可以看出,它原来是由两个潜望镜组合在一起的,A、B、C、D 是四块成 45°角放置的平面镜,光线从物体发出后经 U 形路径传播到人眼中。光线绕过的区域就是纸片插入的位置,所以光路没有受到阻挡。

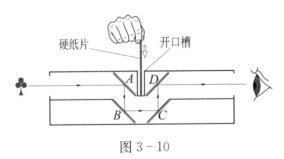

图 3-10

（2）光隧道

取一个方盒子(大小如糖果盒),去掉盖子,在盒中水平固定一块与盒口大小差不多的平面镜,在平面镜上方约 1.5 cm 处再水平固定一面半透镜(既能反射,也能透光)。将盒子侧放在水平桌面上,通过半透镜向盒内观察,可以看到有无数面镜子一直通向深处,恰如一个光隧道。假如在平面镜前放一个小物件,会看到有无数个小物件排成一行通向远处。

这个玩具的原理是:双平面镜的多次反射成像。如图 3-11 所示,A 是半透镜,B 是平面镜。若在靠近 A 镜处有一个发光点 S,它发出两条光线:一条垂直镜面射向 B 镜,另一条光线斜向下射向 B 镜。两条光线在 B 镜上第一次反射后形成像 S_1,第二次反射后形成像 S_2……经过无数次反射,就会形成无数个像。于是透过 A 镜,就会看到无限多个向远处延伸的镜子和小物件,即形成了所谓的光隧道。

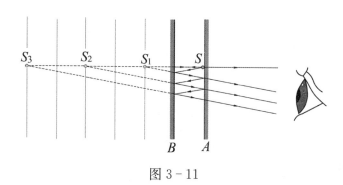

图 3-11

其实在理发店中,如果前后有两块正对的大平面镜,也可以看到多次成像的效果,只是用半透镜看起来更神奇而已。

（3）蝴蝶杯

蝴蝶杯是一种中国传统工艺品,20 世纪 80 年代在山西侯马出土。它是一种古人饮酒的器具,最早记载于明代。其外形就像一个酒杯,近底部有一个凸透镜,与杯子密封在一起,下面夹层中有一个会摆动的蝴蝶模型。当杯中未倒酒或水时,看不到杯中有什么东西;当斟满酒或水时,会看到杯中似有一只闪动翅膀的蝴蝶,故取名蝴蝶杯。

蝴蝶杯利用了凸透镜成像原理。由图 3-12(a)可知,蝴蝶 S 处于凸透镜 A 的一倍焦距和二倍焦距之间,当杯中无水时,它经凸透镜成一个倒立、放大的实像 S'。因为这个像在杯口上方,所以在杯子里看不到。而当杯中倒满水时,相当于在凸透镜 A 上面增加了一个凹透镜 B,这时光线经凹透镜 B 发散后成一个放大的虚像,如图 3-12(b)所示。（也可以这样解释,杯中的水与凸透镜 A 构成一个新的凸透镜,该透镜的焦距变大,焦点移到了蝴蝶的下方,即物距小于焦距。）

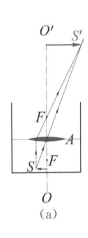
（a）

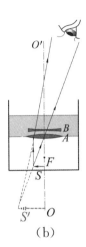
（b）

图 3 - 12

蝴蝶杯充满了我们祖先的睿智和精妙,要模拟制作一个蝴蝶杯并不难,只是在当时解释其中的道理有些不易。

4. 从手边的物品中加工

图 3 - 13

简易实验又称为手边实验,就是其材料随手可得,"坛坛罐罐做实验"也是这个意思。前面列举的许多实验,都是用纸盒、塑料瓶、白纸、乒乓球、吸管等手边物品作为实验材料的。图 3 - 13 就是一个唾手可得的小实验。将一块较强的磁体靠近点亮的台灯(直流节能灯),可以发现台灯会变暗,如果靠近灯的整流装置,甚至可以使灯熄灭。移走磁体,灯的亮度又重新恢复。这是由于电子流受到磁场的洛伦兹力作用而发生偏转造成的。

图 3 - 14(a)是一个用废药纸盒做的有趣小实验:一根细绳穿过纸盒,上端固定;开始时将纸盒拉至细绳上端,下端用手拉着,稍一松手,纸盒就会下滑;再拉紧细绳,纸盒就会停住。其中的秘密就在纸盒内部。如图 3 - 14(b)所示,纸盒中央卡有一张硬纸片,纸片上开有一个比细绳横截面略大的小孔,小孔偏向一侧;盒盖和盒底中央也分别开有同样大小的孔。实验时,将细绳通过三个小孔穿过纸盒。细绳在盒内是曲折的,由于每个孔都比细绳略大一些,所以当细绳放松时,纸盒能自由下滑;而当细绳张紧时,由于细绳对孔口的压力增大,因此它们之间的摩擦力也增大,如果与纸盒的重力相等,纸盒就停止下滑。因此,

控制细绳的松紧就能控制纸盒是落还是停,是快滑还是慢滑。想象力丰富的学生可能会说,可以把这种设计用在高楼火灾救援中。

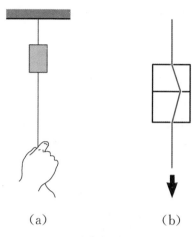

(a)　　　　　(b)

图 3-14

5. 从国内外教师的教学经验中借鉴

从事简易实验研究的教师很多,他们的研究成果和经验往往会发表在各种报纸和杂志上,甚至网络上。吸收和借鉴他们的研究经验,有助于我们提升简易实验的设计能力。

二、简易物理实验的制作

(一) 一理多验　广泛取材

同一个物理原理可以寻找不同的器材,来进行实验加以验证或说明。例如,要说明物体具有惯性,可以选用固体、液体或气体作为材料进行实验验证。

1. 证实大气压强的存在

在地球上,大气压强无处不在,但人们往往不能直接感受到它的存在。可以设计一系列的简易实验来证实它的存在和巨大。

(1) 木断纸不破

在水平桌面上沿桌边平铺一张报纸,报纸下放置一根木条,木条一端伸出桌外。如果慢慢下压木条伸出桌外的一端,木条上翘,报纸会被提起或弄破。但若用锤子猛击木条,发现木

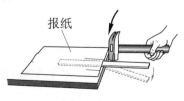

报纸

图 3-15

条折断,报纸既没有动,也没有破损,如图 3-15 所示。这是因为有大气压强压在报纸上,压力很大,木条迅速上翘时,报纸下面近乎真空,木条根本翘不起来,于是受力折断。这个实验说明,大气压强不仅存在,而且很大。

(2) 压扁易拉罐

如图 3-16 所示,取一个装有饮料且未开口的易拉罐,用钉子在侧壁上方打一个孔,设法倒去其中的饮料。将空易拉罐在火焰上加热一会儿,然后立即用塞子封住小孔,把易拉罐放到水龙头下淋水致冷,发现易拉罐被迅速压瘪。实际上,不用急冷,慢慢冷却,易拉罐也会被压瘪。这是因为罐内空气由于加热被排出一部分,降温后罐内压强远小于外界大气压强(即罐处于负压状态),罐内外巨大的压力差将它压瘪。

图 3-16

(3) "覆杯"实验

"覆杯"实验是大家非常熟悉的验证大气压强存在的实验。唐代王冰在《黄帝内经素问》中写道:"虚管溉满,捻上悬之,水固不汇,为无升气而不能降也。"意思是:一根空管灌满水,将其上口闭紧,悬挂起来,水不会从下口流出来,这是空气进不去的缘故,如图 3-17(a)所示。实际上,大气压强可以托住高达 10 m 的水柱,所以 40 cm 长的水柱完全可以被大气压强托住(一旦水柱稍有下降立即在水面上方的管内出现负压状态)。你可能会疑惑,高度仅 10 cm 左右的一杯水倒过来[图 3-17(b)],为什么大气压强托不住呢?原来杯口的水面很容易发生波动,此时压强不再平衡,会有大量空气进入杯子的一侧,水就从另一侧流出。而在图 3-17(a)中,管口细,水的表面张力足以维持其表面不发生波动,因此水就不会流动。如果像图 3-17(c)中那样用一块纸板盖在杯口,杯口的水面就不会发生波动,大气压强就能托住整杯水了。

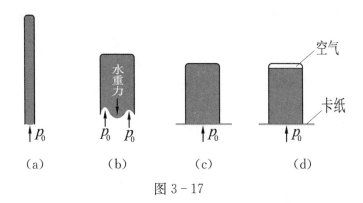

图 3-17

再看图 3-17(d)所示情况,若杯子内有少量空气,大气压强还能不能托住这杯水呢?当杯子倒置后,水会下降一些,杯底的这部分空气体积会略有增大,若很快达到负压状态,即这些少量空气的压强与杯内的水对纸片的压强等于大气压强时,纸片仍能平衡,而纸片略有下降时与杯口间露出的缝隙比较小,水的表面张力仍能保持空气不进入,所以纸片仍能托住水,但这时的平衡已经很勉强了。

笔者曾做过一个令学生十分惊讶的实验。如图 3-18 所示,用一块方形纱网(阻挡蚊子用的那种网),居然托住了倒置的一杯水。这是由于纱网网格中水的表面张力起到了作用,相当于将杯口分割成许多细管一般,防止了水面发生波动。

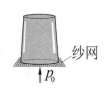

图 3-18

(4)几种负压现象

① 瓶吞鸡蛋

如图 3-19 所示,先将点燃的酒精棉花放入玻璃瓶中,燃烧一会儿后,将剥好的熟鸡蛋放在瓶口。当瓶子逐渐冷却,瓶中出现负压状态,鸡蛋在内外大气压力差的作用下被慢慢推入瓶中。

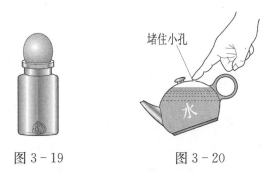

图 3-19 图 3-20

② 茶壶中的水倒不出

由于负压的存在水不会从容器中流出,我国古人很早就发现了这一现象。成书于南北朝时期的《关尹子·九药篇》说:"瓶存二窍,以水实之,倒泻;闭一则水不下,盖(气)不升则(水)不降。"意思是说:有两个小孔的瓶子装水后倒出来很容易,若闭塞其中一个小孔,水就倒不出来了。如图 3-20 所示,若堵上壶盖上的小孔,茶壶里的水就不容易倒出来,这是倒水时壶中空气出现负压状态的缘故。

③ 拔火罐

拔火罐也是利用了负压作用。宋代俞琰在《席上腐谈》一书中,将负压的利用叙述得更为有趣。书中写道:在空瓶内燃烧纸片后,急速将瓶口覆于水中,则水涌入瓶内,是火气使其如此的。古人所说的"火气",实际上是指加热后排出了部分空气再冷却时瓶内出现负压状态的意思。拔火罐时,不是水进入瓶中,而是人体部分皮肤向瓶内隆起,瓶就会牢牢地吸附在该处,从而使皮内血脉流畅,消除瘀积,如图 3-21 所示。

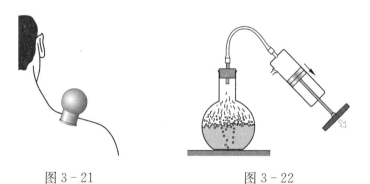

图 3-21　　　　　　　　　图 3-22

④ "复沸"现象

如图 3-22 所示,烧瓶中的水被加热至沸腾后,将烧瓶从火焰上移至桌面。瓶口盖上瓶塞,并用气筒对其抽气,发现瓶内的水又重新沸腾起来了。这是因为液体的沸点与液面上方的气压有关。在 1 标准大气压下达到 100℃时,水才会沸腾,小于 100℃时大气压不能使水大量汽化,所以不再沸腾。但一旦出现负压状态,大量汽化的条件再现,于是水又开始沸腾。

2. 展现失重现象

一理多验往往是指一个概念或规律,从不同角度、用不同方法去直接或间接地加以证实。地面附近的物体都受重力作用,因而支持它的物体总会受到压力或拉力作用,在液体或气体中则表现为浮力。流体或气体中的对流现象也是存在重力的缘故。当电梯向上加速、向下减速时,物体对电梯的压力会增大,称为超重;当电梯向下加速、向上减速时,物体对电梯的压力会减小,称为失重;当电梯自由下落时,物体对电梯的压力为零,称为完全失重。在太空中运行的飞船或空间站,由于它们所受的重力作为向心力,其中的宇航员对飞船或空间站也无压力,即处于完全失重状态。在地面附近要体验完全失重,可以在飞机做平抛运动飞行一段时间内,或在游乐场中乘坐过山车或落体机时就能有所体验。那么,在教室里高度仅 3 m 左右的空间内,如何展现完全失重现象呢?(物体从教室顶部落到地面仅需约 0.8 s)

一般采用间接显示的方法来展现。例如,完全失重时,会失去压力、失去压强、没有对流及浮力消失等,因此可以从这些方面入手来设计实验。

(1) 飞纸条

如图 3 - 23 所示,在重物与书本之间压着一张纸条,此时无法轻松抽走纸条。若让它们一起自由下落,处于失重状态时,发现纸条轻松地飘走了,说明自由下落时重物对书本的压力消失了。

(2) 分开书

如图 3 - 24 所示,两本书一页夹一页交叉相隔叠放在一起,此时它们之间的静摩擦力很大,很难将它们分开。现在双手抓住书脊,加速下落,两本书很容易就分离开来。因为在失重状态下,每页书之间的压力减小或消失了,静摩擦力也就减小或不存在了,所以很容易就把它们分开。

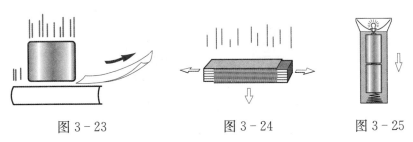

图 3 - 23　　　　　　　图 3 - 24　　　　　　　图 3 - 25

(3) 亮手电

如图 3 - 25 所示,在手电筒的底部固定一个小金属弹簧。当手电筒竖直放置时,电池的重力将弹簧压缩,电池正极离灯泡底部有一小段距离,电路不通,因此手电筒是不发光的。一旦让手电筒自由下落,电池和弹簧均处于失重状态,弹簧推动电池在筒内向上运动,正极与灯泡底部接触,电路导通,灯泡就会发光。

（4）不喷水

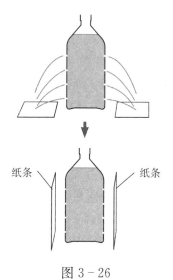

图 3-26

取一个饮料瓶装满水,盖住瓶盖,在左右两侧瓶壁上自上而下各开四个小孔,水并不流出。手拿瓶子悬在空中,在瓶子两侧水平放置两张白纸,在瓶子下方竖直放置两张纸条,如图 3-26 所示。开始时,打开瓶盖,水从小孔中喷出,落在水平白纸上。放手让瓶子自由下落,发现在其下落经过的竖直纸条上,一滴水也没有被喷到。

当瓶子静止时,打开瓶盖水不断从小孔中喷出,是因为水对瓶壁有压强造成的;当瓶子自由下落时,由于失重,水对瓶壁没有压强了,因此水就不再喷射了。

（5）推磁体

如图 3-27(a)所示,在玻璃圆筒底部放一块圆形磁体,在其上面再放一块同样的磁体,上面磁体因受到向上的斥力和向下的重力作用而平衡。调整两个磁体的间距,使上面磁体恰好悬浮在近筒口处。松手让装置自由下落,由于失重(重力"消失"了),上面磁体在斥力的作用下相对于玻璃圆筒向上加速运动,飞出筒口,如图 3-27(b)所示。

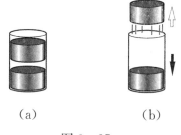

（a）　　　　（b）

图 3-27

（6）哨发声

如图 3-28 所示,用细绳悬挂一个盘子,盘中用沙袋压住一根橡皮管,管子的一端连接充气的气球,另一端套有吹气能发声的哨子。由于橡皮管被压扁,气球中的空气不能吹响哨子。当烧断细绳,盘子自由下落时,由于失重,可以听到哨子发声了。盘子一旦落地,橡皮管再一次被压扁,哨声就消失了。这个实验的优点是,不必用眼睛看,只需听声音就能判断失重状态的发生。

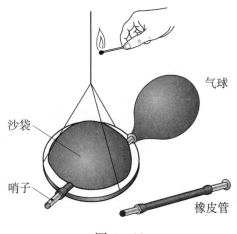

气球

沙袋

哨子

橡皮管

图 3 - 28

3. 缓冲作用

根据动量定理,力的冲量等于物体动量的增量,即 $F\Delta t = \Delta p$。因此,冲力 $F = \Delta p / \Delta t$,说明当动量变化相同(即 Δp 一定)时,作用时间 Δt 越长,冲击力 F 就越小,这就是缓冲作用。直接反映缓冲作用的事例很多,如物体落在松软地面与落在硬地上相比不容易损坏,人从高处落地要曲腿,常用海绵、泡沫塑料包装物品,等等。卜面介绍几个简易实验来说明这种作用。

(1) 摩擦缓冲

如图 3 - 29(a)所示,一盒火柴从高处竖直掉落到桌面上,与桌面碰撞后发生弹跳,无法直立。若将盒芯向上抽出大部分,再让它从原来高度下落,则火柴盒会稳稳地立于桌面上不再弹跳起。其中的道理是:盒子外壳接触桌面,当盒芯缩进时发生摩擦,减缓了火柴盒与桌面的碰撞时间,从而减小了冲击力。如图3 - 29(b)所示,制作一根带有尾翼的飞镖样细杆,将一个灌满黄沙的乒乓球穿过细杆,它与杆的摩擦力较大。开始时将球移至尾翼处,然后将其向上抛出,由于尾翼的作用,细杆在下落时会保持竖直且头部朝下。当它落地时,乒乓球将沿杆滑落到头部,延缓了细杆与地面作用的时间,从而减小了冲击力,因此它能稳稳地竖直立于地面上。做过这两个实验后,可以让学生思考一下,它们有什么实际应用价值。

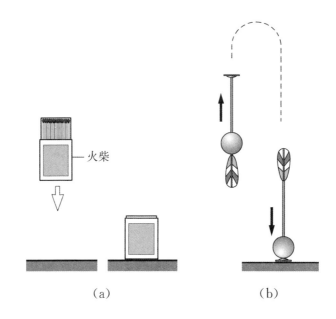

图 3-29

（2）敲不破的玻璃片

将一块载玻片放在一块木块上，让小铁球从高处落到载玻片上，载玻片立即被击碎，如图 3-30(a)所示。若用海绵替换木块做同样实验，发现载玻片没有被击碎，如图 3-30(b)所示。这是因为海绵是软的，铁球接触载玻片时，会推动海绵下移，延长了作用时间，从而减小了铁球对载玻片的冲击力。

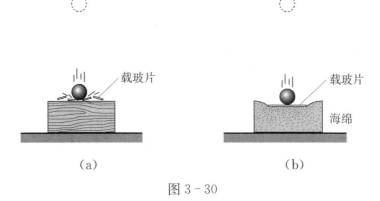

图 3-30

（3）打不碎的鸡蛋

怎样包装一只生鸡蛋，使它从高处下落而不破碎？如图 3-31(a)所示，将三只充气气球组合在一起,用胶带扎紧,中间不留缝隙,然后在中间放一只鸡蛋。再将同样的三只充气气球组合在一起,盖在其上面。最后,再用胶带将这两组气球扎紧组成一团,如图 3 - 31(b)所示。把该球状物从高处抛下,其中的鸡蛋也不会破碎。这很像多年前火星车登陆火星的情景"再现"。只不过,这里靠的是压缩空气的缓冲作用。

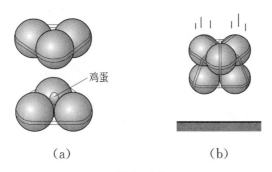

（a）　　　　　　　　　　（b）

图 3 - 31

有一种杂技表演,叫做"大力士胸前开石":让一位大力士平躺在板凳上,胸前放上很重的实木板,在木板上面再放一块很重的石板;另一位大力士用铁锤猛击石板,石板碎裂而大力士却安然无恙。模拟实验可以采用如图 3 - 32 所示的做法:在水平桌面上放六只鸡蛋,鸡蛋上面盖上厚木板,木板上再叠放两块砖,用锤子猛击上面的砖块,发现上面的砖碎而鸡蛋不破。这是因为锤击时冲量很

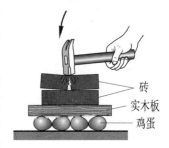

图 3 - 32

大,即砖块动量的变化很大,由于 $\Delta p = m\Delta v$,砖和木板的质量 m 都很大,所以受冲击后木板的速度变化量 Δv 很小,几乎没有移动,冲量几乎无法传递到鸡蛋上(或者说能量由于第一块砖的破碎而损耗掉了)。鸡蛋没有受到大的冲击力,自然不会破碎。

（4）有弹性的扁担

农民挑担时用的扁担,为什么大多是用有弹性的竹子制作的? 通过一个简易实验就可以知道其中的道理。如图 3 - 33(a)所示,一根硬棒两端各挂一个小球,从约 10 cm 的高度释放,让它落到台秤上,记下台秤的最大示数。若改用软竹片做同样实验,发现竹片落到台秤上时会先发生弯曲,台秤的示数比前一次

小得多,如图3-33(b)所示。这也是一种通过延长作用时间来减小作用力的缓冲现象。挑重担的人正是利用担子下沉以减小对肩部的压力,担子上弹时正好迈步,就这样有节凑地稳步前行的。

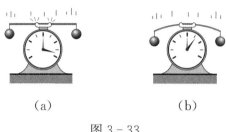

（a）　　　　　　　　　　　（b）

图 3-33

当然,"一理多验,广泛取材"并不适用于所有的原理,如万有引力定律、库仑定律、场强、电势等。而在用多种实验说明原理时,也要有所选择,避免雷同、重复,尽量做到有趣、有助、有效和有启发。

（二）一物多用　广为说理

"一物多用　广为说理"的含义是指:一种材料经过加工改造后,可以做多个不同的实验,说明不同的物理原理。有些国外教师特别擅长废物利用,比如装潢废弃的金属导轨,选取长短不同的几段抛落到地面上,可以发出不同音调的声音,也可用来测密度、做杠杆等。笔者曾看到过一位外国教师用废塑料导轨制作的斜面、过山车模型、最速降线、凸凹型桥等实验教具。下面举四个系列实验案例供读者参考。

1.纸条系列

纸条可以说是手边最容易取得,且最价廉的材料,但用它可以做许多简易实验。

（1）拉不直

如图3-34所示,取长约40 cm的纸条,中央夹住一个铁夹。用手拉住纸条的两端逐渐水平向外拉伸,当两段纸条间的夹角增大到一定程度时,纸条就会被拉断,但却无法被拉成水平。这是一个力的分解问题,夹子对纸条竖直向下的拉力大小等于夹子的重力,这个力可以分解为沿纸条方向的两个分力。由平行四边形定则可知,在夹子重力一定的情况下,两个分力的夹角越大,分力就越大,当增大到超过纸条承受的最大力时,纸条就会被拉断。因此,只要有悬挂物存在,纸条永远也无法被水平拉直。

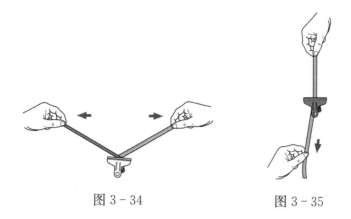

图 3-34　　　　　　　　　　图 3-35

（2）断哪里？

如图 3-35 所示，取一张纸条，中间夹一个铁夹，一只手捏住纸条上端，另一只手拉住下端，问学生："用力拉纸条，下半部分断，还是上半部分断？"学生的回答莫衷一是。教师这时可以说，想让哪部分断，哪部分就断：缓慢拉，上半部断；快速拉，下半部断。

其实，这是一个受力平衡与冲量和动量的问题。当缓慢拉纸条时，整个纸条各部分都受到同样大小的拉力，但上半部分还受到铁夹对它的拉力，因此上半部分受到的力大于下半部分受到的力，所以上半部分断。当快速拉纸条时，在短时间内，下半部分受到的冲力很大，因此先断。而此时上半部分纸条受到的冲击力并不大，因为铁夹的质量很大，在冲量一定时，速度变化很小，所以出现了下断、上不断的情况。

（3）纸承重

一张纸搁在两木块之间，肯定不能承受一块橡皮之重，如图 3-36（a）所示。但是，将它弯折成瓦楞形，就能轻松地承受住橡皮，如图 3-36（b）所示。

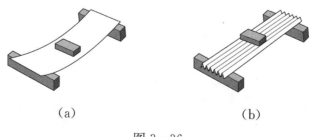

（a）　　　　　　　　　　（b）

图 3-36

这是因为材料(如建筑中的横梁)在承重后会发生弯曲形变,其上下两边的受力情况是不同的,上边受到挤压作用,下边受到拉伸作用。材料中间各层的受力情况也是如此,材料承重主要靠拉伸部分(弯曲或断裂一般都是从拉伸部分开始的)。一张薄纸的拉伸部分承受不了多大的力,因此很容易弯曲。但做成瓦楞形后,厚度变宽,弯曲时下部有许多层均能产生抗拉伸的力,不易弯曲,因此承重就增大了。

(4)手风车

取 5 cm×5 cm 的正方形薄纸,按图 3-37(a)所示对折两次后再展开,然后放在带底座的针尖上,如图 3-37(b)所示,纸片呈伞形且转动灵活。将手靠近纸的一侧,发现纸片会徐徐转动,如果控制得好,会一直转动下去,故称为手风车。这是因为手是热的,手边的空气受热后上升,推动纸片转动。归根结底,这是一种空气对流现象,当然这个实验在冬天做效果更好。

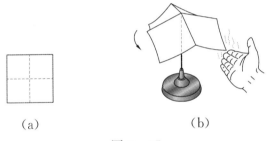

(a)　　　　　　　　　　　　(b)

图 3-37

(5)吹纸条

如图 3-38(a)所示,将纸条一端靠近下嘴唇按在下巴处,另一端自然下垂。当猛烈持续地向前方吹气时,纸条会向上升起,接近水平状态。如图 3-38(b)所示,竖直悬挂两张纸条,当向两纸条中间猛烈吹气时,两张纸条会向中间靠拢在一起。这两个实验都说明:空气流速大的地方,压强小。

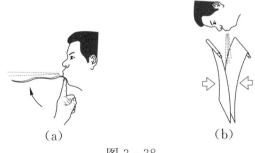

(a)　　　　　　　　　　　　(b)

图 3-38

（6）滚纸筒

如图 3-39 所示，将纸卷成一个长约 20 cm、直径约 4 cm 的圆筒，从斜面上端释放让其滚下。可以发现，纸筒离开斜面后，不是向外或竖直下落，而是向里下落。这是为什么呢？

上述现象类似于体育运动中的弧圈球、香蕉球。纸筒一边旋转一边下落，根据相对运动的原理，这相当于纸筒在原地转动，而附近的空气斜向上运动；同时，纸筒带动周围空气沿逆时针方向运动。于是，纸筒上方空气的两种运动方向相反，流速较小；纸筒下方空气的两种运动方向相同，流速较大。根据流体压强与流速的关系，纸筒上方空气的压强大于纸筒下方空气的压强，就会产生垂直纸筒向下的压力差。当纸筒离开斜面时，没有了斜面的支撑，纸筒在压力差的作用下就会偏向右方运动。

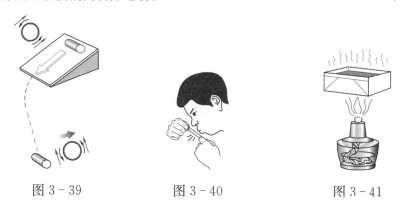

图 3-39　　　　　　图 3-40　　　　　　图 3-41

（7）纸发声

该实验可以发出音调很高的声音，可用于有关"音调"的教学中。如图 3-40 所示，取长约 5 cm、宽约 1 cm 的薄纸条，在两手中间的纸条只需 2 cm 左右长，拉紧后凑近嘴唇吹气。改变纸条的松紧程度可以改变发声的音调高低。注意不要用潮湿的纸（用塑料纸也行），吹气要重一些，且调整好气流的位置。

（8）纸煮水

如果要问学生，纸盒子能用来烧水吗？学生的回答肯定是否定的，因为纸就是怕水和怕火，怎么用它盛水后再放在火上烧呢！老师可以设计这样一个实验：如图 3-41 所示，用纸折成一个不漏水的小盒子，并设法支撑起来，倒入适量的水并用火加热。结果发现，直到盒内的水沸腾了，纸盒也没有受损。这是因为加热时，盒底吸收的热量不断被水带走，盒底的温度其实并不高，而且在加热过程中也几乎没有水渗入盒壁，使盒壁软化破坏。

（9）扩周长

一个边长为 2 cm 的正方形纸片周长仅 8 cm，你能将它的周长扩大到 16 cm、100 cm，甚至更大吗？做法是通过裁剪，只要周边不断就算成功。

如图 3 - 42(a)所示，取一张正方形纸片，将其对折后，用剪刀按 z 字形剪开。展开后便成为周长扩大好多倍的纸环，裁剪时各条的间距越小，展开后周长就越长。

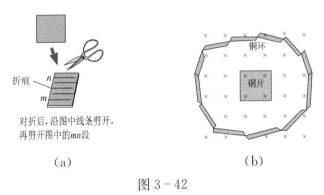

折痕

对折后，沿图中线条剪开，再剪开图中的 mn 段

（a）

铜环

铜片

（b）

图 3 - 42

这种方法在物理学中有一种应用。如图 3 - 42(b)所示，在磁场中，当磁感应强度随时间均匀变化时，位于中央的小铜片由于面积较小，所以产生的平均感应电动势也比较小。如何提高它的感应电动势呢？可以将其剪成环状，面积越大，平均感应电动势就越大。

2. 夹子系列

晾衣物用的夹子有木夹、塑料夹等，均可用来做很多力学小实验。

（1）感受"劈"的作用

在学习力的分解时，会讲到刀"劈"的原理，刃部夹角越小，劈物体时向两侧施加的分力越大，就越容易劈开物体。我们可以做简易实验体验一下：如图 3 - 43 所示，取一块三角板，用 30°角的部位插入夹子感觉比较容易，用 60°角的部位插入比较困难，用 90°角的部位很难插入。

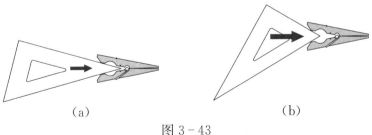

（a）

（b）

图 3 - 43

（2）体验绳上分力

如图 3 - 44 所示，用两个夹子夹住绳子的两端，在绳中间悬挂一个重物。手拿夹子将绳从中间向左右逐渐分开，当达到一定角度时，绳子会从夹子处脱落。这说明重物对绳竖直向下拉力的两个分力（方向沿绳子向下）会随两段绳间的夹角增大而增大，当分力达到夹子与绳之间的最大静擦力时，绳便与夹子脱离。这个小实验与前面"拉不直"纸条实验（图 3 - 34）是相似的，但用夹子做的好处是，可以多次重复使用。

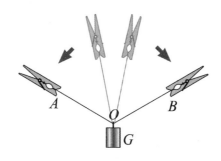

图 3 - 44

也许有人会说，用测力计做不是很简单吗？其实做这些简易实验，不在于实验本身，而是传递一种"生活即物理"的思想方法。

（3）验证杠杆平衡的条件

用夹子可以很方便地验证杠杆平衡的条件。如图 3 - 45 所示，将一把刻度尺从中央悬挂起，并保持水平。在其两侧分别夹上数量不等的同种夹子，使尺子保持水平平衡：左边 A 处夹一个，它离支点 O 的距离为 L_A（要从夹子中间量起）；在 B 处夹两个，距离支点为 L_B；在右边 C 处夹一个夹子，距离支点为 L_C；在右边 D 处夹一个夹子，距离支点为 L_D。改变各处夹子

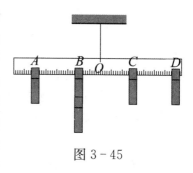

图 3 - 45

的位置，仍使尺子保持水平平衡。每个夹子的重力可以认为都是相同的，设为 G，则每次水平平衡时都有：$GL_A + 2GL_B = GL_C + GL_D$。这样的实验尽管比较粗略，但非常形象直观，且取材方便。

（4）观察反冲运动

反冲运动遵循动量守恒定律,可以用小实验进行演示。如图 3－46 所示,用夹子夹住一支水笔的头部,置于水平桌面上,要求既能夹住又容易脱离。用手指轻轻敲击夹子的夹口处,两者突然分离,水笔向左运动,夹子向右运动。可以发现,夹子质量越小射得越远,质量越大射得越近。就原理来说,水笔和夹子分离时水平方向的动量大小是相同的,但总动量为零。学生做此实验不太容易一次成功,但做成后会很兴奋。

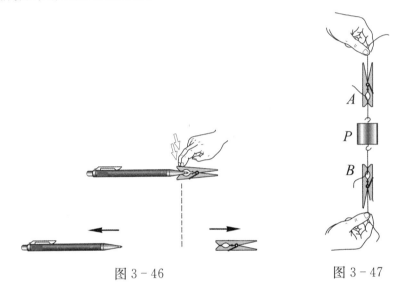

图 3－46　　　　　　　　　　　图 3－47

（5）展现冲量的作用

这个实验与前面"断哪里?"纸条实验(图 3－35)是相似的。只不过,这里用绳子代替纸条,用夹子夹住绳子,如图 3－47所示。用手慢慢拉下面的夹子 B 时,上面的夹子 A 与绳子脱离,B 仍夹住绳子;迅速拉下面的夹子 B 时,上面的夹子 A 仍夹住绳子,物体 P 仍悬挂着,下面的夹子 B 与绳子脱离。这个实验的优点是:器材不损坏,可以多次重复实验。

（6）比较平抛运动与自由落体运动

如图 3－48(a)所示,将宽约 1 cm 的弹性松紧带做成长度合适的一个环,用它套住两个夹子。然后,取两个弹丸 A、B 分别夹在两个夹子的夹口中,一个在弹性带的里面,另一个在弹性带的外面[图 3－48(b)]。实验时,用手同时捏开两个夹子,使 A 丸自由下落,B 丸被弹出做平抛运动,可以听到它们落地时发出的是同一个声音,说明它们是同时落地的。实验表明,平抛运动在竖直方向上的分运动是自由落体运动。

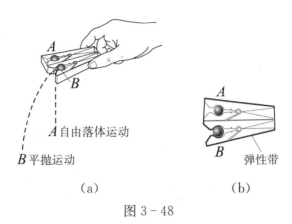

A 自由落体运动

B 平抛运动

弹性带

（a）　　　　　　　　　（b）

图 3 - 48

（7）估测动摩擦因数

用一个测力计、一个木夹子和一张小纸条,就能估测纸与木材之间的动摩擦因数。如图 3 - 49(a)所示,用测力计钩住纸条的左端,木夹夹住纸条的右端,慢慢拉动木夹,当木夹与纸条发生相对滑动时,测力计的示数就等于纸条与夹子上下两面的滑动摩擦力 F,则纸条每一面受到的滑动摩擦力 $f=\dfrac{F}{2}$。然后,按图 3 - 49(b)所示将小纸条夹在夹口处,用测力计垂直夹子方向慢慢拉夹子,当纸条刚脱落时,读出测力计的示数 N,即为夹子对纸片的正压力。于是,可估测出木材与纸之间的动摩擦因数为 $\mu=\dfrac{f}{N}$。

纸条

纸条

（a）　　　　　　　　　（b）

图 3 - 49

3. 瓶子系列

本系列实验是指用废旧饮料瓶做的各种实验,前面用瓶子做的实验这里就不再重复了。这些实验一般是利用它可以贮水或空气,容易加工又比较牢固的特点进行设计的。

（1）展示帕斯卡原理

如图 3 - 50 所示,用锥子在饮料瓶靠近底部处凿十个小孔,分布尽可能均匀一些。然后装满水,旋紧瓶盖,倒置过来。用手按压瓶壁,可以发现有许多细水流向各个方向喷射出来,呈焰火状。这说明作用在密闭液体上的压强能向各个方向传递。

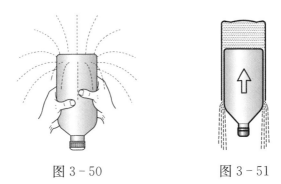

图 3-50   图 3-51

（2）倒吸瓶子

如图 3-51 所示,取大小两个饮料瓶,大的将其上部四分之一截去,小的空瓶刚好能放进大瓶中。实验时,先在大瓶中盛水,然后将小瓶放在大瓶中,问学生:如果将它们倒置,会发生什么情况? 学生会说,小瓶和水都会倒出来。实际上现象很奇特:水不断从四周流下,而小瓶不但没有掉下来,反而在大瓶中不断上升,像被吸进大瓶中去了。

这个实验的原理是,当水流出时,大瓶内的水面上方出现负压,因此大气压强与负压之间的压强差对小瓶产生压力,使小瓶不断上升。

（3）展示液体内部压强

如图 3-52 所示,在饮料瓶壁上从上至下开三个直径约 1.5 cm 的小圆孔,蒙上气球橡皮膜,然后向瓶中灌满水。可以发现,三个孔处的橡皮膜都向外鼓出,其中位置最高的 A 鼓得越小,B 其次,C 最大。该实验说明,液体内部存在压强,且随深度增大而增大。

蒙气球膜时,要注意各处张紧的程度应基本相同,最好剪成三个圈,分别套装。

图 3-52   图 3-53

(4) 喷泉瓶

在饮料瓶内盛半瓶水,用橡皮塞塞住瓶口,塞子中插入一根细玻璃管(或硬塑料管),细玻璃管一端插入水中。用红外线灯对瓶中空气加热(要防止水淋到灯泡),也可以将热水直接浇淋在瓶子上。结果发现,有水从细管内喷出,形成喷泉,如图 3-53 所示。这是由于密闭空气受热后压强增大造成的。自然界中有一些天然喷泉,也是由于地热使地下空气压强增大形成的。

(5) "滚去来"器

这是一个很奇特的小实验,将一个饮料瓶横着放在水平地面上,向前推瓶子,它会滚出去,停止运动后,又会自动滚回原处,所以称为"滚去来"器。

它的结构如图 3-54 所示。取一根较粗的橡皮筋,长度与饮料瓶相当(用普通橡皮筋连接起来也可),在瓶子的底部开一个小孔,用铁丝将橡皮筋的一端从瓶内穿过小孔,并用小棒固定住,另一端从瓶口拉出也用小棒固定住。在橡皮筋的中央用细线悬挂一个砝码,此时橡皮筋有一定的张紧度,砝码下垂,其

图 3-54

位置接近瓶壁但又不碰到瓶壁。这样"滚去来"器就制作完成了。

当向前推滚瓶子时(即图中向纸内推),橡皮筋会逐渐扭转起来,砝码也会逐渐上升,此时瓶子滚动的动能逐步转化为橡皮筋的弹性势能和砝码的重力势能。当瓶子转动停止时,橡皮筋和砝码会产生反方向转动的力矩,使瓶子滚回来,这时势能又会转化为瓶子滚回来的动能,完成一个"滚去来"过程。如果饮料瓶的口径大一些,砝码重一些,滚去来的距离会更远一些。

(6) 水流的反冲

反冲运动遵循动量守恒定律,利用水流的反冲可以制成转动的机械。图 3-55 就是一种这样的机械模型。在饮料瓶的下部水平地斜插 4 根吸管,设法使插孔处密封不漏水,每根管子都处在切线方向,从上向下看沿顺时针方向放置。用绳子将瓶子悬挂起来。当向瓶中灌入水后,水会从四根管子中喷射出来,由于反冲作用,瓶子会沿逆时针方向快速转动起来。如果把绳子悬挂在转盘上,且不断向瓶中加水,那么瓶子就可以一直不停地转动下去。

图 3-55

(7) 模拟龙卷风

龙卷风是一种灾难性自然现象,一般发生在陆地上,是一种在局部地区短时间内形成的低压气旋。其外形很像一个漏斗状的旋转云柱,中心气压极低,

中心附近的风速可达到约 100～200 m/s,因此破坏力极大。我们可以用装水的饮料瓶来模拟这种自然现象。

取两个饮料瓶,在两个瓶盖上都开一个直经约 0.8 cm 的小孔,用胶带和黏合剂将它们对接在一起。然后,将两个瓶子分别旋上瓶盖,组合成头对头的一个整体,如图 3-56 所示。实验时,在一个瓶子中装大约 4/5 的水,然后倒置,使有水的瓶子在上,空瓶在下。这样,水会流到下面的空瓶中,只要摇转一下上面的瓶子,就会看到水成螺旋状流下。由于离心作用,旋涡的中央是空气,四周是水,这时瓶盖处也形成对流,水从小孔四周流下,空气从小孔中心上升,水下落得比不旋转时要快得多。由于两个瓶子是密封对接的,因此可以倒来倒去反复模拟。

图 3-56

4. 杆系列

做航空模型用的桐木条,既轻又容易加工,是非常理想的实验材料,但现在已不容易找到了。细木条、筷子、牙签、火柴棒等常见物品也可以用来做许多简易实验。下面介绍的实验是按照用杆数量的多少来排序的。而且,有些模型改用金属材料,放大加工后还具有一定的实用价值。

（1）一杆能提物

能不能用一根筷子将装满大米的易拉罐提起来？如图 3-57(a)所示,取一个装满大米的易拉罐,用手按住罐口,将筷子从手指缝间竖直向下插入一些,感觉插不下去时,用木条敲击筷子的尾部[图 3-57(b)],使筷子不能从米中拔出来。如图 3-57(c)所示,提起筷子,一罐米就被提在空中了。其原理是:敲击筷子时,挤压米粒,产生很大的正压力,使筷子与米之间的静摩擦力增大,当它增大到与米和罐的总重力相等时,罐子就会被提在空中保持静止。其实这个实验用任何瓶子都可以成功,关键是要用手压住米,将筷子紧紧地插入。

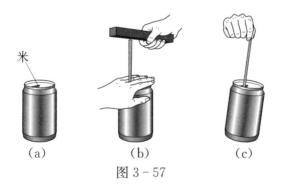

米

(a)　　　　(b)　　　　(c)

图 3-57

　　类似这个实验,还可做一个小魔术。找一个不透明的玻璃瓶,瓶竖直放置时,筷子很容易从瓶口插进或取出。但如果将筷子插入后摇一下或倒置一下瓶子,发现筷子就拉不出来了,甚至可将整个瓶子提在空中也不会掉下。若将筷子往下伸一下,筷子又能自由进出了。原来事先在瓶中塞进一个有弹性的橡胶球(直径略小于瓶的口径),将瓶倒置时球就卡在筷子与瓶的肩部位置,筷子向外一拉,球就卡紧了,此时它们之间的静摩擦力很大,筷子好像被锁定了,如图 3-58 所示,而且越拉锁得越紧。通常将这种现象称为"自锁定"。

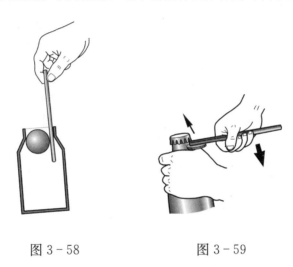

图 3-58　　　　　　　　　　　图 3-59

　　一根杆用作杠杆的实例很多,这里只介绍用一根筷了开瓶盖的方法。如图 3-59 所示,左手抓住瓶颈,在近拇指处放一枚硬币作为支点,将筷子头部插在瓶盖边缘,右手一用力瓶盖就会被撬开。

　　(2) 两杆可承重

　　用两根杆组成的结构可以承重。如图 3-60 所示的支架可以用来承重,因为三角形结构是十分稳定的,支架上受到的力会分散到两根杆上。教材中都有分析,这里就不再重复了。如图 3-61 (a)所示,两根人字形木板条 A、B 在其夹角很大时,能产生很大的分力。利用左边墙壁的阻挡作用,只要在中间用力一压,便可将右边很重的物体推动。图 3-61(b)则是用两根细木条搭成的顶角很大的人字形,木条的左右两端连接一根细铜丝(虽细但手拉不断),在两根木条的中间用力一压,铜丝很容易被拉断。

图 3-60

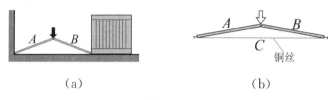

（a）   （b）

图 3 - 61

两杆支架除了固定承重形式外,还有活动承重形式。图 3 - 62 是一渔人用两杆支架拉起鱼网的示意图。图中,A 是鱼网,OB、OC 是两根支撑杆,AO 与 OE 是两根绳索。渔人拉放绳索使支架转动,从而使鱼网上升或下降。若该装置恰好处于某一特殊位置,便可计算出 OB、OC 两杆受到的压力大小。如图 3 - 63(a)所示,当 OE 与 OA 之间的夹角恰为 90°时,两杆所在平面 OBC 与 OA 成 45°角,且 OBC 为正三角形。过 O 点作 BC 边的垂线 OD,OD 可看作一根能替代 OB、OC 两杆的等效杆。此时,网 A 对 O 的拉力 F_A 可分解成对绳的拉力 F_E 和对 OD 的压力 F_D。由于夹角是 45°,所以分力 $F_E = F_A$、$F_D = \sqrt{2} F_A$。根据图 3 - 63(b),再将等效杆 OD 受到的力分解为 OB、OC 两杆受到的力,因为 OBC 是正三角形,所以 OB、OC 两杆所受的力 $F_C = F_B = \dfrac{\frac{1}{2} F_D}{\cos 30°} = \dfrac{\sqrt{6}}{3} F_A$。

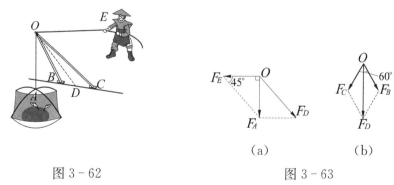

图 3 - 62   图 3 - 63

（3）三杆搭个架

如图 3 - 64(a)所示,三根互成 120°的板条一端相互交叉叠放在一起,中心成一个正三角形,从而组成一个稳定结构。将中间的三个端点 P、Q、R 固定牢,另外三个端点 A、B、C 分别搁在圆形池塘的边缘,人就可以轻松地从板条上走到池塘中央进行提水或投食等作业。此时,三个板条就是三根杠杆。每一根既被别的杆压着,同时也压在另一根杆上。

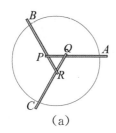
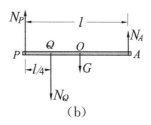

（a）　　　　　　　　　（b）

图 3 - 64

在这里,以 PA 杆为例进行受力分析。如图 3 - 64(b)所示,假设每根杆的重力均为 G,杆长均为 l,压点为 P,被压点为 Q,$PQ=\dfrac{1}{4}l$。因为三根杆均处于静止状态,它们的总重力为 $3G$,所以 A 受到地面对它的支持力 $N_A=G$。若以 P 点为支点,根据杠杆平衡的条件,则有 $N_Q \cdot \dfrac{l}{4}+G \cdot \dfrac{l}{2}=Gl$。由此可得 $N_Q=2G$。若以 A 点为支点,则有 $N_P l=2G \cdot \dfrac{3}{4}l+G \cdot \dfrac{l}{2}$,由此可得 $N_P=2G$。在本例中,压点和被压点所受的力相同,都是 $2G$。三杆靠得越近,压点和被压点所受的作用力就越大。按上述方法,构架可以用四根、五根、六根……搭建而成。

近年网上流传着一个很奇特的实验:用三根火柴杆搭成一个立体结构,能在桌边挂上七八个装满水的矿泉水瓶而不掉下来,其结构如图 3 - 65 所示。火柴杆 AB 平放在桌边,有一半伸出桌外,在它中间贴近桌边处挂上较长的绳圈 $HDPE$,在 DE 处卡住一根横放的火柴杆,在 P 处悬挂一瓶矿泉水,再在 AC（C 为 DE 杆的中点）之间用第三根火柴杆支撑住,此时矿泉水瓶就会保持静止状态。在 P 处的挂钩上再小心地挂上第 2 瓶、第 3 瓶……通常也能安然无恙。

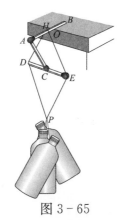
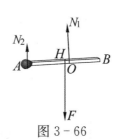

图 3 - 65　　　　　　图 3 - 66

从图 3-66 可以看出，AC 这根杆非常关键，如果没有它（也就没有力 N_2），那么对于 AB 杆而言，O 点是支点，N_1 是支持力，矿泉水瓶对火柴杆在 H 处的拉力 F 会产生一个力矩，使火柴杆失去平衡而掉落。为了说明其平衡的原理，笔者做了一个简化的实验：如图 3-67(a)所示，撤去一根火柴杆，将 DE 合成一点 C，实验同样成功了。其原理可以用图 3-67(b)来分析。若将杆 AB、AC 和绳 HC、PC 视为一个整体，其所受的外力包括桌面对 OB 向上的弹力 N_1、水平向右的静摩擦力 f、桌子下边对绳子的弹力 N_2，以及重物 G 对 C 的拉力 F。以 O 点为转轴，以上各力产生的合力矩为零，因此这种平衡是稳定的。粗略理解实验成功的原因是，AC 杆使瓶子重力作用线 CP 移至桌子支持面以内。但若悬挂的瓶子过重，静摩擦力 f 会小于杆 AB 受到的 AC 对它向外的水平分力，水平杆 AB 会滑出去，造成悬挂失败。将一根悬绳的受力情况，类推到图 3-65 所示有 DE 杆的情况，原理是一样的，此时 AC 杆更容易安装，左右摇晃或旋转也会少一些。

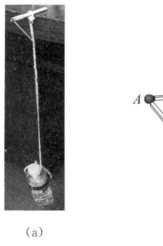

（a）

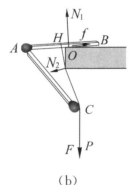

（b）

图 3-67

（4）四杆变化多

用四根杆做成的结构大多是平行四边形或者是它的变形，形式很多。下面仅列举六种形式进行讨论：放缩尺、平衡吊、大力钳、节速器、水果秤和起重夹。

① 放缩尺

如图 3-68 所示，用四根杆 AB、AC、EF 和 DF 组成一个平行四边形

$AEFD$，其中 $AB=AC$，$EB=EF$，每个交点处都装有转轴，整个构架可以任意伸缩变形。将 B 处的转轴固定在图板上，在 F 处放一张图稿，C 处放一张白纸。操作该装置在 F 处使指针沿图样虚描，在 C 处用笔实描，就可得到一个放大数倍的图样。如果 BC 是 BF 的 5 倍，由相似三角形知识可知，放大的图样是原图的 5 倍。若图样与描笔的位置互换，则变为缩小尺了。

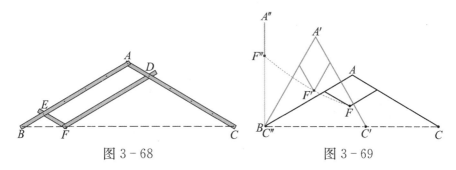

图 3-68　　　　　　　　图 3-69

实际上，这个结构可看作一个杠杆，B 为支点，C 为动力点，F 为阻力点。根据使用机械不能省功的原理，C 处移动的距离放大了，受到的作用力就小，F 处移动的距离缩小了，受到的作用力就大。以前在金属表面刻小字的刻字机，就是利用放缩尺的原理制成的。

制作时要注意，B、F、C 三点应保持在一条直线上，这样才能确保放大时不走样。如图 3-69 所示，若随意制成一个小平行四边形，F 点的移动就不在一条直线上，那么当 C 点从 B 处向右沿直线移动时，F 的轨迹就不是一条直线，因而画不出相似图形。

② 大力钳

大力钳是一种利用杠杆原理工作的省力工具，可以产生很大的力，能够剪断很粗的钢筋。如图 3-70 所示，将大力钳做成平行四边形的样子，是为了延伸一段距离，便于在较远的地方夹断物体。当然，夹口 E 越小，M、N 间的距离越大，产生的夹力就越大。

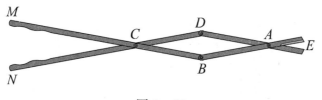

图 3-70

③ 平衡吊

这是工厂里常用的一种起重吊杆,如图 3-71 所示,有两种不同的样式,(a)是杆上翘的,(b)是杆下伸的,一般根据工作需要来选用。它们的结构都类似于前面所讲的放缩尺,其中 O 是固定转动轴,可以说是杠杆的支点;D 处装有小轮,可在小平台上任意滑动,是受力点;P 是重物的悬挂点。

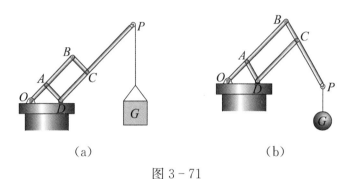

（a）　　　　　　　　　（b）

图 3-71

这种吊杆的特点是:无论向左、向右,还是向前、向后移动吊杆,吊杆都处于平衡状态,移动时也不很费力,故称为平衡吊。

④ 节速器

图 3-72 是用来调节机械转动快慢的仪器,叫做离心节速器。在图中,平行四边形的顶端与转轴固定,并能一起转动。四边形的左右各安装一个金属球 A、B,下端连接一个滑块 P,滑块的中间连接有控制转速的连杆 R,中间转轴上套有一根弹簧。在轴不转动时,弹簧伸展,平行四边形被纵向拉长,两球紧靠轴。一旦转动,两球由于离心作用向外分离,此时四边形下端被向上提升,滑块 P 带动 R 使机械转速减慢,从而达到调节转速的目的。

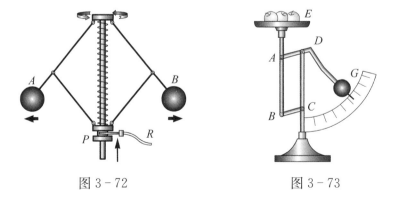

图 3-72　　　　　　　　　图 3-73

⑤ 水果秤

水果秤是流行于欧洲的传统称量工具,现在有些地方仍在使用。如图 3-73 所示,它是一个平行四边形结构,AB 边向上延伸安装有果盘,DC 边向下延伸做成了支撑杆并安装有底座,AD 杆延伸弯折装有重锤 G,并配有指针和刻度板。

该秤利用的也是力矩平衡原理,实际上 ADG 是一个整体,可看成是一个曲臂杠杆(D 为固定转动轴),四边形结构可确保 AB 杆始终竖直。当果盘 E 中不放物品时,盘子自重产生的力矩较小,重锤的重力矩也较小,此时 G 将靠近 DC 杆,果盘的位置升得最高,显示的示数为零。当盘中放有水果时,AB 杆下沉,带动 ADG 杆转动,重锤便沿刻度板上升,指针指示的示数就是水果的质量。

⑥ 起重夹

这个工具可以看作四杆结构,而上面的两个杆可以用绳代替,如图 3-74 所示。AB 和 CD 是两根金属杆,中间固定有转动轴;C 和 B 的下端弯曲成竖直状,上部 OA、OD 是两根绳或杆。当 C、B 夹住重物(如砖块)向上提升时,O 点向上的拉力使 OA、OD 两绳对 AB、DC 两杆产生作用力,然后传导到 B、C 处,从而增大了正压力,将重物紧紧地抓牢并提升。只有当重物被放到位后下降夹子使其松开,才能将夹子取走。因此,只要静摩擦力足够大,无论物体有多重,夹子总是能夹紧它并将其提升而不会掉落。这种越重夹得越紧的现象叫做"自锁定"。读者可以用木条试做一个模拟夹子,体会一下自锁定的效果。

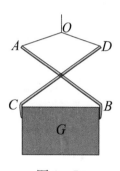

图 3-74

(5)多杆用途广

用多根杆组成的结构有着更为广泛的应用,下面以伞架、升降台、缓冲器、铁拉篱、伸缩架、扶梯和桥架等为例进行分析。

① 伞架

雨伞的骨架是由多组平行四边形组合而成,每一组都类似前面所说的离心节速器,如图 3-75 所示。若在中轴上加一个弹簧,收拢伞时使其处于拉伸状态,开伞时只要按一下按扭,伞在弹力作用下会自动打开。

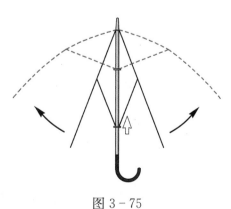

图 3-75

② 升降台

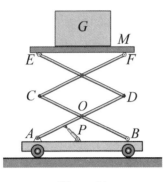

图 3 - 76

如图 3 - 76 所示,在一辆平板小车上安装上下两组相互交叉的杠杆 AD、BC 和 DE、CF,交叉点用转动轴固定,中间呈平行四边形。该结构在小车共有前后两组,它们用杆相互连接,最上面安装有载物平台 M。在小车底板上的 P 处安装有手动或电动顶升装置,控制 AD 杆顶起或放下,可以使整个平台上升、下降或停在某一位置。其中,A、E 是固定转动轴,B、F 可滚动或滑动。该升降台的顶升装置也可以在 C、D 间安装螺旋杆,只要摇转螺旋杆,使 C、D 靠近或分开,也能控制平台升降。

该升降台承重的原理是:当平台 M 载有重物 G 后,平台会受到向下的压力,中间的四边形有被压扁的趋势,O 点也有向下运动的趋势。而控制装置 P 对 AD 杆的支持力平衡了这个压力,使整个装置仍保持平衡状态。(如果 CD 间用螺旋杆控制,其产生的拉力也可以保持结构不变形。)

③ 缓冲器

图 3 - 77、图 3 - 78 都是抵抗冲击、防止振动的装置示意图。在结构上,它们都有一个平行四边形和缓冲弹簧。这种结构一般是前后两组、四条腿(图中只画出前面一组)。其中,图 3 - 77 所示装置类似于前面的升降台,只是中间 C、D 用弹簧连接。

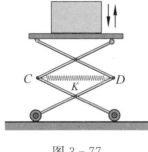

图 3 - 77

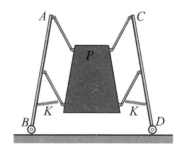

图 3 - 78

图 3 - 78 所示装置中的两条腿也分别用弹簧 K 与中间连接。当把它们置于颠簸路面上时,由于弹簧的作用延缓了物体与地面的撞击时间,减小了冲击力,从而起到缓冲作用。

④ 伸缩架

这是一种固定在室内的轻便衣物架，伸缩自如，可以挂毛巾、围巾之类的小物品。它的结构如图 3-79(a)所示，由长度相同的杆交叉组合而成，各交点都用转轴固定。A 点用转轴固定在墙上，B 点靠在墙壁上但不固定。当它向左被拉伸后，在 C 点及其他交点处都可挂上小物件，当然挂的物体不能太重。

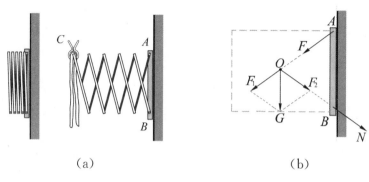

<table>
<tr><td>(a)</td><td>(b)</td></tr>
</table>

图 3-79

如图 3-79(b)所示，将整个架子和所挂物体视为一个整体，其所受的重力为 G，重心为 O 点，架子与墙壁的接触点是 A、B 两点。将重力分解为 F_1 和 F_2，它们的延长线分别过 A、B 两点，则 A 处受到的是拉力 F，B 处受到的是压力 N。只要知道 O 点的位置和重力的大小，就能求出 F 和 N 的大小。可以看出，支架向外伸出越多，挂的重物越多，F 和 N 就越大。

⑤ 平衡架

图 3-80 是探究物体平衡条件的模拟架，由四根木条和三块木板构成。四根木条竖直放置，三块木板水平放置，其中 A 在顶部，B 在中央，C 在底部。木条与板之间用销钉固定，固定方式与研究内容有关。若研究支架前后倾倒的条件时，销钉都沿 K 方向固定；若研究支架左右倾倒的条件时，销钉都沿 P 方向插入。在 B 板的中央即支架的重心位置处悬挂一根重垂线，即可以观察支架变形时重锤指示在什么位置，从而判断支架平衡的条件。

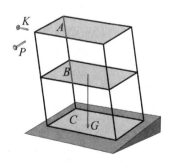

图 3-80

本实验操作方法是：当支架竖直放置时，重锤指示在 C 板中央；当支架向前倾斜时,重锤指在近边线处,但只要重垂线在支面 C 以内,支架仍然是平衡的。左右倾斜的情况也是如此。因此,这样就可以得出有支面物体的平衡条件是:重心的投影点必须在支面以内。

⑥ 铁拉篱

在商店门前常见到如图 3-81 所示的装置——铁拉篱,在休息期间防止别人随便进出。它是由许多平行铁条多次交叉组合而成,其中有包含多个平行四边形结构,交点处都用转轴固定。铁拉篱拉开、合拢很方便,是多杆组合应用的典型实例。

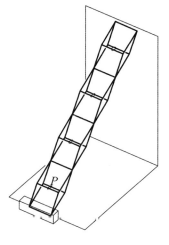

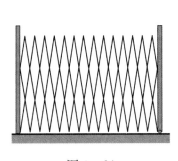

图 3-81   图 3-82

⑦ 折叠梯

图 3-82 所示是用多根杆制作的可折叠长梯,是它伸展开时搁在墙上的情形。它的结构是:将短杆两两交叉,中间装上转动轴,一组一组再用转轴连接起来,然后将对称的两组用短杆横向连接成扶梯,展开后长度很长。但作为梯子使用时,两根横杆合并处都必须扎紧锁定,否则人爬上扶梯时会有掉落的危险。

⑧ 桥形架

用多根杆还可以搭建成桥形结构。如图 3-83(a)所示,先将 CD、EF 两杆横着平行放在水平桌面上,然后在中间竖着压上一根 AB 杆,在 C、E 端下面再竖着放一根杆,D、F 端下面同样也放一根杆。这时桌面上便会出现一个"中"字形图样,再取两根杆横着从 DF 杆下面插入搁在 AB 杆上,同样取两根杆从 CE 杆下

面插入也搁在 AB 杆上面。接着,不断向左右延伸,先添竖杆再插横杆……桥形架就逐渐成形了,如图 3 - 83(b)所示。这样的结构之所以能够承受重物,其实还是遵循了杠杆平衡原理,每根杆都可以看作一根杠杆,它既压在另一根杆上,同时又被别的杆压着。当然,还得靠杆与杆之间的静摩擦力,防止它们之间滑离。这种结构要付之实用,除了木条要牢固之外,交接处也必须用钢丝固定。

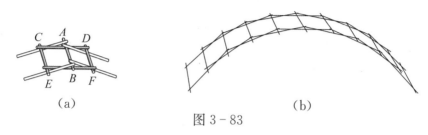

（a）　　　　　　　　　　　　　　　　（b）

图 3 - 83

简易实验的案例还有许多,如泡沫塑料系列、乒乓球系列、盒子系列等。有一些在前面已有提到,在这里就不再展开了。

三、简易物理实验的使用

简易物理实验应该在什么时候、什么地方使用? 怎样合理地使用才能发挥其最大效能? 这是很值得探讨的问题。笔者在此给出以下一些建议,供读者参考。

（一）简易物理实验使用的一般步骤

1. 介绍器具

对所用的器材用具及组合方式,要说清楚。

2. 提出问题

对实验目的、观察要求、需提出的问题,要说明白。

3. 思考议论

对实验产生的现象或可能的结果,让学生思考,并进行预测、议论。

4. 演示操作

对于教师演示或学生操作的关键之处,要及时提示。

5. 分析讨论

对实验现象或实验结果,组织学生进行分析、讨论,说明原理。

6. 必要重复

若没有看清或有异议时,可再做一次。

7. 变式再做

有必要时,可改变条件再做实验。

以上步骤对于每个实验并不都是必须的,应视内容需要来选择或增减,而且对于不同的实验操作步骤的详略也不相同。下面以一个惯性小实验来具体说明。

(1) 介绍器具。

如图 3 - 84(a)所示,在一根长约 20 cm、直径约 3 cm 的试管中放入一个小铁块 B 和一个小泡沫塑料块 A(插入一根铁钉,便于用磁铁对它进行控制)。然后,将试管盛满水,塞上橡皮塞后,固定在泡沫塑料板 P 上。利用磁铁将小铁块 B 和小泡沫块 A 移动到试管中央。

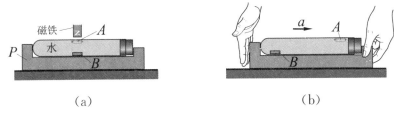

(a)　　　　　　　　　　　　(b)

图 3 - 84

(2) 提出问题。

如果使试管突然向右加速,会发生什么现象? 为什么?

(3) 思考议论。

学生会认为因为有水,铁块 B 和泡沫块 A 一起加速,或者因为有惯性,它们会滑到管底、冲到管口、一个向前一个向后……

(4) 演示操作。

当试管向右突然加速时,B 向左滑向管底,A 向右滑向管口,如图 3 - 84(b)所示。

(5) 分析讨论。

物体都有保持原来运动状态的性质——惯性,物体的质量越大惯性就越大。铁块 B、泡沫块 A 和水都有惯性,且相同体积的铁块质量最大,惯性最大,水其次,泡沫块最小,所以 B 向左滑向管底,A 向右滑向管口。

(6) 必要重做。

用磁铁将两物块移到试管中央,再做一次。这次先让试管缓慢向右运动,达到一定速度后突然停止,如同汽车紧急制动,会发现铁块 B 冲向右端管口,泡沫块 A 滑到左端管底,如图 3 - 85(a)所示。同样表明物体的质量大惯性就大,从而进一步得出结论:质量是物体惯性大小的量度。

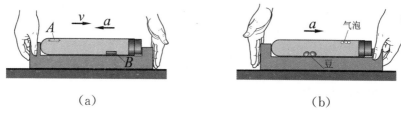

(a)   (b)

图 3 - 85

(7) 变式再做。

如图 3 - 85(b)所示,改换气泡、黄豆(密度与水相仿)再做实验。当试管突然向右加速时,发现气泡冲向右端的管口,黄豆几乎不动。这是因为气泡与同体积的水相比惯性小得多,而黄豆与同体积的水相比惯性差不多。

(二) 简易物理实验使用的关注点

1. 选用恰当

选用简易实验时,应与课程标准的要求一致,为教学内容服务,具有较强的针对性。简易实验的数量不宜过多,也不能太少,更不能喧宾夺主。此外,操作简易实验所花的时间也不宜太多,而且要保证安全。

2. 注意细节

在操作简易实验时,事先要多做几次,确保成功,同时认真把握好细节,以达到良好效果。例如,前面说过的浮沉子中小瓶内盛水量问题,无换向器电动机轴刮漆问题,欹器重心调节问题,等等。下面以一个巧用磁铁实验为例来阐述如何注意细节。

图 3 - 86 所示是一个模拟运动合成中"小船过河"的简易实验,它最早出现于 1988 年由国家教委(即现在的教育部)组织编写的《中学物理教学指导书》中。该实验由笔者首创,后被编入人民教育出版社出版的高中物理教材中,并一直被各种版本的教材选用。当初制作时,在长玻璃管中盛水,用一个气泡代表小船,后来发现气泡很难控制,于

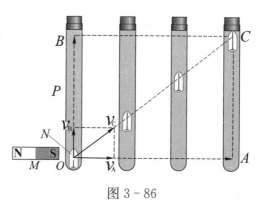

图 3 - 86

是改用泡沫塑料块 N,塑料块中间插入一根铁钉,这样就能在管壁外用磁铁 M 来控制"小船"所处的位置。这一细节的改进,大大提升了演示效果:既可演示水平方向的分运动 OA(磁铁与玻璃管一起向右运动),又可演示竖直方向的分运动 OB(移开磁铁让"小船"上升),还可以很方便地演示合运动 OC(移开磁铁,使玻璃管水平移动即可)。现在很多教材中用石蜡块代替塑料块,同样可用铁钉和磁铁配合起来操作。

3. 留有余地

简易实验不一定要一步就完成,可考虑从如下几方面去逐步展开。

(1) 由定性到定量

一些定性实验可以拓展成定量实验。例如,在杯底抽纸实验(图 2-28)中,可以给出一些条件,让学生计算杯子移动的位移;在空中落瓶实验(图 2-8)中,可让学生进一步计算瓶子克服摩擦所做的功;将吸壁钩吸在墙上,用测力计测出拉离它所需的作用力大小,再测出吸盘的面积,就可以估算大气压强的大小。

(2) 从运用一般规律到运用能量变化规律

例如,"锥体上滚"实验既可用受力分析的方法说明,也可用重力势能变化的方法解释;"啄木鸟"实验既可用摩擦与振动相结合的知识分析,也可用重力势能和弹性势能的转换来研究;"磁阻尼现象"实验,可用电磁感应和电磁相互作用来分析,也可用重力势能与电磁能的转化来讨论。

(3) 从单一因素到多种因素

例如,"吹乒乓球进管"实验,可以是单一的惯性问题,也可以拓展成怎样才能吹进管内的多种做法,运用多种力学原理解决问题。又如,有关大气压强的"覆杯"实验,既可以用一块纸板、满杯水做实验,也可以用薄纸片或在有气泡的情况下做实验,甚至用纱网来托住水。再如,"浮沉子"实验既可用改变压力的办法,也可用控制温度的办法,甚至用激光照射黑色浮沉子的方法来控制其沉浮。

4. 拓展创新

简易实验甚至还可以进行更大的拓展,进一步发展成为研究课题,以培养学生的创新能力。例如,前面提到过的"天体运动的模拟"实验,就是由空间弯曲理论引申出的实物模型发展成研究课题的,并拓展到了 α 粒子散射模型。又如,利用振动和静摩擦力可使物体移动的实验现象,有学生研究了振动推进的原理,发现了大颗粒物体在振动中有上浮的规律,进而引申到泥石流现象等。再如,利用平面镜"光放大"原理引申出的课题——"动镜定像法",也是从小实验转变成研究课题的典型实例。

有一名学生从实验中得知,当平面镜转过 α 角时,反射光线将转过 2α 角,同时发现平面镜转动时,像点也在移动。于是,他想:根据光路可逆原理,能否让运动物体的像看起来是不动的呢? 在笔者的指导下,他从理论和实验两个方面进行了探究,通过转动镜子使运动物体的像看上去不动,后来这一方法被称为"动镜定像法"。

"动镜定像法"的原理可以用图 3 - 82 进行说明。如图 3 - 87(a)所示,当激光束垂直射向平面镜 MN 时,会沿入射方向反射回去;当平面镜转过 α 角时,反射光线转过 2α 角。要说明运动物体的像可以固定,不妨设计这样一个实验:如图 3 - 87(b)所示,木架上有上下两个单摆,上面的 A 摆摆长为 L,下面的 B 摆固定在一块小平面镜 M 下,摆长为 4L。B 摆动一次,A 将摆动两次,相当于平面镜转过 α 角,物体转过 2α 角。由图 3 - 87(c)可知,平面镜处于 MN 位置,当物体在 A 点处时像在 A′ 点处;当物体移动到 B 点处时,由于平面镜也转到了 M′N′ 位置,因此像仍在 A′ 点处。所以物是动的,像是静止不动的。

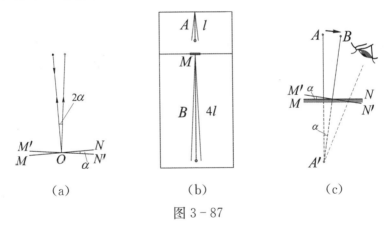

图 3 - 87

后来,他经过多次实验制成了一个可以连续观察转动物体固定像的装置,如图 3 - 88(a)所示,物点沿圆周逆时针转动,平面镜位于圆心处,且可以绕圆心转动。这一过程是如何实现的呢? 首先,平面镜的两面都要镀银,都能反射成像;其次,平面镜的转速必须是物点转速的一半。开始物点在 S_1 处,正对镜面,此时像在镜面左侧 S_1' 处;当物点逆时针转过 90° 到达 S_2 处时,平面镜逆时针转过 45°,此时像 S_2' 仍在 S_1' 处;当物点逆时针转过 180° 到达 S_3 处时,平面镜转过 90°,物点恰好位于平面镜端面处,此时无法成像;当物点逆时针转过 270° 到达 S_4 处时,平面镜转过 135°,依靠反面的平面镜成像,像 S_4' 仍在 S_1' 处;当物点逆时针转过 360° 回到原来出发点 S_1 处时,平面镜转过 180°,从反面的平面镜中可

以看到像仍在 S_1' 处。

上面用几个特殊点说明了动镜定像的情况,实际上除特殊点 S_3 之外,物体转到任何位置都能在 S_1' 处看到一个不动的像。

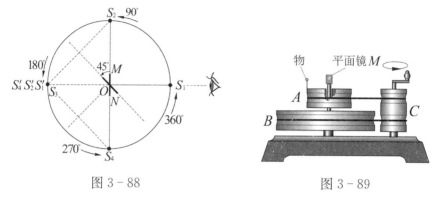

图 3-88   图 3-89

上述现象如何在实验中做到呢? 如图 3-89 所示,在轮子 A 的边缘竖直固定一个物体,轮子 B 与平面镜 M 同轴一起转动,A 的半径是 B 的一半,它们分别由轮子 C 通过皮带带动转动。在 C 控制下,A、B 两轮的线速度相同,由此可知,A 转一周,B 转半周。摇动手柄 P,两盘就会转动,从平面镜中就可观察到一个几乎不动的像。

动镜定像法的实验和小论文在 20 世纪 90 年代曾获得代表我国青少年参加第 47 届国际工程与技术竞赛的资格(国内只有两个名额)。其实,动镜定像法实用价值也很大,尤其是在工业生产中。例如,要知道车床上加工物体的情况,可以利用动镜将物体的像“固定”,方便仔细观察。

图 3-90 笔者在研发简易实验

(三) 在新授课中使用

在新授课中使用简易实验,在不同阶段有不同的选择,设计要求也不一样。

1. 课首引入

要突出奇趣性,能引起悬念,有助于激发学生学习新知识的兴趣,并且在学完新知识后能对它进行解释。

2. 课中展开

有助于释疑、解困,可以帮助学生定性或定量地建立概念和规律。

3. 课尾运用

能起到巩固知识、加深理解或建模运用的作用。

4. 课外应用

能扩大认知,应用到实际生活中,并有所创新。

下面以"劈"为例,进行具体说明。

在"力的分解"教学中,常常会安排一个课时来学习"劈"的原理及应用。在课堂中可以设计这样的简易实验。

(1)课首。如图3-91所示,让学生用三角板的不同角分别插入夹子的夹口中,感受一下哪个角容易插入,哪个角比较困难,从而引出新课。

图 3-91　　　　　　　　　图 3-92

(2)课中。如图3-92所示,取一个已知劈角的轻质劈模型,将它插入两个圆测力计的头部中间,在劈背上放已知质量的重物。测力计要倾斜放置,头部改装成滚轮,活动杆必须与劈面保持垂直(测得的是劈面的正压力)。将实验结果与理论计算值进行比较,然后更换不同劈角的劈做实验,会发现劈角越小,侧向压力越大。

(3)课尾。用泡沫塑料块搭建一个拱桥模型,并在桥上放置重物,如图3-93所示。让学生分析讨论:如何用力的分解方法说明每块砖的受力情况。

图 3 - 93   图 3 - 94

（4）课外。让学生做一下"有关劈的应用"小实验，比如用劈垫高大橱的脚或支起其他重物，如图 3 - 94 所示。

（四）在其他课型中使用

1. 在习题课中使用

简易实验可以作为习题课中例题或练习题的一部分。作为例题，实验要稍复杂些或者有些难度；作为习题，实验要简单而趣，学生能够自己操作，如估测木条的重力、设计加速度测定仪、平衡吊等。

2. 在复习课中使用

简易实验在章节复习、单元复习、期末复习及总复习中也有用武之地。在内容选择上，跨度越大的复习，应选择综合性越强的实验，这与习题编制的原则是一致的，只要前面学过的知识在习题中均可出现。下面列举一个适合总复习的实验案例："吹球进管"。

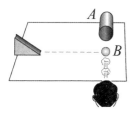

图 3 - 95

如图 3 - 95 所示，在水平桌面上固定一个圆筒 A（筒口比乒乓球略大），让一个乒乓球 B 从左向右垂直于圆筒做直线运动。当球经过筒口时，某人正对筒口吹气，问能不能将球吹进圆筒内？

实验发现，无法将球吹进圆筒。原因是：乒乓球受到吹气作用力后获得垂直于原来运动方向的速度 v_1，但由于惯性球仍有水平向右运动的速度 v_0，因此乒乓球的合运动是向右偏向纸面内的，如图 3 - 96（a）所示。这里除用到了惯性，还用到运动合成的知识。

如果在筒的左侧提前吹气［图 3 - 96（b）］，能不能将球吹进筒中？也吹不进，因为合速度 v 是沿斜向前的，当球抵达筒口时，会斜向撞击筒口，从而失去进筒的速度，要么被弹出，要么停在筒口。

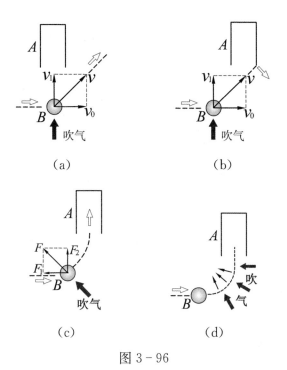

(a)　　　　　　　　　　(b)

(c)　　　　　　　　　　(d)

图 3 - 96

如果改变吹气的方向,如图 3 - 96(c)所示,作用力 F 可分解为 F_1、F_2 两个分力:F_1 可使乒乓球向右做减速运动,若乒乓球到达正对筒口处时,速度恰好减为零;而 F_2 使乒乓球获得指向圆筒的速度,从而使球顺利进筒。这里运用的知识是力的分解和牛顿运动定律。

此外,如图 3 - 96(d)所示,吹气的方向不断改变,但大小不变,即提供一个指向圆心的向心力,可以使乒乓球沿 1/4 圆弧运动,也能顺利进入圆筒,这个力的大小必须满足 $F = \dfrac{mv_0{}^2}{R}$。其中,m 是乒乓球的质量,R 是转弯圆弧的半径。当然这个力的大小和方向是很难控制的。

本例中的(a)可以在新授课中使用,其他的均可以用在总复习课中,因为它们具有跨章节的综合性。

(五) 在试题中使用

在各类考试的试题中几乎看不到小实验的题目,其实小实验也能检测学生的科学素养和实践能力。下面就选拔考试笔试题和面试题中的小实验,提出一些使用建议。

1. 在笔试题中选用

笔试题通常是在规定时间内完成的解答题,一般不能当场演示或自己做实验。因此,运用简易实验作考题时,要求做到以下三点:

(1) 问题明确,描述简要,实验现象能够推测或曾经见到过。

(2) 回答简要,突出重点和关键,知识综合度不能太高。

(3) 答案既有唯一性,又有一定的开放度,易于赋分。

下面举一个笔试题的实例进行说明。

【例1】如图3-97(a)所示,给你一个半圆形弧形槽、一个半径与槽相同的量角器、一个小球,请你回答下列问题:

① 设计一个可测定列车匀加速直线前进过程中加速度的仪器(用图表示);

② 若列车向右做匀速直线运动,在图3-97(b)中标出小球停留的位置;

③ 若列车向右做匀减速直线运动,且加速度为-0.75 g,在图3-97(c)中画出小球停留的位置;

④在情况③下,小球对槽的压力为多大?(小球的质量为 m)

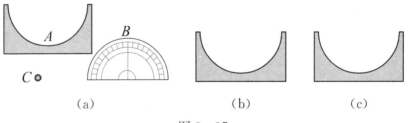

(a)　　　　　(b)　　　　　(c)

图 3 - 97

参考解答(本题共12分)

问题①:如图3-98(a)所示,A 是圆弧槽,B 是量角器,C 是小球;装置与列车前进的方向平行。(2分)

问题②:如图3-98(b)所示。(2分)

问题③:如图3-98(c)所示,小球画在右侧2分,指明与竖直方向成37°度再得1分。(3分)

(a)　　　　　(b)

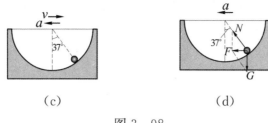

（c）　　　　　　　　　　　（d）

图 3 - 98

问题④：由于 $a=0.75\,g$，由受力图 3 - 98（d）可知，$\tan\theta=\dfrac{3}{4}$，$\theta=37°$，所以圆

弧槽对球的支持力 $N=\dfrac{mg}{\cos 37°}=1.25mg$。（5 分，只画出受力图得 1 分）

2. 在面试题中选用

高中自主招生通常会安排面试答辩考核，一般考生先抽签取题，准备数分钟后在考官面前回答二三个问题，时间约 10 分钟。这种面试题既有文也有理，或文理综合。简易实验在此也可占据一席之地。对于简易实验，命题要求是：

（1）题目描述简要。

（2）问题有层次，便于插问、追问。

（3）带有一定的综合性（包括学科内和学科间综合）。

【例 2】一间房间的窗户上装有遮光很好的窗帘，窗外是一条马路。将窗帘拉合起来，中间留有一条竖直细缝，窗外光线通过细缝能在墙壁上呈现一片较微弱的光。当马路上有一辆汽车经过时，墙壁上会有一个黑影掠过。

试问：

① 这与你学过的光学中什么现象很类似？

② 如果汽车从左向右运动，黑影将怎样移动？这说明光的传播有什么特点？为什么？

③ 要估算汽车运动的速度，要测量哪些数据？怎样计算？（只要讲方法）

【参考解答】

问题①：跟学过的小孔成像很类似。（2 分）

问题②：黑影将从右向左移动（与汽车的运动方向相反）。这说明光具有直线传播的特点，因为左边射入的光通过窗帘缝照在墙壁右边，当汽车从左阻挡光线时，黑影出现在墙壁右边。（3 分）

问题③：需要测量墙壁上黑影移动的距离 d 和时间 t，求出影子移动的速度。再测出墙壁到窗的距离 R，以及窗到汽车经过处的距离 L，然后按相似三角形对应的比例关系，估算出汽车的速度，如图 3-99 所示。（5 分）

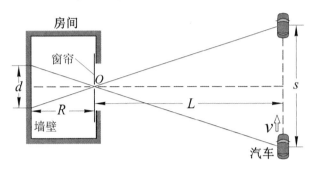

图 3-99

说明：学生在回答时，不要求定量计算，只要能说出正确的计算方法就可得满分。$\left(\text{计算式是 } \dfrac{s}{d} = \dfrac{L}{R}, \text{即汽车速度 } v = \dfrac{s}{t} = \dfrac{dL}{Rt}\right)$

【例 3】在 2016 年全国政协十二届四次会议上，牛有成委员用"公道杯"做了一个演示实验，阐说了一个大道理。牛委员左手拿着一个杯子，右手将矿泉水倒入杯中，水未倒满时，可不断加入。一旦水加到超过刻度线，水就会从杯底流出，直到流完为止。

图 3-100

"公道杯"是我国古代发明的一种器具，包含着丰富的物理原理。其结构示意图如图 3-100 所示，在杯内底部开一个孔，安装一根倒 U 形管子，左端插入孔中，右端开口靠近杯底。

你能说明倒水时看到的现象吗？并用有关压强的原理说明其中的道理。牛委员所引申出的"大道理"又是什么？

【参考解答】（本题满分为 10 分）

杯中倒的 U 形管是一根虹吸管，如图 3-100 所示。随着水位逐渐增加，部分水会进入右管中。当水超过管顶时，水便会通过管顶进入左管，这时整个 U 形管都充满了水。由于右管中的压强大于左管中的压强，水就源源不断地从杯中流出，直到几乎流完为止。（6 分）

牛委员所说的大道理是：资源是有限的，而人的欲望是无限的，要把使用资源的欲望控制在一定的范围之内，别太贪心，要学会约束、控制。否则，会彻底

破坏资源和环境。(4分)

说明:面试题不能像笔试题那样可以用定量的方法讨论问题,只要学生对现象的描述正确,说理能抓住关键,逻辑清晰,分析基本到位就算答对。回答不到位时,可通过追问进一步了解学生的认知水平或应变能力。本题最后一问,是跨学科内容,可考察学生的发散思维能力。本题能得满分的学生很少,大都在五六分左右。

第二篇 实际物理问题探究

善于应用

本篇中的"应用",主要是指将物理知识应用到实际事物中,以解决一些简单的社会生活问题。书中首先阐明了联系实际对物理学习的重要性,然后结合实际案例阐述了如何分析建模,涵盖的内容从"物理与生活"到"物理与自然",再到"物理与技术",最后延伸到"物理与艺术"。

强调"善于应用"的原因是,要在实际事物中发现有关物理问题,抽取出物理内容,建立恰当的模型,最后解决问题,并不是一件容易的事。本篇介绍的60多个实例,都是从学生身边的事物开始选材,由近及远,逐步深入。每个实例通常包含五个部分,即"情景描述""提出问题""建模分析""解决问题""引申探讨"。有些实例中还穿插了"物理方法"或"实验模拟"的提示框,目的是让简易物理实验这个主题贯穿全书,让读者进一步感受到物理有用、可用、想用,直到会用……

本篇所选的大多数实例都是常见的、容易建模的,一般以联系力学知识居多。根据课程标准的新要求,也引入了一些反映现代科技成果的内容,如全息成像、探月工程、人工核聚变、原子力显微镜、黑洞等。这些实例分析以定性为主,尽可能简化,易于理解。通过实例说明联系实际的方法,注重物理模型的建构方法,突出"科学思维",有助于培育学生的核心素养,践行"从物理走向社会"的理念。

第四章 物理学习与实际物理问题

学习物理必须紧密联系生活和生产实际,这是国际理科教学公认的原则。我国也历来重视物理知识应从实际中来,并最终回到实际中去,因此教师应该充分挖掘身边相关的物理知识和实际应用,为物理教学提供有效支撑。

一、课程标准中的实际物理问题

联系实际可以简单地概括为:物理知识要从实际中引入,通过学习获得规律性的认知,进而能运用所学知识去解释、分析实际事物,解决一些实际问题。这后半部分表述常叫做"学以致用",是学习的重要目的之一。只有将理论知识和实际应用紧密联系起来,才能真正理解理论知识的含义。将学到的理论知识应用到生活中去,解决实际问题,然后再从实际问题的解决中学习新的理论知识,也就是要做到"知行合一"。

从国家颁布的中学物理课程标准中可以看出,联系实际是中学物理课程的目标之一。

(一)《义务教育物理课程标准(2011年版)》中的要求

在课程性质中提到:"义务教育物理课程应注重与生产、生活实际及时代发展的联系。此阶段的物理课程应关注学生的认知特点,加强课程内容与学生生活、现代社会和科技发展的联系,关注技术应用带来的社会进步和问题,培养学生的社会责任感和正确的世界观。"

在课程基本理念中提到:"(二)从生活走向物理,从物理走向社会 贴近学生生活,符合学生认知特点,激发并保持学生的学习兴趣,让学生通过学习和探索掌握物理学的基础知识与基本技能,并能将其运用于实践,为以后的学习、生活和工作打下基础。"

在情感态度价值观中提出:"2. 有将科学技术应用于日常生活、社会实践的意识,乐于探究日常用品或新产品中的物理学原理,乐于参与观察、实验、制作、调查等科学实践活动,有团队精神。"

将上述要求综合起来理解可以看出,学习新知识要从贴近学生的生活中引入概念、学习规律;利用生活中常见的事例来理解、巩固知识;最终运用所学的知识去观察、分析与生产、科技相关的社会问题,并能关注社会的发展和进步。所以,学习物理只提"回到生活"是不够的,还必须"走向社会"。

(二)《普通高中物理课程标准(2017年版)》中的要求

在课程性质中指出:"……物理学对化学、生命科学、地球与宇宙科学等自然科学产生了重要影响,推动了材料、能源、环境、信息等科学技术的进步,促进了人类生产生活方式的变革,对人类的思维方式、价值观念等都产生了深远影响,对人类文明和社会进步做出了巨大贡献……引领学生认识科学的本质以及科学·技术·社会·环境(STSE)的关系,形成科学态度、科学世界观和价值观……"

在基本理念中指出:"高中物理课程在内容上注重与生产生活、现代社会及科技发展的联系,反映当代科学技术发展的重要成果和科学思想,同时关注物理学的技术应用带来的社会问题,培养学生的社会参与意识和社会责任感。"

由此可以看出,高中阶段的要求比义务阶段高多了,但仍然包含着"从生活走向物理"的基本要求。例如,加速度、合力、向心力、场、场强、电动势、动量、冲量等概念的引入,以及牛顿定律、动能定理、机械能守恒定律、欧姆定律、电磁感应定律的学习,都要贴近学生的生活实际,当然在内容上更加注重与社会发展的联系,尤其关注"STSE"。

二、实际物理问题

(一)物理来自生活实际

在中学物理课程标准中,令人印象最深的一句话是:"从生活走向物理,从物理走向社会。"这句话告诉了我们,应当怎样学习物理。就是从学生的生活实际出发,利用他们经常接触的身边物体、常见现象作为学习的基本素材,比如生活现象、生活常识、常用物品……从中发现问题,形成概念,揭示规律。从生活实际出发对学生来说,是最形象、最亲切、最直接、最具体,也是最容易接受的一种学习方式。本书前一篇讲述的简易实验,有很多就来自学生的日常生活。

"走向物理"这四个字非常关键,因为与某一物理知识相关的生活实际现象往往很丰富,如何选择和利用就是一个重要问题。要选择恰当的、合适的、直接相关的,并合理地、适度地、有选择性地加以运用。有的器具已经过时了,如杆秤、用橡皮管的钢笔、防水油毛毡等就不适宜作为生活实际引用,否则不利于"走向物理"。

(二)物理走向社会实际

"从物理走向社会"是说,来自生活中的知识必须应用到实际中去,也就是"学以致用"。在课堂上,我们只有理论联系实际,才能激发学生学习物理的兴趣,让学生充满对知识的渴求,从而自觉地学习物理概念和规律,并将所学的物理知识应用到实际生活中去。通过对生活中物理现象的观察与思考,发现问题、解决问题,不但可以加深学生对知识的理解,而且很可能发现新的物理现象,进而认识新的物理规律。现在许多学生都在关着门的学校中学习,在家长的悉心"呵护"下生活,缺少联系实际、体验社会的机会。教师熟悉的许多与物理相关的实际生活现象,对他们来说,或许陌生,只是"第一次听说"。因此,要创造机会和条件让学生到生活中去实际观察一下、体验一下、研究一下,这样不但可以增加学生对物理知识的感性认识,而且还可以促进学生对物理规律的理性思考。

所以说,学习物理,第一要勤于观察、勤于动手;第二要勤于思考、重在理解;第三要联系实际、联系社会。要想把这种方法变成学生学习中的自觉意识和自主行动,需要教师和学生的共同努力。这正是本篇要讨论的重点内容。

三、实际物理问题与物理模型

(一)物理模型

建立模型简称建模,是为理解事物而对事物做出的一种抽象,它是研究事物的重要手段和前提条件。匈牙利普通高中物理教材《外星人学物理》中的一幅漫画,十分形象地告诉了我们到底什么是建模。如图 4-1所示漫画中,外星人造访地球,想了解地球人是怎样的生物。他询问了药理学家,药理学家给了他一只老鼠和一个人形模特儿。外星人注视着它们半天,发现它们之间几乎没有什么共同点(除了都有胡须)。药理学

图 4-1

家告诉外星人,这是人类很好的一幅图景,不论是老鼠还是模特儿都不完全像人,但它们一个具有人的外形,另一个具有与人相似的代谢机制,两者结合就是人的模型。这个寻找过程就是建模。

与物理学有关的模型,采用理想化方法对研究对象进行简化和抽象,突出了事物的主要方面,忽略次要因素。比如,光线模型、质点模型、弹簧振子模型、单摆模型、理想气体模型、点电荷模型、电场线和磁感线模型,以及原子核式结构模型等。

(二) 实际物理问题中的建模方法

上面所说的物理模型是比较典型的建模方法,其实在解决实际问题过程中运用的一些思想方法,也可以算是建模,比如简化、类比、等效、抽象、理想化等方法。尽管每一种方法都有其独特的含义,但在运用它们解决问题过程中确实用到了建模思想。

1. 简化

简化是指为某些实际存在的问题建立一个比较规范的、容易理解的图景,去掉一些枝节,直指问题的核心。例如,下文讲述的电路简化、变形杠杆等。

2. 类比

类比是指由于两个对象在某些方面相似,推想它们在其他方面也可能相似。例如,下文讲述的电流的定义、风力场。

3. 等效

等效是指用一个容易处理的模式替代较难处理的模式,取代后效果相同,而且使问题得到解决。这种方法又叫做等效替代法。例如,下文讲述的估测鸟的质量、等效电源。

4. 抽象

将同类的研究对象抽出其本质属性,剔除非本质的东西,就是抽象。实际上,抽象研究出的结果是经过思维加工出来的,甚至是假想出来的。例如,下文讲述的风筝、航站楼。

5. 理想化

将研究对象通过想象和逻辑思维进行简化、纯化,使其升华到理想状态,以期更本质地揭示对象的特性和规律,就是理想化方法。例如,理想流体、刚体、绝对光滑的表面、绝热过程等都是经过理想化处理的。理想化实验也是一种典型的理想化方法,如下文讲述的水中气泡、落体机。

下面通过一组实例来具体说明处理实际问题时,如何运用各种方法来建立模型。

实例(1)电路简化

【情景描述】

图 4-2(a)所示是家庭电路布线图,电源从 C、D 引入(C 是相线,D 是零线),A、B 是两个电灯(额定功率均为 20 W),S_1 和 S_2 是两个开关,P 是插座。

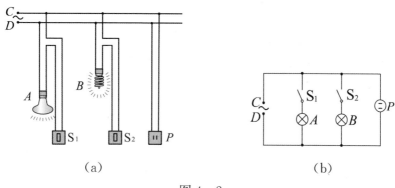

(a)   (b)

图 4-2

【提出问题】

当两灯都点亮,且插座中接入 300 W 电热器时,干路中的电流为多大?

【建模分析】

为了看清各用电器与电源的连接方式,首先要将电路简化,通过变形后得到的电路图如图 4-2(b)所示,与 C 相连的是相线,与 D 相连的是零线。两个灯与插座都是并联的,开关要连接在相线与灯之间。家庭电路电压 $U=220$ V。经过简化后,上面问题就比较容易进行解答了。

【解决问题】

当两灯都点亮,且接入电热器时,总功率 $P=(300+20+20)$ W $=340$ W,干路中的电流 $I=\dfrac{P}{U}=\dfrac{340 \text{ W}}{220 \text{ V}}\approx1.55$ A。

实例(2)变形杠杆

简单的杠杆通常是一根坚硬的直棒,绕固定点转动。但在实际问题中,常见的却是曲臂或变形杠杆。建模时,一般要把变形杠杆简化为常见的形式,才能顺利解决问题。

【情景描述】

图 4-3(a)是某种饮水器的放水龙头结构示意图,A 是固定的出水口,B 是

一根手柄,C 是一根连接在阀门上的杆,由弹簧将它拉紧,O 是连接 B、C 的一根销钉。当下压手柄时,C 就上升,阀门打开水流出,如图 4−3(a)所示;放手后,C 便自动恢复原位,龙头关闭。一旦将手柄 B 下压至水平状态时,C 便会自动锁定,即便放手,也不会恢复原位,如图 4−3(b)所示。

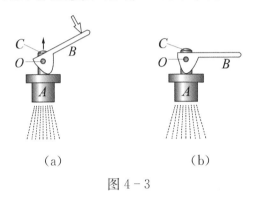

（a）　　　　　　　　　　（b）

图 4−3

【提出问题】

请说明这种饮水器的工作原理。

【建模解析】

如图 4−4(a)所示,可将手柄简化为一根曲臂杠杆:O' 为支点,F_1 和 F_2 分别为动力和阻力,L_1 和 L_2 分别为动力臂和阻力臂。当杠杆平衡时,有 $F_1L_1 = F_2L_2$。若此时放开手,则手柄会在阻力矩 F_2L_2 的作用下复位,水龙头立即关闭。要注意的是,杠杆的支点 O' 是会移动的,当手柄逐渐下移时支点 O' 会向左移动,阻力臂 L_2 逐渐变小,如图 4−4(b)所示。当手柄转到水平位置时[图 4−4(c)],杠杆的支点 O' 移到了 O 点的正下方,这时阻力臂 L_2 变为零,即没有了阻力矩,此时手柄放开也不会弹起复位,水龙头一直处于打开状态,以供大量放水之用。

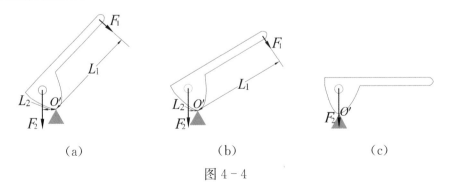

（a）　　　　　　　　　（b）　　　　　　　　　（c）

图 4−4

本例说明,实际生活中杠杆的情况比较复杂,但只要掌握了简化处理的方法去建模,就能顺利地解决问题。

实例(3)电流

【情景描述】

水在一根管子中流动,由于不可能在某处积聚,也不可能流空,所以在粗管处流得慢,在细管处流得快,如图4-5所示。而单位时间内通过某一横截面水的质量是相同的,为此人们定义了水流的流量概念,它与流速和管的横截面有关。

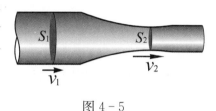

图4-5

【提出问题】

电荷通过导体时的情况与水流很相似,请你为电荷定向流动的情况定义一个类似的概念。写出它的名称和定义。

【建模解析】

本问题可以用类比方法来处理,即将电流类比成水流。水流的流量即每秒钟流过某一横截面水的质量,即 $Q=\dfrac{m}{t}=\dfrac{\rho V}{t}=\rho S v$,式中 ρ 为流体的密度,S 为管子的横截面积,v 即为流速。

据此可以采用类比方法定义电荷在导体中流动时相类似的概念:它的名称是"电流",即电荷的流量。它的定义是

$$I=\frac{Q}{t}=q_0 S v。$$

式中,q_0 为单位体积内的电荷量,S 为导体的横截面积,v 为电荷定向移动的速率。

值得注意的是,导体内实际流动的是电荷量为 e 的自由电子。若单位体积内的自由电子数为 n,则 $q_0=ne$,于是电流的微观表达式可以写成

$$I=neSv。$$

实例(4)风力场

【情景描述】

如图4-6所示,在光滑的水平桌面上有许多大小不同的塑料球,它们的密度均为 ρ,有水平向左的恒定风作用在球上,使球做匀加速运动。已知风对球的作用力大小与

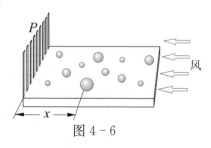

图4-6

球的最大截面成正比,即 $F=kS$(k 为一常量)。对塑料球来说,空间存在一个风力场。

【提出问题】

1. 请用类似于重力场、静电场的方法,定义风力场强度及其表达式。

2. 在该风力场中风力对球所做的功与路径无关,可引入风力势能和风力势的概念,若以图中左端栅栏 P 为参考平面,试写出风力势能 E_P 和风力势 U 的表达式。

3. 写出此风力场中机械能守恒定律的表达式。(球半径用 r 表示,第一状态速度为 v_1,位置为 x_1;第二状态速度为 v_2,位置为 x_2)

【建模分析】

解决此问题最好用类比方法,将此风力场与重力场或匀强电场进行类比,因为它们都是匀强场,都有场力做功与路径无关的特点。在电场中电场力与电荷量成正比,即 $F=Eq$,可得到电场强度 $E=\dfrac{F}{q}$;在重力场中重力与质量成正比,即 $G=mg$,可得到重力场强度(即重力加速度)$g=\dfrac{G}{m}$。电场强度和重力场强度都是场力与受力量之比,因此类比可得风力场强度的定义和表达式。同样根据场力做功势能减小的特点,可推出与位置有关的风力势能和风力势表达式;引入质量之后,可建立风力场中小球动能和势能相互转化的机械能守恒定律表达式。

【解决问题】

1. 由于风对球的作用力 F 与球的最大截面积 S 成正比,则有 $F=kS$,其中 k 为比例常数,所以风力场强度定义为风力与最大截面积的比值,表达式为 $k=\dfrac{F}{S}$。若球的半径为 r,则风力场强度表达式可写成

$$k=\frac{F}{\pi r^2}。$$

2. 风力势能可与重力势能 $E_P=mgh$ 或匀强电场电势能 $E_P=Eqd$(d 是距零势能参考面的距离)相类比。因此,风力场势能表达式为 $E_P=kSx$(x 为小球离栅栏的距离)。同样,由于重力势 $U=gh$、电场势 $U=Ed$,则风力势 $U=kx$。

3. 机械能守恒定律在风力场中的表达式为:

$$\frac{1}{2}mv_1^2+kSx_1=\frac{1}{2}mv_2^2+kSx_2。$$

由于 $m=\rho V=\frac{4}{3}\rho\pi r^3$、$S=\pi r^2$,代入上式后得到:

$$\frac{2}{3}\rho rv_1^2+kx_1=\frac{2}{3}\rho rv_2^2+kx_2。$$

这就是风力场中机械能守恒定律的表达式。

实例(5)估测鸟的质量

【情景描述】

如图 4-7(a)所示,一只鸟停在树枝上,树枝在不停地上下摆动,树枝并不太高,但你也无法抓住鸟来测它的质量。

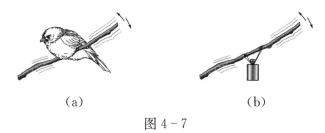

(a)　　　　　　　(b)

图 4-7

【提出问题】

你有什么办法可以估测这只鸟的质量?

【建模解析】

解决本问题也可以用等效替代的方法。先用秒表测出鸟与树枝振动的周期;待鸟飞走后在鸟所在处挂上一个砝码[图 4-7(b)],如果此时振动周期与鸟在时的振动周期相同,则砝码的质量就等于鸟的质量。有人可能会说:哪有这么巧,能找到这样的砝码吗? 其实找不到这样的砝码,也照样可以估测鸟的质量。

将树枝看作一个轻质弹性杆,其振动周期与放上物体质量的平方根成正比,即

$$T=2\pi\sqrt{\frac{m}{k}}。$$

式中,T 是振动周期,m 是物体的质量,k 是弹性杆的劲度系数。若鸟的质量为 m_1,砝码的质量为 m_2,鸟在树枝上时振动周期为 T_1,砝码在树枝上时振动周期为 T_2,那么根据上式可得

$$\frac{m_1}{m_2}=\frac{T_1^2}{T_2^2}。$$

由此可得鸟的质量　$m_1=\frac{T_1^2}{T_2^2}m_2。$

实例(6)等效电源

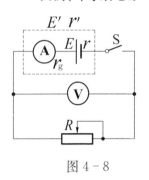

图 4 - 8

【情景描述】

图 4-8 所示是测定电源电动势和内阻的电路。测量时,由于没有考虑电表本身电阻给测量带来的误差,所以由此得到的电动势和内阻数值并不准确。

【提出问题】

试判断实验得出的数值与真实值相比,是偏大,还是偏小?

【建模解析】

这是一个分析起来似乎很复杂的问题。现在我们采用等效化方法来处理这个问题。把电流表和电池组合成一个等效的新电源(图 4-8 中虚线部分),这个电源的电动势 $E'=E$,内阻

$$r'=r+r_g(r_g\ 是电流表内阻)。$$

现在可以看出电压表测得的就是这个电路的端压,电流表测得的就是流过电源的电流。所以通过数据处理测得的 E' 和 r' 完全正确,由于 $E'=E$,所以电动势无误差,而内阻值偏大,偏大的值就是电流表的内阻 r_g。当电流表的内阻远小于电池的内阻时,可以认为电池的内阻值也基本正确。

等效电源的方法是等效化处理的典型方法,它可以化繁为简。

实例(7)风筝

【情景描述】

风筝是我国传统文化项目之一,它的外形各异,用长线系着在风中可以飞得很高,并稳定在空中。如图 4-9 所示,(a)是风筝的外形,(b)是经过抽象处理的模型。

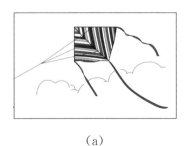

(a)

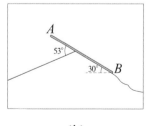

(b)

图 4 - 9

【提出问题】

假设风筝面 AB 与水平面之间的夹角为 $30°$,主系线与风筝面的夹角为 $53°$,风筝的质量为 $0.3\ \text{kg}$,问此时风对风筝的作用力为多大?(风对风筝的作用力一般都与风筝平面相垂直)

【建模分析】

本问题虽已初步抽象成一块平纸板、一根系线和一些夹角,但仍需进一步处理分析。首先,要理解风对它的作用力是如何产生的。由图 4 - 10(a)可知,风吹到风筝面上会发生反弹,因此风筝受到风的作用力 F 是垂直于风筝面斜向上方的。然后,对风筝整体进行受力分析:它除受到风的作用力之外,还受重力 G 和线的拉力 T[图 4 - 10(b)],风筝在这三个共点力的作用下处于平衡状态。最后,通过正交分解方法求出风对风筝的作用力 F,当然也能求出线的拉力 T。

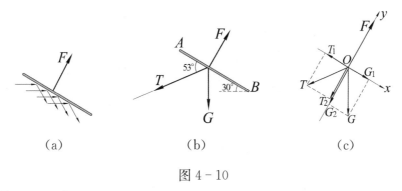

(a)	(b)	(c)

图 4 - 10

【解决问题】

如图 4 - 10(c)所示,先建立坐标系,取 x 轴沿风筝面斜向下,y 轴垂直于风筝面斜向上(风筝的重心为坐标原点 O)。将重力分解为沿 x 轴方向的 G_1 和沿 $-y$ 轴方向的 G_2,同时将 T 分解为 T_1 和 T_2。根据平衡条件,在 x 轴方向上有

$$T_1 = G_1,$$
$$T\cos53° = G\sin30°,$$
$$T = 2.5\ \text{N}。$$

在 y 方向上有

$$F = T_2 + G_2 = T\sin53° + G\cos30°,$$
$$F = \left(2 + \frac{3\sqrt{3}}{2}\right)\text{N} \approx 4.6\ \text{N}。$$

【引申探讨】

通常系线与风筝面间的夹角不变,在风力大小和方向不变的情况下,线放得越长,风筝将飞得越远、越高。但是由于线的自重增大,线受到风的作用力也增大,这时再放线风筝也不会再升高。

由此可以看出,解答此类问题时通过抽象方法来建模,略去了许多次要因素,虽然不一定十分精确,但却能把握住问题的主要方面。

实例(8)水中气泡

【情景描述】

如图 4 - 11(a)所示,量筒内盛有密度为 ρ 的水,放置在台秤上。在量筒底部有一个体积为 V 的气泡,当它以加速度 a 匀加速上升时,观察台秤示数的变化情况。

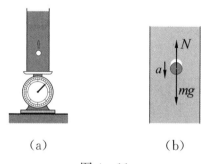

（a）　　　　　　　　（b）

图 4 - 11

【提出问题】

你认为气泡加速上升时,台秤示数是增大、减小,还是不变?

【建模解析】

本问题若以气泡为研究对象,是很难处理的,因为气泡的质量极小,可以忽略不计。现在我们用抽象方法建立如下模型:当气泡上升时,有相同体积的水以加速度 a 向下做匀加速运动。以这部分水为研究对象[图 4 - 11(b)],假设周围的水对这部分水有竖直向上的作用力 N,这些水的重力 $mg = \rho g V$。根据牛顿第二定律,则有

$$mg - N = ma,$$

即

$$N = m(g - a) = \rho V(g - a)。$$

原来静止时,这部分水受到周围水对它的压力为 $N_0 = \rho g V$,所以在气泡加速上升时,可近似看作同体积的水在加速下降,其所受压力减小了 $F = \rho V a$。所以,台秤的示数减小了 $\rho V a$。

【引申探讨】

这种假想有一部分水在加速下降,虽然是一种抽象、假设,但有一定的合理性(简易模拟实验也证明示数是减小的)。但事实上气泡的上升不可能一直做匀加速运动,由于存在粘滞阻力,气泡最终将匀速上升。

读者可以由此联想到,如果是一个密度为 ρ_1 的木球在加速上浮,难道可以只分析木球,不顾及水的运动吗?当然,这时建模要比气泡复杂一些。

实例(9)航站楼

【情景描述】

上海浦东国际机场 2 号航站楼(图 4 - 12)的设计与众不同,它的侧壁是倾斜的,中间用钢索将两斜壁拉住,在钢索上竖有许多短钢棒将屋面支撑在钢索上,蔚为壮观。航站楼的结构非常复杂,但如果我们用理想化方法将其进行简化处理,可得到图 4 - 13 所示的结构。它的两侧是斜壁,有向外倾倒的趋势,将中间的钢索拉紧。而拉紧的钢索又能承重,从而通过一根根竖直的钢棒将庞大的屋面托住。我们作了一些假设,请你通过分析、计算了解其设计的巧妙之处。

图 4 - 12

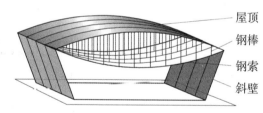

屋顶
钢棒
钢索
斜壁

图 4 - 13

假设一面斜壁的质量为 m,且分布均匀,在地面处均为固定转动轴 O,斜壁可以绕 O 转动。此时斜壁与地面的夹角为 $60°$,每侧斜壁上端所有钢索的总拉力为 F,F 与斜壁的夹角为 $30°$,设屋面通过钢棒支撑在钢索上。

【提出问题】

1. 每侧钢索的总拉力 F 为多大?

2. 该结构能承担多重的屋面?

【建模分析】

根据前面的介绍,简化的模型已经有了。于是,可先画出将钢索与斜壁隔离的受力分析图,如图 4 - 14 所示。求钢索的总拉力 F_1',可以用力矩平衡原理。

对 AO' 壁来说,顺时针方向的拉力矩应该等于逆时针方向的重力矩。

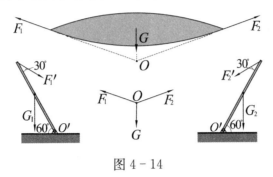

图 4 - 14

对屋面来说,可以看作共点力的平衡,两边钢索拉力 F_1'、F_2' 的反作用力 F_1、F_2 与屋面的重力 G 交汇于 O 点,处于三力平衡状态。

【解决问题】

1. 对斜壁 AO' 有

$$G_1 \cdot \frac{AO'}{2} \cos 60° = F_1' \cdot AO' \sin 30°,$$

$$F_1' = \frac{1}{2} G_1 = \frac{mg}{2}。$$

2. 对屋面有 $2F_1 \sin 30° = G,$

则 $$G = F_1 = \frac{mg}{2}。$$

所以,钢索的总拉力为 $\frac{mg}{2}$,能承受屋面的重力也为 $\frac{mg}{2}$。

【引申探讨】

本问题是经过理想化处理并做了许多假设得到的结果,实际情况比这要复杂得多。例如,斜壁的底部不是固定转动轴,而是固定在坚固的地面以下,它能承受的拉力要比本假设中大得多;斜壁和钢索的倾角也不一定是这样的;钢索与短钢棒还有自重,等等。但浦东国际机场 2 号航站楼的设计巧妙地利用了力的平衡原理,这一点是肯定无疑的。

实例(10)落体机

【情景描述】

游乐园中有一种能让人们体验自由落体感觉的大型机动游戏设备,称为落体机,也叫跳楼机,如图 4 - 15 所示。据媒体报导,香港某游乐园建成的跳楼机数据如下：

图 4 - 15

① 极速 30 s；

② 总高度 60 m；

③ 时速 45 英里（相当于 20 m/s）；

④ 乘载 12 人；

⑤ 只有 1 min 时间。

【提出问题】

请你判断一下，哪些数据是明确的？哪些是不太明确的？有没有互相矛盾之处？整个过程究竟是如何进行的？

【建模分析】

与物理有关的实际问题与课堂练习的题目相比，其情景要复杂得多，但经过理想化处理后就容易解决多了，从某种程度上来说其结果还是比较接近真实过程的。该落体机的实际运动过程可能是非匀变速运动，而且报导时数据采集也可能存在误差，因此只要根据信息作出一个能自圆其说，且与实际相近的结论就可以了。

上述数据中，比较明确的是总高度 60 m，乘载 12 人，而"极速 30 s""速度 20 m/s"以及"1 min 时间"，均不太明确。下落时间 30 s 显得太长，20 m/s 若是全程的平均速度，又显得太大。因此，这个速度应该是下落过程中的最大速度。开始下降阶段，加速度应该接近重力加速度，达到最大速度之后立即做减速运动，抵达地面。根据这一分析可作出许多具体的估计，进一步理想化处理。

【解决问题】

大致画出落体机下降过程的 $v\text{-}t$ 图像，如图4-16所示。由图可知，下降过程分为两个阶段：

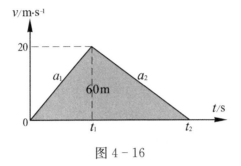

图 4 - 16

① 0-t_1 阶段,落体机自由下落,加速度为 g,取 $a_1 = 10 \text{ m/s}^2$,初速度 $v_0 = 0$,末速度 $v_1 = 20 \text{ m/s}$,则

$$t_1 = \frac{v_1 - v_0}{a_1} = \frac{20}{10} \text{ s} = 2 \text{ s},$$

$$s_1 = \frac{1}{2} a_1 t_1^2 = 20 \text{ m}。$$

② t_1-t_2 阶段,落体机匀减速下落,初速度 $v_1 = 20 \text{ m/s}$,末速度 $v_2 = 0$,则

$$s_2 = s - s_1 = (60 - 20) \text{ m} = 40 \text{ m},$$

$$a_2 = \frac{v_2^2 - v_1^2}{2s_2} = -5 \text{ m/s}^2,$$

$$t_2 = \frac{v_2 - v_1}{a_2} = \frac{0 - 20}{-5} \text{ s} = 4 \text{ s}。$$

所以,落体机整个下降过程所用的时间 $t = t_1 + t_2 = (2 + 4) \text{ s} = 6 \text{ s}$。

文中所说的"极速时间"30 s,指的是牵引上升与下降的总时间,那么将游客匀速向上提升的时间应为 $(30 - 6) \text{ s} = 24 \text{ s}$,所以上升的平均速度为

$$v = \frac{60}{24} \text{ m/s} = 2.5 \text{ m/s}。$$

最后要解释的是"1 min"指的是什么? 应该是指游客从上机到下机的时间是 30 s,因此全部过程总时间即为 1 min。

【引申探讨】

新闻报导中描述的物理问题,经常会出现用语不当的问题,比如将速度与加速度混淆,将质量与重力混淆等。在阅读原文时,首先要用正确的物理语言加以校正,然后再进行建模分析。

关于落体机问题,上述提供的只是一种解释,读者还可以作出其他推测,目的都是尽可能用物理知识去解释实际问题。

四、实际物理问题解析的原则

实际问题的内容非常丰富,来源非常广泛,如何选取才比较合理呢? 选取的原则是什么呢?

(一) 所选内容与教学要求一致性

所选的内容应与课程标准规定的内容相一致,也就是与教学内容相一致。如前面所列举的 10 个建模方法实例,除了案例(4)风力场之外,其余的都在课程标准规定的范围内。假如略微拓展到范围之外时,应做好知识铺垫,补充必要的概念、公式及提示等,比如风力场问题中提示了"类似于重力场、静电场……"。

(二) 强调形式恰当性

实际问题呈现的形式应该做到:情景描述清晰、通俗、易懂;物理知识不太复杂、不太难;问题多定性、少定量。总之,容易让学生将所学的知识迁移到新的情景中去解决问题。如果情景比较复杂,可以用插图的形式帮助学生去理解问题的核心和关键,如变形杠杆、风筝、等效电源(用虚线框加以提示,因为这一知识超出教材内容)。上面 10 个案例中,也有情景过于复杂、较难理解的,如航站楼和落体机,这时可以采用多定性、少定量的分析处理方法。

(三) 重视思想方法性

联系实际的最可贵之处在于,运用物理学的观念和思想方法去解释和处理实际问题,逐步提高这种能力。从纷繁的现实世界中抽取出物理问题,已经不容易了,还要用学过的物理知识去分析处理这些问题,就更不容易了。因此,处理实际问题的关键是需要有像建模这样的物理思想方法。前面所举的 10 个案例就是分别利用简化、类比、等效、抽象、理想化等方法处理的。当然这些方法的界线,并不是泾渭分明,常常是"你中有我,我中有你",目的主要在于灵活运用。

(四) 关注时代性、综合性

课程标准中强调要注重联系生产生活,反映科技发展成果,尤其是当代科技成果及发展带来的问题。不仅教材要落实,教学中也要落实,在学生平时的练习、考试中也要有所反映。因此,要让时代性和"STSE"(科学、技术、社会、环保)理念不只是一句口号,就必须将其具体落实到日常教学的每一个环节中。

第五章 物理与生活

人们常说,生活中处处有物理,物理就在我们身边,但要用物理知识去解释一些现象、解决一些实际问题,却往往不太容易。下面选取衣、食、住、行等日常生活中学生不太注意、不太理解的物理问题,进行深入分析。

一、家庭中的物理

在家庭中,有许多家具、用具、工具都蕴含着丰富的物理原理,如力、热、光、电和磁等。只是,有的体现得很明显,有的比较隐蔽,需要运用抽象、简化、理想化等方法才能分析清楚、阐述明白。下面所选的实例虽然比较简单,但要说清楚道理也不太容易,故此先做必要的说明或铺垫,再提出问题,然后给出解答。

(一) 撕袋子与缝扣子

【情景描述】

没有缺口的塑料袋很难撕开,而开有小缺口的塑料袋就较容易撕开。另外,缝纽扣时,缝完之后要在扣子与衣服之间绕几圈,将线集成一束,这样才比较牢固,如图 5-1 所示。

图 5-1

【提出问题】

1. 为什么有缺口的袋子容易撕开?

2. 为什么集成束的线不易断?

【建模解析】

1. 如图 5 - 2(a)所示,对于没有缺口的袋子,两边的拉力 F 作用在较大的横截面 S 上,压强 p 较小,达不到使塑料分子结构破坏的程度,所以很难撕开。当袋子上有缺口时,同样大小的拉力作用在较小的截面 S' 上(在缺口的下方),如图 5 - 2(b)所示,此时压强很大,袋子就容易被撕破了。

(a)　　　　　　　　　　　(b)

图 5 - 2

2. 缝纽扣的细线每根能承受的拉力较小,扣子被拉动时某根线会由于受力过大而断掉,因此扣子松动就容易掉落,如图 5 - 3(a)所示。集束之后,扣子被拉动时会牵动所有的线,拉力可以看作是一个合力,因此每根线所受的分力就比较小,不容易断掉,如图 5 - 3(b)所示。

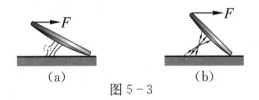

(a)　　　　　　　　(b)

图 5 - 3

【引申探讨】

线或绳子集束之后不易断掉的用处很多。如图 5 - 4(a)所示,A、B 两个瓶子用多道细绳扎住,为防止绳子在 MN 处断开,再加扎几段绳子收紧到 R,如图 5 - 4(b)所示,这样绳子就不容易断散开来。图5 - 5是一种网袋,它的绳与绳之间都相互连接,提起重物时所受的力被分散到各段绳子上,每段绳子所受的拉力并不大。

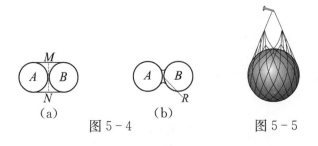

(a)　　　　　　　　　(b)

图 5 - 4　　　　　　　　图 5 - 5

物 理 方 法

在处理此类问题时,建模方法的关键是选取研究对象进行受力分析。由此看出,材料的局部受较大的力容易被破坏,整体可承受较大的力。撕袋子利用了局部受较大的力,而缝扣子则通过整体来分散受力。这种方法可以被推广到许多方面。

(二)角折与笔断

【情景描述】

图 5 - 6

家具的边沿或桌子的台板,一般都做成钝角或圆弧形,而不是锋利尖角或直角。其原因是,尖角或直角容易碰伤人,同时也容易折断损坏。在制作过程中去掉尖角的工艺过程,称为"倒角"。铅笔削得太尖也容易折断,如图 5 - 6 所示。

【提出问题】

为什么家具不宜做成尖角或直角,而是圆角呢? 太尖的铅笔为什么容易折断?

【建模解析】

图 5 - 7(a)所示是方形台板的一角,右边部分呈直角。假设这个三角形在 B 处受到向下的外力 F 作用,则这个三角形有顺时针转动的趋势,O 点看作转动轴,阻碍转动的作用力 T 大致在 A 处。经建模处理后可以看出,此时动力矩 FR 比较大,阻力矩 TL 相应也比较大。假如将台板角改为圆角,如图 5 - 7(b)所示,在同样大小的外力 F 作用下,动力矩变小了,若阻力臂 L 相同,阻力 T 也变小,角就不易断去。同样,用力矩模型也可以说明太尖的铅笔容易断的原因。

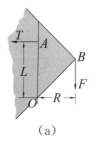
(a)

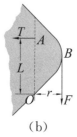
(b)

图 5 - 7

【引申探讨】

生活中还有许多实例与角折、笔断的原理相同，如图书在书角处容易卷损破坏，水中的鹅卵石因长期磨损失去尖角而成椭圆形。下面的实验模拟可说明鹅卵石的形成过程，古语"峣峣者易折"也就是这个意思。

实 验 模 拟

将橡皮泥切成 1 cm 大小的三角块或立方块[图 5 - 8(a)]，然后把它们放进玻璃瓶中（夏天可放入冰箱稍加冷却）。猛烈摇晃瓶子，使颗粒相互碰撞[图 5 - 8(b)]。取出时，会发现泥块变成圆滚滚的了，尖角尽失[图 5 - 8(c)]。

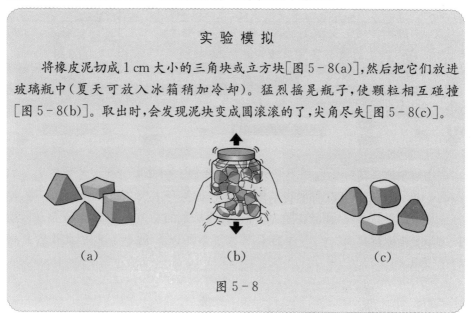

（a）　　　　　　　（b）　　　　　　　（c）

图 5 - 8

（三）拧盖与拔钉

【情景描述】

要拧开密封的瓶盖或拔出钉子都需克服很大的静摩擦力，因此开瓶时通常会盖上一块抹布或用一个海绵套子，拔钉子时要用羊角榔头。

【提出问题】

如何拧开密封的瓶盖或拔出钉子？这样做的物理原理是什么？

【建模解析】

拧瓶盖可以用一个海绵开瓶套，如图 5 - 9(a) 所示。海绵开瓶套内圈呈锯齿形，如图 5 - 9(b) 那样套在瓶盖上，抓紧后用力一转，盖子就会顺利被打开。从图 5 - 9(c) 可以看出：半径为 r 的瓶盖能够产生很大的静摩擦力 f，其力矩是沿顺时针方向的，直接拧开它至少需要大小为 fr 的逆时针力矩；在瓶盖外套上半径为 R 的瓶套后，可施加逆时针力矩 FR，拧开瓶盖时需满足

$FR = fr$，由于 R 大于 r，所以 F 小于 f，因此开瓶就省力多了。（实际上利用了轮轴原理。）

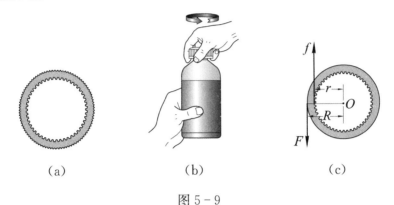

(a)　　　　　　(b)　　　　　　(c)

图 5-9

用羊角榔头拔钉子也利用了力矩平衡原理。用榔头怎样拔才更省力？如图 5-10 所示，将钉子尾部卡在羊角中间，在榔头与木板之间放一个小木块，使支点尽量靠近钉子，从而减小阻力臂 l。若手施加的动力为 F，动力臂为 BO，根据力矩平衡原理有 $FL = fl$，因为 L 远大于 l，所以 F 远小于 f，因此很容易将钉子拔出来。

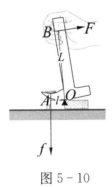

图 5-10

物 理 方 法

上述两例运用的都是力矩平衡原理，且阻力矩均为静摩擦力矩。所不同的是，动力矩前者是静摩擦力矩，后者是弹力矩。此外，在方法上，前者可抽象为轮轴，后者可简化为一个曲臂杠杆。

【引申探讨】

拔钉子的工具除了羊角榔头之外,还有胡桃钳[图5-11(a)]、拔钉书钉用的拔钉器[图5-11(b)]。胡桃钳适合在钉子露头较少,而羊角榔头又难以卡入的情况下使用。胡桃钳和拔钉器利用的物理原理不同。胡桃钳运用的是力矩平衡原理,如图5-12(a)所示,O 为支点。拔钉器运用的是斜面省力原理,如图5-12(b)所示,当对夹子两边用力夹时,两斜面 A、B 相对运动,将书钉 D 推起、拔出。

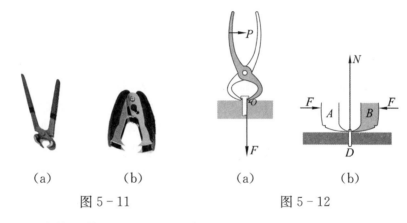

(a)　　　(b)　　　　　(a)　　　　(b)

图 5-11　　　　　　　图 5-12

(四) 拉链与美工刀

【情景描述】

拉链与美工刀是两件家中常用的物品,其中拉链被誉为人类十大发明之一,起源于100多年前的欧洲。图5-13是衣服、箱包上的一种普通拉链,有多个链牙固定在链带上,B 的端部上面凸起、下面凹陷,左右每两个链牙恰能交错结合,相互卡住。A 为拉链头,是一段很短的导轨,尖劈 C 是导轨的一部分,图中黑色部分是导轨的剖面,尖劈上装有拉链头的把手。

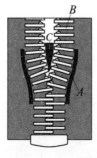

图 5-13

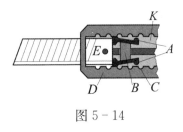

图 5 - 14

图 5 - 14 所示是一种美工刀,刀片 E 与刀把 K 结合在一起,可以在刀鞘 D 中滑动, D 上有许多卡口 C。有弹性的塑料片 A(图中黑色部分),左端固定在 K 上,右端可在小范围内转动,上有凸形头。向右拉动滑块 B,便能将凸形头卡在卡口 C 中,这时刀与刀把就固定了。向左推动 B, A 便弹回,刀和刀把又能自由滑动。

【提出问题】

拉链和美工刀的工作原理是什么? 它们的工作原理有什么异同?

【建模解析】

1. 拉链的工作原理是力的合成与分解。图 5 - 15 是拉链分开的情景,拉链头中央的 C 恰如一个劈,在向下拉力 F 的作用下对两侧链牙产生两个分力 F',使尖劈端部的一对链牙先分离,随着劈的下移不断有链牙相继分离,最终拉链被分开了。反之,当拉链头向上拉动时,拉链头两侧的槽壁 A(也是斜面)产生两个推力使链牙相互挤拢,如图 5 - 16 所示,这两个推力的合力即拉链头受到的向上拉力。在每对链牙由斜向卡入然后转平的过程中,链牙便相互结合在一起了。

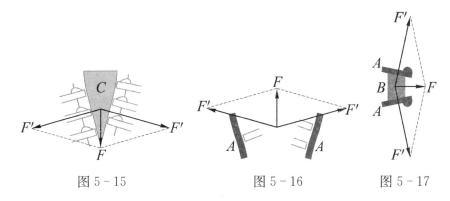

图 5 - 15   图 5 - 16   图 5 - 17

2. 美工刀的闭锁原理如图 5 - 17 所示,滑块 B 与塑料片 A 的相接触处相当于一个斜劈。向右拉动 B,拉力 F 可分解为垂直于斜面的两个分力 F',使 A 向两侧移动,凸形头卡入卡口 C 中。此时, C 对 A 的压力增大, B 与 A 之间的摩擦力也随之增大,弹片 A 的收缩力无法将 B 弹回原处,刀把就固定不动了。只有用力向左推 B,才能解锁使刀片滑动。有的美工刀还在 B 的右面增加一个

滑块可以将 B 锁死,确保 B 不会轻易滑动。

物 理 方 法

将这两个例子作比较,发现它们有一个共同点,都利用了斜面力的分解原理。所不同的是,在分离时美工刀利用的是塑料片的弹性,拉链利用的仍然是斜面原理。对小刀来说,摩擦有辅助锁定的作用;对拉链来说,摩擦不利于锁定和分离,要设法减小摩擦。从方法上看,这两个例子说明要抓住关键部位进行建模分析。

【引申探讨】

可与拉链媲美的一种搭接方式是尼龙搭扣,如图 5-18 所示。它结构简单,使用方便,不易损坏,可用于服装、箱包、鞋扣等许多物品。

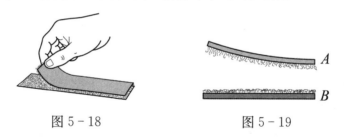

图 5-18   图 5-19

尼龙搭扣通常由两条组合而成,一般以锦纶为原料。如图 5-19 所示,其中一条 A 做成许多直挺的钩子状,简称勾面,另一条做成许多圈状的柔性丝网结构,简称网面。当两面合在一起时,能产生很大的扣搭力,不容易分开。

其工作原理还是利用了合力与分力知识。当 A、B 两面充分结合时,每组勾与网之间都有拉力,产生的合力很大。当从头部逐渐拉离时,两面间只有少量的分力在起作用,阻力就很小,容易分离。

（五）门自锁与伞自开

【情景描述】

1. 门自锁:家里的普通门锁关门时很方便,只要一推门马上就锁上了,但缺点是没有钥匙从外面就开不了门,其结构如图 5-20 所示。

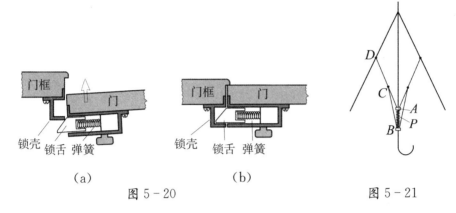

图 5-20

图 5-21

2. 伞自开：有一种雨伞在使用时只要按一下手柄上的按钮，便会自动打开。它的结构如图 5-21 所示，A、B 为两个滑动的轴套，在它们之间连接一个弹簧 P。细钢杆 AD 连接伞骨与上轴套，BC 一端连接下轴套，另一端连接在 AD 杆上。

【提出问题】

1. 为什么门关上后能自行闭锁？

2. 为什么这种伞能自动打开？

【建模解析】

1. 由图 5-20 可知，这种门锁主要由固定在门上的锁舌、弹簧和锁头（图中未画）及固定在门框上的锁壳组成。锁舌是一个斜面，关门时锁壳对斜面有一个作用力 F，F 可分解为平行于锁壳的力 F_1 和垂直于锁壳的力 F_2，如图 5-22（a）所示。在不计摩擦的情况下，F_1 使锁舌向里面缩进并由弹簧弹入锁壳，F_2 则阻碍锁舌进入锁壳。锁舌一旦进入锁壳，在外面用力推门时，锁壳对锁舌的作用力 F' 垂直于舌背，不再有水平分力了[图 5-22(b)]，门自然就推不开。

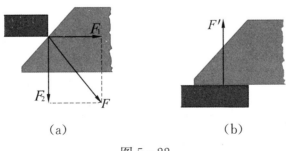

(a)   (b)

图 5-22

实 验 模 拟

　　用简单实验可模拟自锁现象。取一个废牙膏纸盒,剪去盒盖主盖板,留下侧盖板。将一支带笔套的水笔插入盒内,如图 5-23(a)所示。发现插入时很顺利,拔出时被侧盖板卡住了,连同盒子一起被提起来,好像笔杆被自锁定了,如图 5-23(b)所示。

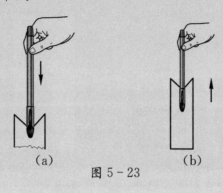

(a)　　　　　图 5-23　　　　(b)

　　2. 仔细观察图 5-21 所示伞架结构,可以发现,伞骨及伞顶各处的连结点都是活动的或用滑动的铰链连接。C、D 处只能转动不能滑动,A、B 处既能转动又能滑动。由图可知,无论伞打开还是闭合,杆 AC 和 BC 的长度是不变的。图 5-24(a)是伞张开状态,此时 AC 与 BC 间的夹角 θ 很大,弹簧是伸长的,弹簧 P 的弹力使三角形 ABC 的结构保持稳定,也就是使张开的伞面保持稳定。关闭伞时,必须用力向下拉动 A,使顶角 θ 变小,A、B 间距变小[图 5-24(b)],弹簧 P 被压缩,此时弹性势能增大,A 被按钮卡住。再次使用时,只需按下按钮,在弹力作用下 A、B 间距变大,伞又张开,从能量的角度来说弹簧 P 的弹性势能转化为开伞的动能,这就是"伞自开"的道理。

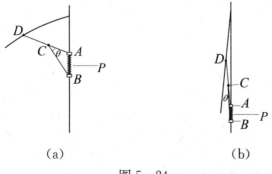

(a)　　　　　　　　　　　(b)

图 5-24

物 理 方 法

门自关与伞自开都用到了弹簧,都利用储存的弹性势能来工作。前者用于锁定,利用了力的分解;后者用于打开,利用了三角形的形变。在解决问题时,首先要弄清楚结构,其次要抓住关键部位进行具体分析。

(六) 饮水器的聪明座

【情景描述】

许多家庭及办公室中都有桶装水的饮水器。图 5 - 25 所示是某种饮水器的结构图,其中 A 是一个倒置的水桶,B 是固定在饮水机上的"聪明座"(已做简化处理),可以控制水的放和停。"聪明座"的中央固定一根插管,桶中的水经插管可流入 B 中。B 的下面有一根出水管 T,T 下面分别通向冷、热水贮水器 D 和 E,再分别连接出水龙头 C 和 H。龙头放水,当 B 中水面下降至 R 位置时,有空气进入桶内,水会重新流入 B 中,达到 K 位置时水又会停止流出。

【提出问题】

聪明座 B 为什么会如此"聪明"地控制水的放和停呢?

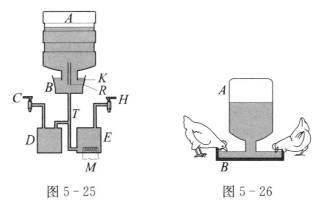

图 5 - 25   图 5 - 26

【建模解析】

这种装置类似于养鸡场中的饮水槽。如图 5 - 26 所示,将一个贮水瓶 A 倒置安装在饮水槽 B 的上方,瓶口与水面相齐,这时瓶内空气压强与瓶内水柱产生的压强之和等于外界大气压强,处于平衡状态,因此水不会流动。当鸡饮水使槽中水面下降时,有空气进入瓶内,瓶内空气压强增大,平衡被破坏,瓶内的水就会流出一些,再次达到平衡时,水又停止不动了。所谓"聪明座"就是利用这一原理进行自动调节水面变化的。

物 理 方 法

本问题在建模过程中借助养鸡场中的饮水槽,运用了类比法。在处理复杂问题时,通常可将它简化成一个容易理解的类似情景。实际上,在医院里静脉输液的原理也与此相同。

【引申探讨】

想一想,桶内的水较多和较少时,每次流出的水量是否相同? 为什么?

当桶内的水较多时,每次出水量较少;当桶内的水较少时,每次出水量较多。我们来定性分析一下其中的原因。在水从桶内流出、空气进入桶内的过程中会有一定的阻碍作用,假设当桶内外空气的压强差达到 Δp_0 时,这种流动就会发生,而且流动一次即停止。当桶内的水较多时,桶内的空气体积较小,只要流出少量的水,空气体积稍微增大,内外压强差就会达到 Δp_0,流动就会发生。相反,当水较少时,桶内的空气体积很大,要流出较多的水,空气体积变化较大,内外压强差才能达到 Δp_0,流动才能发生。所以同样一次出水和进气,桶内的水多或少时情况是不一样的。

(七) 气压瓶的出水量

【情景描述】

家用气压式保温瓶(图 5 - 27)使用很方便,只要在顶部将阀门(相当于一个活塞)向下压一下瓶口就能出水。它的内部结构可以简化成如图 5 - 28 所示,保温瓶的内胆上部有一个气室,气室上部是活塞 A(内有弹簧)。取下活塞 A,可以向瓶内注水,盖上活塞,瓶内空气就被密封住了。此外,保温瓶还有一根出水管,一端通向瓶外,另一端直通瓶底。假设瓶内充满水时,其上部有体积为 ΔV 的部分空气。

图 5 - 27

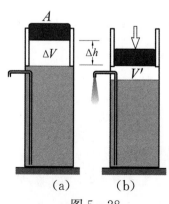

(a) (b)

图 5 - 28

【提出问题】

这种保温瓶取水时运用了什么原理？装满水时，第一次压缩能压出的水量是多少？

【建模解析】

首先，我们对此问题作一个理想化处理，即将瓶中空气看作是理想气体；在压缩过程中气体的温度保持不变；出水管的体积忽略不计。

其次，解释出水的原理。由图 5-28(a)可知，开始时瓶内空气压强等于大气压强，下压活塞 A 时，水面上方空气体积变小，压强增大，水就从出水管中流出；停止按压后，活塞被弹回，瓶内空气体积增大，压强减小，空气通过出水管进入瓶中，瓶内空气压强又等于大气压强。反复按压，就能不断出水。

最后，计算装满水后第一次按压的出水量。开始瓶中的水面与出水口基本相平，设水面上方的空气体积为 ΔV，压强为 p；按压后空气体积变为 V'，水面高度下降了 Δh。根据玻意耳定律，则有

$$p\Delta V=(p+\rho g\Delta h)V'（式中 \rho 为水的密度）。$$

由此可得

$$V'=\frac{p\Delta V}{p+\rho g\Delta h}。$$

由于 Δh 只有几厘米，所以 $\rho g\Delta h$ 只有几百帕，与大气压强 1×10^5 Pa 相比可以忽略不计。因此，按压后空气体积 $V'\approx\Delta V$。活塞复原后，水面上方的空气体积为 $2\Delta V$，因此第一次按压的出水量约为 ΔV。

【引申探讨】

下面探讨一下每次下压的出水量会如何变化。第一次水面与出水口相平齐，一压活塞，压强稍增大就出水。第二次再压时，情况就不同了，这时活塞 A 回到原位，瓶内空气体积可看作 $2\Delta V$，出水口离水面的高度为 h'，压强增加量要达到 $\rho gh'$ 才能出水。显然下压活塞 ΔV 时，出水量会小于 ΔV。瓶内水越少，每次下压的出水量就会越少，到了最后，可能要压几次也只能出半杯水。

实　验　模　拟

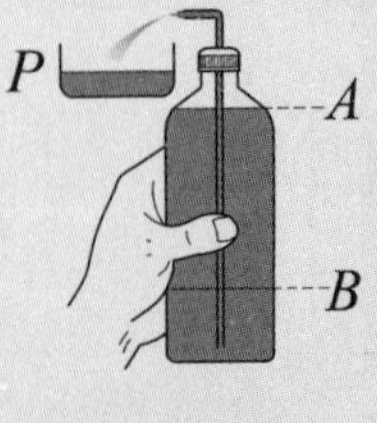

图 5-29

可以用一个小矿泉水瓶模拟气压瓶出水情况。在瓶盖上开一个小孔，将吸管紧插入小孔并封牢接口处保证不漏气，在瓶中装满水后，旋紧瓶盖。如图 5-29 所示，手捏瓶壁，发现有水排出。当水面在 A 处时，捏瓶壁排出的水较多；当水面下降到 B 处时，再捏瓶壁排出的水较少。

（八）家庭电路的断路与短路

【情景描述】

家庭电路的常见故障有断路和短路两种，下面来讨论一下。

1. 因接触不良造成断路

如图 5-30 所示，插头在接电线时，绕在接线螺栓上的多股铜丝，应当拧在一起后再接到螺栓的垫圈下并拧紧，不能散开或松动。若如图中 A 所示，铜丝不仅散开，而且只有少量几根接在插头的螺栓上，不久就会在此处发生断路。

2. 灯头短路保险丝熔断

家里的电灯或用电器一般都是并联的。如果某一灯头内发生短路故障，电路进户线上的保险丝就会熔断。如果不排除短路故障，换上新的保险丝还会再次熔断。

图 5-30

【提出问题】

1. 为什么接线铜丝接触不良会造成断路？

2. 如何找到短路故障并排除呢？

【建模解析】

1. 在图 5-30 中，接线处仅有少量铜丝连接，致使导线在该处横截面减小，因此电阻增大。在总电流一定的情况下，根据发热功率 $P=I^2R$ 可知，这几根铜丝的发热功率增大，从而造成铜丝熔断，电路断路，甚至连外面的绝缘塑胶也会被烧坏。而将铜丝拧成一股后，电阻变小，发热功率减小，就不容易熔断了。

2. 这种短路首先表现为进户线的保险丝熔断，换上新的熔丝，又立即熔断，但又不知道是哪一个灯头出了问题。可采用下面的查找方法，如图 5-31 所示，电路中有 L_1、L_2、L_3……多个电灯，其中 L_2 在 P 处发生短路。我们可以先将保险丝 A 拔去，在该处连接一个额定功率较大的灯泡 L，作为校验灯。然后关闭所有电灯的开关，此时校验灯 L 也是不亮的。接着，逐个闭合开关 S_1、S_2、S_3……逐一考察。如果该灯没有短路，则校验灯 L 与它串联，校验灯 L 发出的光很暗。若闭合关 S_2 时，由于 L_2 短路，校验灯 L 直接连接在电源上，此时它将正常发光。这样，被短路的灯泡 L_2 就被找到了。这个方法巧妙地利用了串、并联电路的知识和抽象、简化的方法，解决了实际难题。

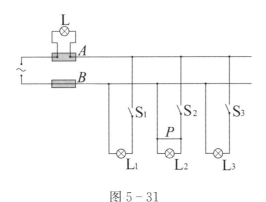

图 5 - 31

【引申探讨】

现在许多家庭电路的进户线处一般不再用熔丝盒了,而采用断路器(又称为空气开关)。当电流过大或发生短路时,断路器能自动跳闸断电。排除故障后,只要合上把手就又能供电了。

图 5 - 32 所示是空气开关的实物图,左侧的是电路总开关,右侧是各分路开关。其原理如图 5 - 33 所示,交流电 A、B 连接开关 S_1、S_2 的触片后进入室内,两触片由杆 P 连接,P 的一端连接弹簧,另一端用钩子 D 钩住,电磁线圈 L 串联在相线电路中。当室内发生短路时,电流过大,铁片 K 被吸下,使 D 与 P 脱钩,P 在弹簧的拉力作用下与两触片脱离,电路断电。断路器起到了保险丝的作用,但又非常方便。

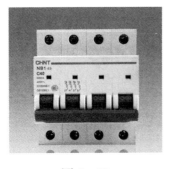

图 5 - 32

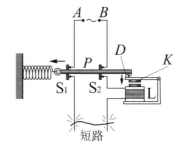

图 5 - 33

用逐一闭合开关的方法查找短路故障时,也可以不用校验灯,只要逐个灯合闸试验,看哪个灯引起跳闸,就是那个灯短路了。

（九）电吹风与电熨斗

【情景描述】

电吹风和电熨斗是家庭常用的电热用具,它们既有一些共同点,也有不同之处。相同之处是都要运用电流的热效应,但它们内部的电路元件及结构有所不同。

1. 电吹风:图5-34是电吹风的外形,图5-35是它的内部结构,其中M是电动机,它能使风叶转动向外吹风,在它的前面是发热电阻丝H;右侧下方是一个转换开关K,它有A、B、C、D四个触点,它上面的金属键呈三角状(见放大部分);O是金属键的转动轴,能使键分别连通AB、BC、CD,从而获得不同的功能;220 V交流电源从P、Q两个接线柱引入。

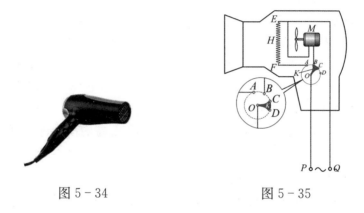

图5-34　　　　　　　　　　　图5-35

2. 电熨斗:图5-36是一种普通电熨斗的外形,内部结构如图5-37所示。图中G是熨烫用的金属底板,A是加热用的电阻丝,B是控制温度用的双金属片,C是弹性钢片,D是一对触头,E是固定的绝缘支架,F是调节C上下变化的旋钮,M、N是接通220 V电源的插头。

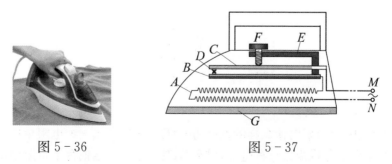

图5-36　　　　　　　　　　　图5-37

【提出问题】

1. 请你根据图 5-35 说明此电吹风有哪几种功能? 这些功能如何操控? 其原理是什么?

2. 试说明图 5-37 电熨斗发热及温度自动调控的原理。

【建模解析】

1. 由图 5-35 中转换开关 K 可以看出:(1)当金属键接在 CD 时,所有元件都处于断电状态,电吹风没有工作;(2)当金属键接在 BC 时,只有电动机 M 接入电路,电动机工作,电吹风吹出冷风;(3)当金属键接在 AB 时,电动机 M 与电热丝 H 并联接入电路,电吹风吹出热风,此时消耗的电功率最大。

2. 由图 5-37 可知,电流经过 CDBA 及电阻丝形成回路,电阻丝通电发热后将热量传导给金属底板,从而实现熨烫作业。温度的自动控制由双金属片 B 来实现,当温度高于设定的温度时,B 向下弯曲,触点 D 断开,电路被切断,熨斗停止加热。假如双金属片是由铜与铁两种金属组成的,则上层应是铜片,下层是铁片,因为铜的膨胀性能强于铁,所以双金属片受热后会向下弯曲。旋钮 F 的作用是控制最高温度的值。将它下旋一些,弹性片 C 就会下移一些,此时双金属片也会下弯一些,熨斗须达到更高的温度才能断电,反之亦然。

【引申探讨】

有一种电熨斗由相同的电阻丝 R_1、R_2 组成,适用于两种工作电压,只要转动交换开关 S,便能分别接通 110 V 和 220 V 电源,而且两种情况下功率相同。如图 5-38 所示,将 R_1、R_2 与转换开关的三个触点 a、b、c 分别连接起来,就能使它具备这种功能。转换开关的结构是,一个绝缘转盘上有两个金属条 d 和 e,d 可连接两个触点,e 只能连接一个触点,两个金属条 d 和 e 分别与电源相接。

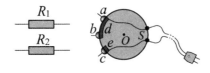

图 5-38

两个电阻应当采用什么样的连接方式呢? 首先尝试一个电阻单接一种电压,两个电阻组合后接另一种电压,结果发现不行。只能把两个电阻串联后接在 220 V 电压上,两个电阻并联后接在 110 V 电压上,才能满足两种情况下发热功率相等。假设每个电阻的阻值为 r，两电阻串联后接在 220 V 电源上的总功率为 $P_串 = \dfrac{U^2}{2r} = \dfrac{48\ 400}{2r} = \dfrac{24\ 200}{r}$；并联后接在 110 V 电源上的总功率为 $P_并 = \dfrac{2U^2}{r} = 2 \times \dfrac{12\ 100}{r} = \dfrac{24\ 200}{r}$。两种情况下的总功率相等。

应当如何实现并联呢？要使两电阻并联，就要使它们的两端分别连接起来，再连接到触点上，因此触点 a、b 之间应该用铜片短接，c 应该单接，如图 5 - 39(a) 所示，这样两个电阻并联后就可以接在 110 V 电源上了。

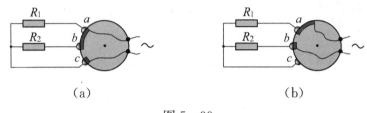

(a)　　　　　　　　　　　　　　(b)

图 5 - 39

怎样再转换成串联电路呢？线路不能拆除更改，只能变更连接位置。现将转换开关顺时针方向转动一个角度，如图 5 - 39(b) 所示，此时两电阻串联，触点 c 脱离电源，触点 a、b 接 220 V 电源。

值得注意的是，两电阻并联时不能错接到 220 V 电源上，否则会使电阻上的发热功率远超过额定值而烧坏电阻丝。

> **物 理 方 法**
>
> 　　上述三个实例涉及的知识主要是电路的串联、并联和电功率。运用的思想方法是将实物图抽象简化成常见的电路图，并运用一定的推理方法。特别是转换开关的设计包含了物理与技术的巧妙结合。

二、马路边的物理

　　离开家门走在马路上，又会有许多物理问题扑面而来。其中最容易引起注意的物理现象往往是车辆和行人，但这些都是动态的，主要涉及运动学和动力学知识；仔细观察还可以发现一些静态的装置和结构，如房屋、道路和桥梁等。如果再进一步挖掘，还可以看到更多的物理现象，通过简化、抽象、建模等方法可以解释其中的物理原理，从而解决一些实际应用中的疑问。

（一）固定的行道树

【情景描述】

图 5 - 40

如图 5 - 40 所示，马路边的行道树用四根杆斜向固定住，当然也有用一根直立的桩子固定的。一般人都知道，这是一种防止树木倒伏的措施，尤其在台风来临时可以起到很好的辅助作用。

【提出问题】

为什么有了杆的固定，就能防止树倒伏呢？

【建模解析】

先看一下没有支撑的情况。如图 5 - 41(a)所示，由于风对树的力矩很大，一旦歪斜，又有树的重力矩(可将树根部看作转轴)产生，从而使树进一步歪倒。

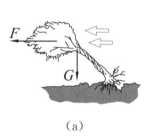

（a）

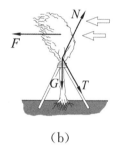

（b）

图 5 - 41

如图 5 - 41(b)所示，当有杆斜向固定时(每根杆的上端与树干扎紧，下端插入泥土中)，一旦树受到横向向左的狂风作用力 F 之后，左边杆受到斜向下的挤压力 N' 作用，其反作用力 N 斜向上作用在树杆上。同时，右杆也受到斜向上的拉拔力 T' 作用，其反作用力为 T，方向斜向右下方。N 与 T 这两个力的水平分力都是向右的，它们对树根部产生的力矩，能与风力矩相抗衡，从而确保树不会吹倒。(另外一组杆对另外方向的风力也能同样起到抗衡作用。)在图5 - 40中，一般有四根支撑杆就可以抵挡各个方向吹来的大风了。值得注意的是，斜杆受到的挤压力一般要大于拉拔力，所以图中 N 大于 T。

物 理 方 法

在处理本问题时,没有把树根部承受的抗倒伏能力考虑进去,仅把树根理想化地视为一个转动轴。这样的处理不是很精确,但也有一定的合理性。在风力不大时,树根部起抗倒伏的主要作用(这时树干没有很大的摇晃);而在风力很大时,支撑杆的作用就显示出来了。所以,将问题理想化处理时,首先要分析判断,略去次要因素才能较合理地建模。

【引申探讨】

行道树的另一种固定方式是在树边插一根竖直的水泥桩,如图 5-42(a)所示。水泥桩深入泥土中,上端用绳子与树身扎紧。

仍然将树根部视为转轴,大风吹来时风力 F 产生逆时针方向的力矩,绳子产生顺时针方向的力矩与之平衡,可确保大树不倒。其实,还可以将树与桩看成一个整体[图 5-42(b)],相当于树根深深地插进了泥土,因此抗倒伏能力大大增强了。

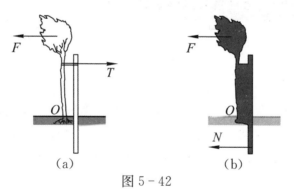

图 5-42

实 验 模 拟

在一块较大泡沫板上竖直插入 A、B 两根筷子,如图 5-43 所示,A 插入很浅(代表大树),B 插入很深(代表桩)。将 B 的上端用线与 A 扎紧,发现很难推动 A。这样可以用来模拟大树被固定。

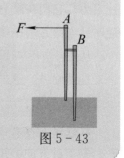

图 5-43

（二）悬挂的指示牌

【情景描述】

在马路中经常看到悬空挂着的指路牌(图5-44)，它的结构如图5-45所示，在一根立柱 C 上用两根水平杆将指示牌固定，立柱下面的底脚又用螺旋 A、B 固定在墩座 D 上。

图 5-44

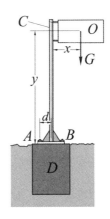

图 5-45

【提出问题】

假设指示牌与水平杆的总重力为 $G=200$ N，重心在 O 点，它离立柱的距离为 $x=2$ m。重心 O 点距离地面的高度为 $y=6$ m，A、B 两螺旋离立柱中心的距离均为 $d=0.15$ m。试问：在没有其他力的情况下，底座螺旋受到的作用力为多大？

【建模分析】

这是一个力的平衡问题。我们可以把指示牌和立柱看成一个整体(不计立柱重力)，它们在重力 G 的作用下有沿顺时针方向倒下的趋势，那么与其平衡的逆时针方向力矩在哪里呢？转动轴又在何处？

从图5-45可以看出，转动轴应该在螺旋 B 外侧一点，所以起抗拉作用的主要是螺旋 A。这样分析之后，发现图中的数据 y 在计算中是不起作用的。

【解决问题】

设抗拉力为 F，作用在 A 处，方向竖直向下，顺时针方向力矩的力臂是 $x-d$，逆时针方向力矩的力臂可看作 $2d$。根据力矩平衡原理，有

$$G(x-d)=F2d,$$

式中 $G=200$ N, $x=2$ m, $d=0.15$ m,代入解得

$$F\approx1\,233\text{ N}。$$

实际上底部螺旋不只有 2 个,所以每个螺旋受到的力并没有这么大。

【引申探讨】

前面用整体法讨论了指示牌的受力平衡问题,下面用分解法进行相关讨论。

先分析指示牌的受力情况。如图 5-46(a)所示,将指示牌与横杆看成一个整体,它的重力为 G,重心在中央 C 点。由于指示牌有下坠趋势,所以上面的金属箍对指示牌的拉力 T 斜向左上方,下面的金属箍对指示牌的支持力 N 斜向右上方。T 的反向延长线和 N 的延长线都过 C 点,G、T、N 三个力呈共点力平衡状态。指示牌越重、越长,T 与 N 两个力就越大。

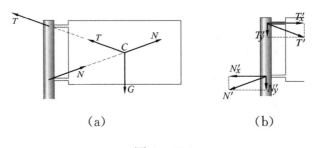

(a)　　　　(b)

图 5-46

再分析竖直杆的受力情况。如图 5-46(b)所示,指示牌对箍的反作用力分别为 T' 和 N'。把这两个力沿水平方向和竖直方向进行分解,其中水平方向分力产生的合力矩与地面对杆的力矩平衡,竖直方向的分力与杆的重力、地面的支持力相平衡。因此,竖直杆也处于平衡状态。

此外,像指示牌那样悬挂着的物品还有许多,比如常见的门、窗都是这样的结构。连接它们的铰链处的受力情况都可以这样分析。

当门的上下两铰链在一条竖直线上时,门的重力方向与此线平行。门可以在任意位置上平衡。若这条竖直线上端向房间内略有倾斜,则成为自关门(重力的分力力矩会使门向房内自发转动);反之,会成为自开门。这种现象可以用简单的实验来模拟。

实 验 模 拟

用一本封面很厚的精装书可以模拟"自关门""自开门"现象。在图 5-47 中，A 是书的封面，代表"门"，书脊 PQ 代表门轴，MN 代表竖直的门框边。在图(a)中，当 PQ 处于竖直状态时，A 处于自由状态，可停在任意位置；在图(b)中，PQ 向右歪斜，有重力矩使门转动，出现门自关现象；在图(c)中，PQ 向左歪斜，则出现门自开现象。

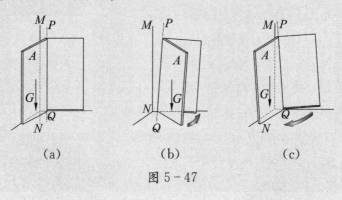

(a)　　　　　　　(b)　　　　　　　(c)

图 5-47

（三）安全车距

【情景描述】

在路上行驶的各种车辆之间一定要保持间距，才能确保安全，这个距离叫做"安全距离"。交通法规中指出，在柏油路面上车速与车距的关系是：

类别	车速	安全车距
高速	100 km/h 以上	100 m 以上
快速	80 km/h 以上	80 m 以上
中速	40 km/h 以上	30 m 以上
低速	20 km/h 以上	10 m 以上

〔说明：所谓"以上"，是指从该类到上一类之间，如 80 km/h 以上指 80～100 km/h(不含 100)。〕

由上表可以看出，车速越大，两车之间要保持的距离也应越大。其原因是前车因故突然制动后，后车由于惯性，还会减速运动一段距离才能停下来。而且，后车的驾驶员看到前车突然制动，要做出刹车动作还需要约 1.5 s 的反应时间,在这段时间内车子还要行进一段路程。这两段路程相加才是安全距离。

【提出问题】

如何计算安全距离?试写出计算的表达式。(假设车子行驶的速度为 v,车轮与地面的动摩擦因素为 μ)

【建模解析】

下面说说安全距离的估算方法,先作一些理想化假设:

1. 假设前车突然停止运动,速度变为零;

2. 假设后车司机发现后经时间 t 后做出刹车动作,在此过程中后车以速度 v 做匀速直线运动;

3. 假设刹车后后车做匀减速运动,抵达前车车尾时速度恰好减为零;

4. 假设后车的质量为 m,刹车后轮子只滑动不转动,轮胎与地面的动摩擦因数为 μ。

由图 5-48 可得,安全距离 $s = s_1 + s_2$。

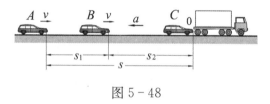

图 5-48

$s_1 = vt$, $\quad s_2 = \dfrac{v^2}{2a}$($a$ 为匀减速运动的加速度)。

设滑动摩擦力为 f,则有

$$f = ma = \mu mg,\text{所以 } a = \mu g。$$

由此可得

$$s = s_1 + s_2 = vt + \dfrac{v^2}{2\mu g}。$$

如果车速为 40 km/h,即为 11 m/s,$\mu = 0.43$,则此时的安全距离为 $s \approx 30$ m。

物 理 方 法

通过理想化处理得到的结论大致是可靠的,但由于实际情况要复杂得多,所以结果可以根据实际情况作适当修正。在下述情况下,"实际车距"可以相对小一些,如轮胎与地面的动摩擦因数较大,司机反应较快,前方车辆没有完全刹停。反之,遇到雨天、大雾天气,车距应适当加大些,以免发生追尾撞车事故。

（四）公路上的立交桥

【情景描述】

现代交通中的公路立交桥结构非常复杂,但已属常见,北京"四惠立交"是最具代表性的一座,示意图如图 5 - 49 所示。其中 A、B、C、D 是它的四个出入口,它们均在同一水平面上,车辆都是靠右行驶的。

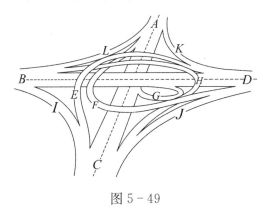

图 5 - 49

【提出问题】

判断下列结论是否正确,并说明原因。

1. 在 BD 中央有一个高架桥。

2. 任何方向来的车辆都可以直行,左转或右转,且不影响其他车辆行驶。

3. 如果车速都相同,车辆所受向心加速度最大的位置在 F 道上。

4. 车辆重力势能最大的位置在 H 道上。

5. I、J、K、L 均为车辆向右转的车道。

6. 从 B 处来的车辆可沿 L 道转向 A 处。

7. 从 A 处来的车辆可通过 G 道转向 B 处。

【建模解析】

判断的主要依据是:首先要弄清楚主干道行车的方向,向什么方向直行,所有车辆都靠右行驶;然后,再考虑右转与左转,右转是最直接、最方便的,左转一定得绕圈行驶,一般先向右再绕到左道上。

判断 1 是正确的。因为 BD 道下有主干道之一 AC 通过,它必须架高。

判断 2 也是正确的。从图中可以看出,A、C 之间,B、D 之间都有直通车道,也都有直接右转的车道与绕转的左转车道。

判断 3 是错误的。从图中可以看出,转弯半径最小的地方不在 F 道处而在

G 道处,根据向心加速度公式 $a = \dfrac{v^2}{r}$ 可知,r 越小,a 就越大。

判断 4 是错误的。因为中央是高架桥,H 离中央较远,下面只有主干道,不必很高;E 离中央很近,且下面还有多层车道,必须很高。所以,车辆在 E 道某处具有最大的重力势能。

判断 5 是正确的。它们都是车辆右转的车道。

判断 6 是错误的。应该沿 G 道转向 A 处。

判断 7 是错误的。A 处来车通过 L 道转向 B 处,B 处来车才是通过 G 道转向 A 处。

【引申探讨】

城市中心处的立交桥占地要尽量少,因此建设的难度相当大,如上海延安路高架桥,如图 5-50 所示。在中央"申"字形的中心要用一根柱子支撑住延安路立交和南北高架等上下四层路面(图 5-51)难度相当大。柱子的总直径约为5 米,由 36 根钢柱(每根 90 厘米)组成,深入地面以下达 60 米。柱子外面装饰有龙纹,取名"龙腾万里、日月同辉",成为上海城市形象的标志之一。关于龙柱求神拜物的传说,纯属无稽之谈。

图 5-50

图 5-51

(五) 自行车的动力和阻力

【情景描述】

自行车是常见的代步工具,尤其是近年来兴起的共享单车。大家都知道,它的动力来自骑车人的脚踩,这个力通过牙盘、链条、轮箍传递到后轮,最后作用于地面上,而地面的反作用力使车子前进。至于阻力,在不计空气阻力的情况下,主要来自地面。其实,了解了自行车的动力和阻力之后,其他车辆的动力和阻力也就清楚了,因为它们的原理是相似的。

【提出问题】

自行车前进时的动力和阻力是怎样产生的? 有人说,后轮产生动力,前轮产生阻力。这种说法对不对？

【建模解析】

自行车行进时，只有两个轮子与地面接触，哪个轮子产生动力？哪个轮子受到阻力呢？首先说动力，如图 5-52(a)所示，脚踩踏板，后轮在链条的驱动下顺时针转动，后轮轮胎与地面接触处相对于地面有向后运动的趋势，所以地面对后轮产生向前的推力 F，即静摩擦力，正是这个静摩擦力提供了自行车前进的动力。再来说阻力，自行车行进时两个轮子都在滚动，因此它们都会受到向后的阻力，这两个阻力就是滚动摩擦力，如图 5-52(b)所示。

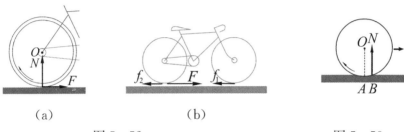

（a）　　　　　　　　（b）

图 5-52　　　　　　　　　　　　　　图 5-53

实际上，滚动摩擦力是由于地面或轮胎形变而产生的阻碍轮子转动的力矩。如图 5-53 所示，由于地面或轮胎这种形变通常发生在轮子前进方向的一侧，使得地面对轮胎的支持力 N 的作用点从 A 点移动到 B 点，因此支持力 N 的作用线偏向 O 点右侧，于是产生逆时针方向力矩阻碍轮子转动。我们常说的"滚动摩擦力"其实就是指这个支持力 N 产生的力矩。当轮胎充气越足，地面越硬，滚动摩擦力就越小。当然，滚动摩擦力还与正压力有关，通常人坐在靠近后轮位置，因此后轮受到的压力会更大一些，滚动摩擦力也就比前轮更大一些。

实 验 模 拟

可用皮球来演示滚动摩擦力的大小。图 5-54（a）中球充足了气，图(b)中气不足，图(c)中球滚在沙土中。大家分析一下，三种情况有何不同？

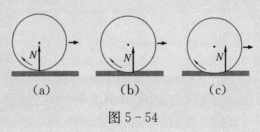

图 5-54

【引申探讨】

如图 5-55 所示,杂技表演中的独轮车就是在同一个轮子上既有动力又有阻力的典型事例。使它前进的动力是向前的静摩擦力,它同时也受到向后的滚动摩擦力。当两者平衡时,独轮车匀速前进;当向前的力大于向后的力时就加速,反之则减速。总之,静摩擦力与滚动摩擦力产生的机理是不同的,因此它们可以同时存在于同一个物体上。

图 5-55

(六) 检测车辆的违章

【情景描述】

检测车辆是否违章是既是交管部门进行处罚的重要依据,也是交通安全的重要保障,因此马路上安装了许多拍摄车辆违章的摄像头,俗称"电子警察",如图 5-56 所示。此类装置通常由光电成像、自动控制、网络通信、计算机等多种技术综合而成,可用来记录机动车闯红灯、压线、变道、乱停车和超速等违章行为。

图 5-56

在国道、省道或高速公路上控制车速是避免车祸发生的最重要手段,对车辆测速能有效降低超速违法行为的发生。下面就车辆超速检测中两种常用的方法进行简要讨论。

1. 线圈测速

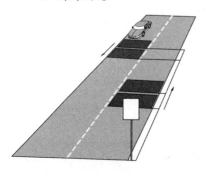

图 5-57

如图 5-57 所示,将两组线圈埋设在路面下方,一前一后相隔一定距离,用导线将它们连接到路边的检测器上,在空中的横杆上安装有数码相机。

2. 激光测速

用激光测速不需要在地下埋设线圈,精度也比较高,其原理如图 5-58 所示。当一辆车以一定的速度 v 向左运动时,左前方有激光测速仪对着它发射激光脉冲。当车在 A 位置时,发射的第一束激光被车反射经过时间 t_1 后被检测到；当车行进到 B 位置时,第二束激光射出又返回,经过的时间为 t_2。两束激光发射的时间间隔为 Δt。

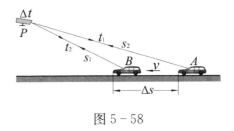

图 5-58

【提出问题】

1. 线圈测速装置的原理是什么?

2. 根据激光测速中给出的条件,试计算出该车的速度。

【建模解析】

1. 线圈测速装置的原理是电磁感应。线圈中通以一定的电流时会产生磁场,当有铁质底盘的机动车通过线圈上方时,线圈中的磁通量发生变化,检测器便记录下此时刻；当机动车进入另一组线圈上方时,检测器又会记录这一时刻。两个时刻之间的间隔即为机动车经过两组线圈之间的时间,再根据两组线圈之间的距离,便可计算出该车的速度。若发现机动车超速,摄像头便会进行抓拍从而确定该车辆。如果埋设的线圈与电容器组成振荡回路,可以发现并记录机动车经过时的信号,同样也可以测出车速。

2. 激光测速的原理如图 5-58 所示。利用光速可以求出激光器 P 至 A 的距离 s_1 和至 B 的距离 s_2,由此得出 A、B 间的距离,再测出车子从 A 行驶到 B 的时间 Δt,就可求得车速。

$$s_1 = \frac{ct_1}{2}, \quad s_2 = \frac{ct_2}{2}, \quad \Delta s = s_1 - s_2 = \frac{c(t_1 - t_2)}{2}。$$

(t 是光束来回的时间,所以要除以 2。)

所以

$$v = \frac{\Delta s}{\Delta t} = \frac{c(t_1 - t_2)}{2\Delta t}。$$

若某次测得 $t_1 = 1.33 \times 10^{-7}$ s, $t_2 = 1.22 \times 10^{-7}$ s, $\Delta t = \frac{1}{7}$ s,则

$$v = 11.55 \text{ m/s} = 41.58 \text{ km/h}。$$

【引申探讨】

激光测速使用的激光波长是 905 nm 的红外线,属于不可见光范围,不会伤及被测者的眼睛。测速距离可达 1 000 m,可精确到 1 km/h。除了上面讨论的两种

测速方法外,还有雷达测速,它的原理是电磁波的多普勒效应,这里就不展开了。

(七) 屋顶上的物理风景

【情景描述】

从马路走进小区或仰望高楼,在屋顶上又可见到许多与物理相关的景象。如图 5-59 所示,可以说是一道亮丽的物理风景线。

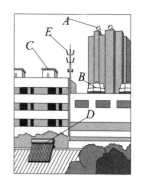

【提出问题】

图 5-59 中屋顶上有 5 件装置,你能说出它们的名称、功能和物理原理吗?

【建模解析】

图中装置各有其功用,也都运用了相关的物理原理。下面用表格的形式简要说明上述提出的问题。

图 5-59

编号	名称	功用	物理原理	备注
1. (A)	卫星天线	接收来自卫星的电视信号	利用抛物面天线接收卫星发射的电磁波会聚到中央的高频头上,可在室内电视机上观看节目。它的接收频率为 1.5 MHz 左右的电磁波	目前未经批准不允许私人安装
2. (B)	空调冷却塔	用于中央空调的室外冷却,适用于大型商场或影剧院等	利用热传递原理。从空调致冷机出来的热水或蒸汽,经过冷却塔内的循环水蒸发致冷后循环使用	缺点是容易产生噪声,以及使周围空气变热
3. (C)	屋顶水箱	设置于多层房屋顶部的一种调节用水量的装置	利用水的压强调节高楼层用户的用水。晚上用水少,水的压力较大,将水箱自动充满水;白天用水量多,水压偏低,高楼层的用户无法直接使用管道中的水,就可用水箱中存储的水	水箱要常清洗,以防污染

(续表)

编号	名称	功用	物理原理	备注
4.(D)	太阳能热水器	利用太阳能加热水的一种装置	将太阳能转化为水的内能。它有集热管和储水筒两部分组成,集热管由中间抽成真空的两层玻璃管构成,夹层中可让水流动,有半根管涂有黑色吸热层,在阳光照射下可以大量吸热,水被加热后流入储水筒中,冷水流入补充,于是会不断产生热水	缺点是阴雨天无效,管道输送易损失热量
5.(E)	公用移动通信基站	用于转发与增强手机信号的中继站,可以扩大手机的使用范围	高大建筑物可能会阻挡电磁波,使手机无法接收到信号,所以中继站可以接收、增强、转发无线电波(20 W 功率的中继站频率约900 MHz),从而使这一中继站附近区域的手机仍能接收到信号	竖立在高处的基站一般对附近居民无害

【引申探讨】

屋顶上的物理应用还有许多。例如,利用太阳能光伏电池板可以提供比较大的电能(图5-60);高楼避雷器能通过放电,避免大楼遭受雷击(图5-61)。

图 5-60

图 5-61

物　理　方　法

从前面的七个案例中可以看出：对于实际物理问题，有的可以直接联系有关物理知识（如安全车距），有的需要简化、抽象建模（如行道树、指路牌），有的需要查询资料（如车辆超速、屋顶上风景），要弄清其基本结构方能加以认识。如果难以定量，可以定性说明。

三、体育中的物理

在学校上体育课、参加运动会，学生参与体育运动的机会很多。同时他们也很喜欢观看体育比赛。而体育运动中也蕴含着很多物理知识，因此说一说体育运动中的物理很有必要。鉴于体育器械涉及的物理内容很广，下面仅以运动员本身的动作来进行简要分析，而且主要集中在力学方面。

（一）田径运动中的助跑

【情景描述】

助跑是田赛项目技术的重要组成部分，是进行跳跃、投掷前的辅助动作，它有利于运动员获得更好的成绩。例如，跳远、跳高、标枪（图 5 - 62）、铅球、铁饼、链球、跳马等项目都需要助跑。

【提出问题】

试从物理学角度分析助跑的作用是什么？

【建模解析】

简单地说，助跑的作用是利用物体的惯性，即物体运动前先有一定速度，后面的运动效果会

图 5 - 62

更好。这种分析比较粗略。下面我们来具体分析一下，上面每种项目的运动都可以分为前后两个阶段：其一是前面助跑阶段的加速运动；其二是后面飞行阶段的惯性运动。前面阶段通过加速使运动员本身或被投掷的物体速度达最大值，以确保后面的运动效果达到最佳。助跑加速的最后时刻（人起跳时或将物抛出时）用力最大，也是加速度最大的时刻。从能量角度来分析，此类运动的关键是跳起或出手的最后阶段，使人体或物体获得最大的动能。助跑阶段遵循的是动能定理，即合力做功使动能增大，助跑最后（即发力时刻）动能增量最大。

实 验 模 拟

助跑的作用可以用从斜面上滚下的小球来模拟。在图 5-63 中,从斜面高处 A 滚下的小球抛得远,从斜面低处 B 滚下的小球抛得近。小球在斜面上的运动就相当于助跑。

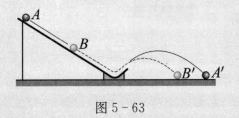

图 5-63

物 理 方 法

有助跑的田类项目之间也有一些不同之处。跳远、跳高、跳马等是以运动员本身作为运动对象的;而铁饼、标枪、铅球、链球等是以抛出物体为运动对象的。对于前者,运动员的体重不能太重;对于后者,因为人与物体之间有相互作用,关键是使物体加速,所以要求运动员的体重重一些,便于发力和稳住重心。此外,加速方法也有不同,大多数项目采用直线加速方式,而铁饼、链球类运动则采用旋转加速方式。

(二) 撑杆跳高与蹦床中的机械能转换

Ⅰ 撑杆跳高

【情景描述】

撑杆跳高是一项技术复杂的田径运动(图 5-64),2020 年 2 月 15 日,瑞典运动员杜普兰蒂斯在世界田联 2020 室内巡回赛英国格拉斯哥站比赛中跳过了6.18 米,创造了新的男子撑杆跳高世界纪录。撑杆跳高的全过程如图 5-65 所示,运动员手持长约 5 m 的金属杆先助跑(图中 A),接近水平横杆时将杆下端插入槽口,然后猛力压杆使杆弯曲(图中 B),当杆弹回时顺势在空中将其后推,使身体越过横杆的同时与杆分离(图中 C),最后落到海绵垫上。

图 5 - 64

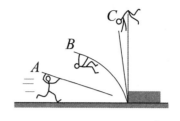

图 5 - 65

【提出问题】

运动员是如何巧妙地利用功能关系的？运动员在哪里要做功？总共要做多少功？（假设运动员的质量 $m=70\ \text{kg}$，撑杆质量不计，横杆的高度 $h=6\ \text{m}$，过杆时的速度 $v'=1\ \text{m/s}$，助跑获得的最大速度为 $v=10\ \text{m/s}$。）

实　验　模　拟

图 5 - 66 是模拟撑杆弹性作用的小实验。插入地面的竹片上端套有一个土豆，用力使竹片弯曲，放手土豆被弹出上升到一定高度。

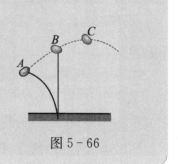

图 5 - 66

【建模解析】

撑杆跳高比较复杂，但也可以简化处理，如不考虑腿的摆动、身体的转动，不计损耗，把运动员视为质点就比较容易了。

运动员第一次做功是在助跑阶段，以他的腿部做功为主，获得最大的动能

$$E_k=\frac{1}{2}mv^2=\left(\frac{70\times10^2}{2}\right)\text{J}=3\ 500\ \text{J}。$$

接着这些动能转化为撑杆的弹性势能和运动员的重力势能。在上升过程中，弹性势能又转化为远员的重力势能和动能。这时手还未离杆，且过横杆的高度还不够，于是他再次用手推杆做功以提升高度，从而成功越过横杆，最后弃杆落垫。下面估算一下第二次做功的大小。

运动员过杆时的机械能

$$E'=mgh+\frac{1}{2}mv'^2=(70\times10\times6+0.5\times70\times1)\ \text{J}=4\ 235\ \text{J}。$$

由此可以看出,运动员过横杆时需要的机械能大于初始动能,还需要提供的能量是

$$\Delta E = 4\ 235\ \text{J} - 3\ 500\ \text{J} = 735\ \text{J}。$$

这些能量靠手在高处推杆做功来获得,也就是第二次所做的功。这些能量相当于将运动员的身体推高约 1 m 的高度。

Ⅱ 蹦床

【情景描述】

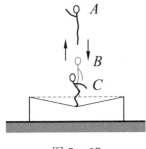

图 5-67

蹦床属于体操技巧类运动项目,是运动员利用有弹性的蹦床来表现技巧的一种运动。通常蹦床中央安装有一张网,网长 3 m、宽 2.1 m,离地高 1.1 m,共有 118 个弹簧。运动员在网中央几次试弹后,呈现最基本的姿态,如图 5-67 所示。他从最高点 A 处自由下落,在 B 处时脚触及网,在 C 处时将网压至最低点,然后向上弹起回到 A 处。

【提出问题】

1. 根据图 5-67 分析该运动员蹦床时的能量转化情况。

2. 若不计损耗,运动员的质量为 $m = 70$ kg,从网面至 A 点处的高度 $h = 5.5$ m,网面下压时的最大深度为 x,将网等效成一根弹簧,则此弹簧的劲度系数 k 为多大?(弹簧的弹性势能表达式为 $E = \dfrac{1}{2}kx^2$,其中 k 为弹簧的劲度系数。)

3. 若考虑能量损耗,人不用力做功直接从网上弹起的高度(从网面起算)只有下落高度的 $\dfrac{4}{5}$,那么要恢复到原高处,运动员每次需做多少功?在何处做功?

【建模解析】

1. 能量转化情况是:将运动员视为质点,他在最高点 A 时只有重力势能;在从最高点 A 下降到 B 点过程中,重力势能转化为动能;在从 B 点下降到最低点 C 过程中,动能和重力势能又转化为弹性势能(假设在最低点重力势能为零);到达最低点 C 时,只有弹性势能。然后,在网恢复原状过程中,弹性势能又转化为动能和重力势能,直到最高点 A,又都转化为重力势能。不计损耗时,整个过程遵循机械能守恒定律。

2. 利用在 A 点时的机械能与在 C 点时的机械能相等的办法,求出等效弹簧的劲度系数 k。由此可得

$$mg(h+x) = \frac{1}{2}kx^2,$$

$$k=\frac{2mg(h+x)}{x^2}。$$

设网面下压的最大深度 $x=0.5$ m，代入数据可得

$$k=\left[\frac{2\times70\times10\times(5.5+0.5)}{0.5^2}\right]\text{N/m}=33\ 600\ \text{N/m}。$$

这相当于该弹簧每形变 1 cm 须加 336 N 作用力，所以一根弹簧是难以实现的，好在蹦床的网是由 118 根弹簧组合而成的。

3. 能量损耗通常是由于发热、摩擦及人体转动等引起的。运动员一般每次落到网上时，通过弯腿蹬网做功来增加网的形变量和人体向上的初动能，以弥补损失的能量。

由题意可得，损失的能量是

$$\Delta E=\left(1-\frac{4}{5}\right)mgh=\frac{mgh}{5}。$$

所以要做的功是

$$W=\Delta E=\frac{mgh}{5}=\left(\frac{700\times5.5}{5}\right)\text{J}=770\ \text{J}。$$

由此看来，这个功并不是很多。

实 验 模 拟

如图 5-68(a)所示，用手捏住细绳，绳下端固定一个小球。释放小球，下落后小球反弹的高度有限；若在细绳和小球间连接一小段橡皮筋，如图 5-68(b)所示，则小球下落后反弹的高度会增大很多。这是因为增加橡皮筋后，小球在最低点的机械能损耗大大减少了。

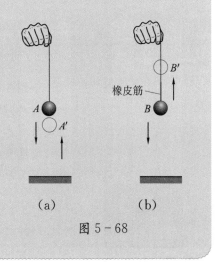

图 5-68

【引申探讨】

撑杆跳高与蹦床两种运动的共同点是，都利用器械来提升运动的效果。跳高和自由体操的腾空高度一般不超过 2 米，但用了撑杆和蹦床，上升的高

度可达 5~6 米。杆和床本身并不能提供能量，只是运动员借助这些器械减少了能量损失，增加了能量积聚。撑杆跳高中的两个做功过程，蹦床运动员多次蹬踏网做功后才能达到应有的高度，就说明了这一点。从功的表达式 $W=Pt$ 可以看出：功率 P 是一定的，做功时间 t 越大，所做的功就越多，能量积聚得就越多。单杠、高低杠、跳水中的跳板都有一定的弹性，也是利用这一原理。

（三）跳水运动员所受水的阻力

【情景描述】

某人在观看跳水比赛电视直播时，拍摄了起跳与入水的照片，并将其组合在一起得到如图 5-69 所示的示意图。他用尺量得 $h_1=0.5$ cm、$h_2=4$ cm、$d=1.8$ cm（即入水的深度）。已知跳台的实际高度为 $H=10$ m。

【提出问题】

该运动员在水中受到的平均阻力是他自身重力的多少倍？这一阻力是否恒定不变？

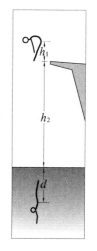

图 5-69

实　验　模　拟

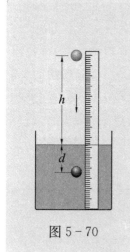

图 5-70

　　如图 5-70 所示，取一个盛满水的杯子，插入一把刻度尺，让一个塑料小球从距水面一定高度 h 处自由落入水中，观察它入水的最大深度 d。改变下落的高度 h，得到不同的 d 值。看一看，d 与 h 之间有什么关系。

【建模分析】

首先进行简化建模：将运动员视为质点，不考虑转体、摆动等动作消耗的能量，也不计空气阻力。那么，在运动员从最高点下落至最低点的过程中，重力势能的减少量等于他克服水的阻力所做的功。也就是说，可以用功与能量变化的关系来求解。

【解决问题】

由于 10 米台在照片上的长度是 4 cm，按此比例可得 $h_1 = 1.25$ m、$d = 4.5$ m。设该运动员受到的水的平均阻力为 f，根据功能关系有

$$fd = mgh_1 + mgh_2 + mgd,$$

$$f = \frac{mgh_1 + mgh_2 + mgd}{d} = \frac{(10 + 4.5 + 1.25)mg}{4.5} = 3.5\,mg。$$

即运动员入水后受到的平均阻力约为他自身重力的 3.5 倍。

【引申探讨】

人在水中缓慢下沉时，阻力即为人受到的浮力，因为人的密度接近水的密度，所以阻力约等于人的重力。而人在水中快速运动时，会产生粘滞阻力，速度越大，粘滞阻力就越大，这也说明了本问题中阻力为什么会大于人的重力。"实验模拟"中的结论还表明，d 不与 h 成正比，h 增大 2 倍，d 增大不到 2 倍。

此外，运动员入水时还会使水飞溅起来，同样也会产生阻力，这里就不再讨论了。

物 理 方 法

前面几个例子的实际情况比较复杂，例如，人体一般不能视为质点，人的肌肉做功过程也很复杂。这就要求建模时，简化的部分、忽略的部分要合理。只有这样运用相关规律处理问题时，得到的结果才能比较接近真实情况，解决的问题才有实际意义。

（四）冰壶运动的滑行与碰撞

【情景描述】

冰壶运动是一项集技巧与智慧于一体的运动项目（图 5-71）。它起源于 100 多年前的欧洲，1993 年传入我国，是奥运会竞赛项目之一。在长约 48 m、宽

约 5 m 的冰面上,两支队伍分别投掷 20 kg 的石质冰壶进行对抗。每次由一人在起点投出冰壶,让它滑至远端大本营处占位,冰壶离大本营中心点越近,得分越高。

图 5-71

冰道示意图如图 5-72 所示。图中运动员从 A 位置开始起动,滑至 B 位置(即起投线后面)时将壶脱手投出。冰壶滑行至前方大本营 Q 处停下,或者在该处撞击对方的壶,将其打离得分位置,使自己的壶占据有利位置。图中 C 为大本营的中心点,D 为出营位置。

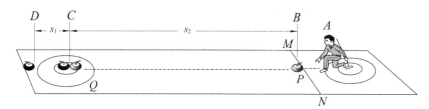

图 5-72

【提出问题】

1. 冰壶离手后做什么运动? 图中 B、C 点间距为 $s_1 = 32$ m,C、D 点间距为 $s_2 = 2$ m,冰壶的质量 $m = 20$ kg,壶与冰之间的动摩擦因素为 $\mu = 0.15$。要使冰壶停在中心点 C 处,冰壶的初速度 v_0 应为多大?

2. 若对方冰壶原来占居中心点 C 位置(图中黑色壶),为了将它打到 D 位置,则投出壶的初速度 v 应为多大? 撞击后自己的壶将停在什么位置?

3. 为什么经常会看到运动员在运动的壶前面用刷子刷冰面?

【建模分析】

问题 1 比较容易解决,冰壶的运动可以看成是匀减速直线运动,只要求出加速度,就能求得初速度。冰壶受到的滑动摩擦力为 $f = ma = \mu mg$,由此可得加速度大小为 $a = \mu g$。然后再根据运动学规律即可求出初速度。

问题 2 比较复杂,除了运动之外,还涉及碰撞(动量守恒问题),以及第一个壶停在何处的问题。我们可以假设两壶碰撞是对心弹性碰撞,即碰撞后两壶交换速度:投出壶的速度从 v 变为 0,对方壶的速度从 0 变为 v。在这里,理论分析就省略了,可以用小实验模拟加以佐证(见图 5-73)。

实 验 模 拟

如图 5-73 所示,两个质量相等的弹性小球用等长细线平行悬挂在支架下。将右侧球 A 拉至某一偏角后释放,它与 B 球相碰后停止运动,B 球则向左摆起同样高度,说明两者发生"速度交换"。

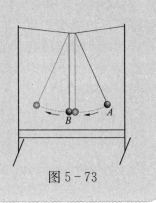

图 5-73

问题 2 涉及多过程物理解题,我们可以从条件比较明确的末尾过程逐步倒推到初始过程,从而求出投出壶的初速度。在这里运用的是综合法。

物 理 方 法

处理多过程问题的方法通常有分析法和综合法两种。前者是从已知过程的开始点出发,逐步推至最后,求出结果;后者是从条件已知的末尾出发逐步倒推至开始状态,最终求出结果。有时,这两种方法需要结合运用。

【解决问题】

1. 冰壶离手后做匀减速直线运动,加速度 $a=\mu g$。设初速度为 v_0,则末速度为 0,由匀变速直线运动公式可知,

$$v_0^2=2as_1,\quad v_0=\sqrt{2\mu gs_1}=\sqrt{2\times0.15\times10\times32}\ \text{m/s}=\sqrt{96}\ \text{m/s}\approx9.8\ \text{m/s}.$$

2. 设第一个冰壶(灰色)的初速度为 v,碰撞第二个冰壶(黑色)前的速度为 v_1。由于碰撞后发生"速度交换",第二个冰壶的初速度 $v_2=v_1$,末速度为 0。由匀变速直线运动公式可得

$$v_2 = \sqrt{2\mu g s_2} = \sqrt{6} \text{ m/s} \approx 2.4 \text{ m/s}, \text{所以 } v_1 = 2.4 \text{ m/s}。$$

对于第一个冰壶,利用匀减速直线运动公式可得

$$v_1^2 - v^2 = -2\mu g s_1,$$
$$v^2 = v_1^2 + 2\mu g s_1,$$
$$v = \sqrt{6 + 2 \times 0.15 \times 10 \times 32} \text{ m/s} = \sqrt{102} \text{ m/s} \approx 10 \text{ m/s}。$$

这就是说,要将对方冰壶打出大本营,自己的壶初速度应为 10 m/s。而且,碰撞后自己的壶停留在大本营中心位置 C 点处。

3. 用刷子擦冰面是为了使冰面产生一定的水分以减小摩擦,从而使冰壶滑得更远一些。这是抛壶后的一种弥补措施。

【引申探讨】

由于碰撞过程发生"速度交换",在这种特殊情况下,该过程也可以看成是一个完整的减速过程来简化处理:即第一个冰壶以初速 v 投出,经过 $s = s_1 + s_2$ 位移后速度减为 0,则

$$v^2 = 2\mu g(s_1 + s_2)。$$

由此可直接得出 $v = \sqrt{102}$ m/s ≈ 10 m/s。

(五) 拔河比赛中的力

【情景描述】

拔河运动诞生于 2 400 年前春秋战国时期,开始是士兵们用一端有钩子的绳子在河中套住敌船不让其远离而采用的方法,后在军中逐渐演变成为拔河比赛。现代拔河比赛的规则是这样的:双方人数相等,体重相当,同时对拉一条长约 28~34 m 的粗绳,开始绳中央有一个标志指在地面中点;裁判员发令后,双方同时用力拉绳子,一旦某方将标志拉至自己的限位线,就被判定获胜。

【提出问题】

1. 当双方处于相持状态时,受力情况如何? 决定胜负的关键是什么?

2. 拔河时每个队员为什么总是倾斜的? 倾斜角取决于什么?

【建模分析】

首先进行受力分析,两边队员可以各看成一个质点,绳子也可看作质点,则左边队员受到的拉力为 T_A,静摩擦力为 f_A;右边队员受到的拉力为 T_B,静摩擦力为 f_B;绳子受到的拉力分别为 T_A' 和 T_B'。

当双方处于相持状态时,双方和绳子受力都是平衡的,则有

$$T_A = f_A, \quad T_A' = T_B', \quad T_B = f_B$$

由于作用力与反作用力总是相等的，$T_A = T_A'$、$T_B = T_B'$，所以平衡时双方受到的静摩擦力也是相等的，$f_A = f_B$。只有两边的静摩擦力不相等时，平衡才会被打破。假如没有摩擦，两队对拉，根据动量守恒原理双方只会靠拢，谁都无法取胜。

物 理 方 法

解决本问题，首先建立了质点模型，如图 5-74(a)所示，将比赛双方分别看成质点 A、B，绳子也视为质点，这样可以方便进行受力分析。接着，为了说明静摩擦力所起的作用，采用了理想化方法：将两队看成完全无摩擦地对拉，如图 5-74(b)所示。在说明人体倾斜所起的作用时，又需要构建直棒模型。

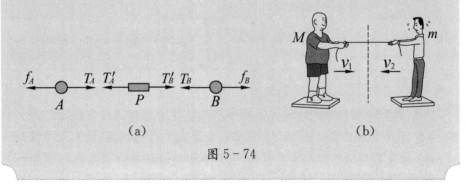

（a）　　　　　　　　　　　　　　　（b）

图 5-74

在分析拔河时每个队员为什么总是倾斜的，就不能将人看作质点了，而是看成一根有绳拉着的斜棒。由"实验模拟"可知，人的最佳倾角与静摩擦因数有关。

实 验 模 拟

用直棒模拟拔河时人的姿势。如图 5-75 所示，在直棒上方系一根水平细绳，将直棒斜立在水平桌面上，逐步减小直棒与桌面的夹角 θ。当夹角 θ 减小到一定值时，直棒就会滑倒。若在桌子上铺上粗糙的布，直棒滑倒时的倾角 θ 值较小。

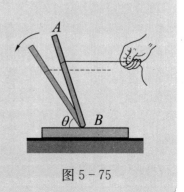

图 5-75

【解决问题】

1. 由受力分析可知,拔河运动中起关键作用的力是最大静摩擦力,而最大静摩擦力又取决于正压力和静摩擦因数,即 $f_m = \mu N = \mu G$。所以,在静摩擦因数相同、技术运用恰当的情况下,取胜的关键是队伍的总重力,总重力越大,取胜的可能性就越大。

2. 运动员不是躺在地上拔河,而是站着拔河,这时不能看成质点,还有力矩平衡问题。运动员身体必须倾斜,这是因为人都笔直站着,体重再重也没用,对方一拉人就会向前倾倒。那么,人后仰多大角度时才能有效利用最大静摩擦力呢?

用直棒表示一名运动员,他受到四个力的作用:绳子向右的拉力 T,重力 G,地面对他竖直向上的支持力 N,以及向左的静摩擦力 f,如图 5 - 76 所示。这里可以用力的平衡和力矩平衡来分析运动员的受力情况,也可以用共点力平衡的方法。如图 5 - 77 所示,地面对人的支持力 N 和静摩擦力 f 的合力 F 就是地面对人的作用力,其延长线将通过 T 与 G 的交点,即运动员在 F、G 和 T 三个共点力的作用下处于平衡状态。将 F 沿水平方向和竖直方向进行正交分解,则有 $F_x = T = f$,$F_y = G = N$。图中 θ 为 F 与地面的夹角,通常人倾斜拉绳时,绳的方向几乎是通过人体重心的,因此 θ 也可近似看作是人体与地面的夹角。那么,这个夹角应该为多大才合适呢? 从图上可知,

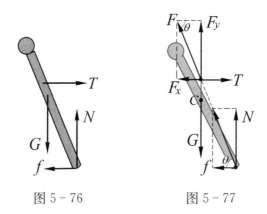

图 5 - 76   图 5 - 77

$f_m = \mu N = \mu G$。(f_m 为最大静摩擦力,μ 为静摩擦因数)

$$\mu = \frac{f_m}{N} = \frac{1}{\tan\theta_m}。(\theta_m \text{是最大静摩擦力时的夹角})$$

由上式可知,μ 越大,θ_m 越小:当 $\mu=1$ 时,$\theta_m=45°$;当 $\mu=0.75$ 时,$\theta_m=53°$。在重力不变的情况下,θ_m 越小,静摩擦力就越大,对绳子拉力也就越大。人向后倾斜,只要不打滑便可以使静摩擦力达到最大,从而获得最大的拉力。用足最大静摩擦力是拔河比赛的一项重要技巧。

【引申探讨】

根据上述结果,体重越重,静摩擦因数越大,倾斜角度恰当的队伍似乎一定能取胜。难道与人的体力大小无关吗?其实也未必如此。从图 5-77 可以看出,T 与 G 的合力是斜向下的,f 与 N 的合力是斜向上的,这两个力对人体有压缩作用,人必须有强大的腰力、腿力才能支撑住,而且手的拉力和手握绳的摩擦力也必须足够大。此外,拔河是一个集体项目,每个人的拉力都必须保持在一条直线上,才能确保合力有最大值。在号令员的指挥下,如果能齐心协力且有节奏地暴发冲击力,则效果会更好。

(六) 赛艇划水的功率

【情景描述】

赛艇是奥运会比赛项目,有单人双桨(图 5-78)、双人双桨、多人多桨(图 5-79)等多个项目。以单人双桨为例,艇长为约 8 m,宽约 29 cm,两只桨安装在艇边的支架上,最轻的艇只有 14 kg。运动员坐在艇内滑动板上背对前进方向,手握双桨的柄头拉桨划水前进,经过 2 000 m 长的航道到达终点。通常运动员在水中拉桨,空中回桨,拉桨与回桨的时间之比约为 4∶5。拉桨时要蹬腿收臂发力,回桨时要收腿伸臂。

图 5-78

图 5-79

【提出问题】

1. 赛艇在拉桨时动力和阻力是如何起作用的？若拉桨时每只手的拉力为 150 N，观察图 5-78，估算艇获得的动力大小。

2. 请根据图 5-78 中赛艇前进时激起的波形求出艇的速度。

3. 假设把拉桨与回桨的时间之比看作 1：1，试估算划水的平均功率。

【建模分析】

1. 首先对人和双桨赛艇进行受力分析。如图 5-80 所示，选取左侧桨为研究对象，假设它处于垂直艇身划水状态，AB 为其全长，可以看成一根杠杆，O 为转动轴。由图上测量可知，$AO：BO = 2：1$。拉桨时，桨面 A 端向后推水，所以水对桨的反作用力 F_1 向前，即沿艇前进的方向。在 B 端手拉桨把的作用力 F_2 也向前，但由于桨杆通过支架与船连成一体，因此 F_2 的反作用力 F_2' 也作用在艇上。因为 F_2 与 F_2' 是一对"内力"（如同人站在车厢内推车），所以它们对艇的运动都不起作用。因此，在左侧提供动力的只有 F_1，力的大小可以根据杠杆平衡条件求出。

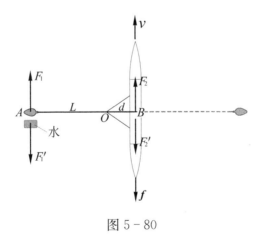

图 5-80

与左侧桨类似，拉桨时右侧桨受到水的作用力也向前，大小等于 F_1。故此，艇受到的合力为 $2F_1$。

2. 艇速可以根据赛艇前进时两侧激起的水波来估算。从图 5-78 单人双桨照片中可以看到，赛艇会在后方水面上留下 V 字形波纹，其夹角大小与艇速有关。根据"模拟实验"，并结合图 5-81，可以求出赛艇的速度。

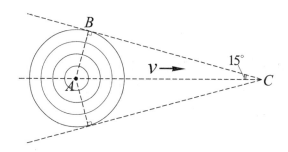

图 5 - 81

实 验 模 拟

　　如图 5 - 82 所示，在盛水的盆子中插入一根木棒，从慢到快逐渐移动木棒，观察水波的形状变化。

　　在图 5 - 83 中，A 点是第一个波的起点，也是木棒移动的起点，B 点是波的最前缘，C 点是木棒移动的终点。在图 (a) 中，木棒移动的速度 v_C 小于水波的波速 v_B；在图 (b) 中，棒速等于波速（波面产生，为一条直线）；图 (c) 中，棒速大于波速（波面成一锐角）。

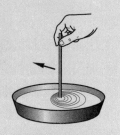

图 5 - 82

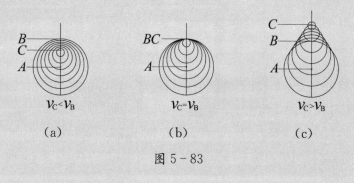

(a) $v_C < v_B$　　　(b) $v_C = v_B$　　　(c) $v_C > v_B$

图 5 - 83

---

　　3. 关于平均功率的计算，由于没有给出做功的位移和时间，所以只能用 $P = Fv$ 来求，其中 F 是平均作用力，v 是艇速（看作匀速运动）。

物 理 方 法

在处理问题时,"隔离法""整体法"需要结合使用。比如,用杠杆平衡条件求桨端受力时,必须采用"隔离法";而求艇的动力时,又必须使用"整体法",将人、艇和桨看成一个整体。

【解决问题】

1. 由前面的分析可知,艇受到的动力是 $2F_1$。根据杠杆平衡条件可得

$$F_1 \cdot AO = F_2 \cdot BO。$$

已知 $BO : AO = 1 : 2$、$F_2 = 150 \text{ N}$,所以

$$F_1 = \frac{F_2 \cdot BO}{AO} = \left(\frac{150}{2}\right) \text{ N} = 75 \text{ N}。$$

因此,艇获得的总动力 $F = 2F_1 = 150 \text{ N}$。

艇匀速前进时,受到水的阻力 $f = 150 \text{ N}$。

2. 根据艇前进时激起的水波可求出艇速 v。设水的波速为 v_0,从图 5-81 可知波面的夹角约为 $30°$,AC 为角平分线。在直角三角形 ABC 中,AB 为某段时间内波的位移,AC 为艇在该段时间内的位移,则有

$$\frac{v}{v_0} = \frac{AC}{AB} = \frac{1}{\sin\theta}。$$

设已知波速　　　$v_0 = 2 \text{ m/s}, \theta = 15°(\sin 15° = 0.26)$,

由此可得　　　　$v = \frac{v_0}{\sin\theta} = \left(\frac{2}{0.26}\right) \text{ m/s} \approx 7.7 \text{ m/s}。$

3. 利用公式 $P = Fv$ 计算赛艇的平均功率。因为拉桨与回桨的时间相等,拉桨与回桨作用力的平均值 $F_平$ 等于动力 F 的一半,即 $F_平 = 75 \text{ N}$。

$$P_平 = F_平 v = 75 \times 7.7 \text{ W} = 577.5 \text{ W}。$$

可见,运动员划艇的功率约为 578 W,相当于在 1 s 内将 58 kg 的重物举高约 1 m。

【引申探讨】

本问题仅是一种简化后的估算,并不精确。实际情况比本问题假设的条件要复杂得多,如艇的运动不是匀速的,拉桨时是加速的,回桨时是减速的;桨与

支架轴还有摩擦,人在滑动时也要耗能;拉桨与回桨时间通常也是"拉"的时间小于"回"的时间;运动员用力也与艇速有关,艇速越大,阻力越大,用力也会更大。

(七) 排球扣球中的平抛运动

【情景描述】

排球运动 1890 年起源于美国,我国女排是世界一流强队。排球场地为长方形,中央有网将比赛双方分开,每方各有 6 人,排成两排。

场地如图 5-84 所示,总长 AB 为 18 m,宽 9 m,网高 2 m,C 为 3 m 线,扣球时可以平打,也可以斜打,但后排队员只能在 3 m 线后起跳扣球。在忽略空气阻力的情况下,平扣的球近似做平抛运动。有些运动员发球时会利用空气阻力发出所谓"上手飘球",球"过网急坠",即球飞过网后会很快下落。

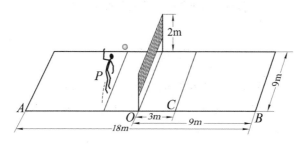

图 5-84

【提出问题】

1. 运动员在左方 3 m 线处起跳水平扣球,扣球点的高度为 2.5 m。设网高为 2 m,不计空气阻力,球平行于边线 AB 运动,为了使球不擦网,也不出界,则扣出球的初速度应在什么范围内?

2. 极端情况下,在 3 m 线处水平扣出的球恰好紧贴网口直落底线 B 处,则扣球点多高? 初速度为多大?

3. 利用空气阻力发球,为何会出现球"过网急坠"现象?

【建模分析】

1. 要解决扣球速度的范围问题,首先假设空气阻力不计,此时球做初速度为 v 的平抛运动。求速度最大值时,可以 B 点为落地终点;求速度最小值时,可以触网点为终点,如图 5-85(a)所示。分别列式求解,可得所需的速度范围。

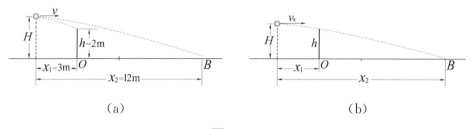

（a）　　　　　　　　　　　　　　（b）

图 5-85

2. 假设极端情况下,水平扣球的高度为 H,速度为 v_x。分别按过网、落底线处列式,便可求得击球高度和速度,如图 5-85(b)所示。

3. 发球时,如果是击在球的重心,球有形变但无旋转,则空气阻力会增大,球的运动不能再看作平抛运动,如"实验模拟"那样会沿直线下坠。

实 验 模 拟

将一个羽毛很多的毽子从较高处水平抛出,它运动一段时间后会竖直下落,如图 5-86(a)所示,这是毽子受到空气阻力的缘故。燃放的焰火最终都会竖直下落,如图 5-86(b)所示。

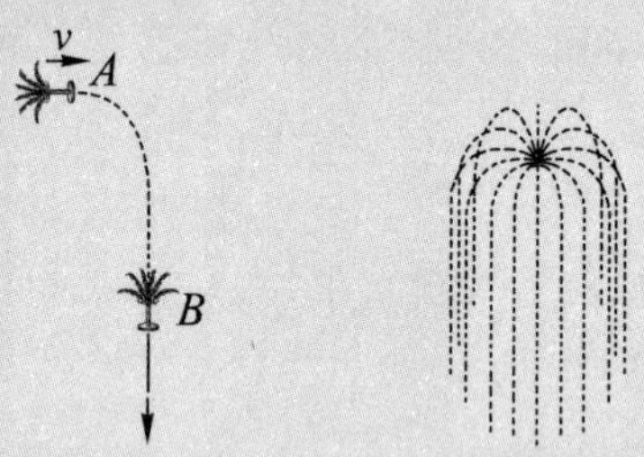

（a）　　　　　　　　（b）

图 5-86

下面我们通过受力分析来定性说明这一过程,空气阻力与物体运动的速度大小有关,且与速度方向相反。在速度不太大情况下,可以认为空气阻力大小是不变的。

如图 5-87 所示,曲线 OM 是空气阻力较大时球的运动轨迹,ON 是平抛运动的轨迹。分析 OM 线上 A、B、C 三个位置排球的受力情况。取水平向右为 x 轴,竖直向下为 y 轴。重力为 mg,设阻力为 f 大小不变,方向在不断变化。将 f 分解为 f_x 和 f_y,可以发现:排球在 x 轴方向上始终在做加速度为负值的变加速运动,速度越来越小;在 y 轴方向上阻力越来越大,排球做的是加速度越来越小的变加速运动。因此,总有某一时刻球的水平速度变为零,此时球只能沿直线匀加速下落,若此时阻力恰好等于重力,则球做匀速直线运动。前面说过,阻力大小与速度大小有关,速度增大,阻力也增大,那么球最终也是做匀速直线运动。

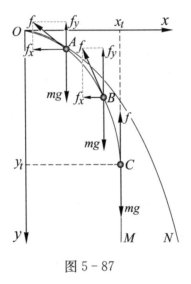

图 5-87

排球在空中不会运动很久,达不到竖直下落的状态,但"过网即坠"的感觉还是会有的。

物 理 方 法

对曲线运动用建立坐标系,进行正交分解的方法处理是物理学中的重要思想方法。不仅恒力作用可运用;变力情况下也可运用,不能定量就定性分析,本问题就是一例。

【解决问题】

1. 根据已知条件及图 5 - 85(a)可知,球能到达底线 B 时应有的扣球速度

$$v_1 = \frac{x_2}{t} = \frac{x_2}{\sqrt{\frac{2H}{g}}} = 12\sqrt{2} \text{ m/s} \approx 17 \text{ m/s}。$$

若球恰好贴网而过,则有

$$v_2 = \frac{x_1}{\sqrt{\frac{2(H-h)}{g}}} = 3\sqrt{10} \text{ m/s} \approx 10 \text{ m/s}。$$

所以,扣球速度的范围是:$10 \text{ m/s} \leqslant v \leqslant 17 \text{ m/s}$。

2. 要在某高度使扣出的球贴网而过落到底线处[称为临界高度,见图 5 - 85 (b)],设此时击球点高度为 H,速度为 v_x。分别以 x_1 和 x_2 列式计算

$$x_1 = v_x t_1, \quad x_2 = v_x t_2,$$

可得到

$$v_x = \frac{x_1}{\sqrt{\frac{2(H-h)}{g}}} = \frac{x_2}{\sqrt{\frac{2H}{g}}},$$

则临界高度

$$H = \frac{h x_2^2}{x_2^2 - x_1^2} = \frac{2 \times 12^2}{12^2 - 3^2} \text{ m} = 2.13 \text{ m}。$$

求得击球速度

$$v_x = \frac{x_2}{\sqrt{\frac{2H}{g}}} = \left(\frac{12}{0.65}\right) \text{ m/s} = 18.5 \text{ m/s}。$$

3. 关于球"过网急坠"问题的简要回答是:击球时,球由于发生形变而受到的空气阻力增大,因此在前进时会减速。当水平方向的速度迅速减小时,就会出现急速下坠的现象。

【引申探讨】

在球类运动中理想的斜抛运动和平抛运动可以说是没有的,有的运动比较接近理想化的抛体运动,如篮球、网球、手球等;有的则相差较远,如乒乓球、羽毛球等。乒乓球质量很小,且运动中会发生旋转;羽毛球由于有羽毛,受到的空气阻力相当大,大力扣杀飞向高空的球抵达后场时,几乎都是竖直下落的。

（八）滑水运动员不会下沉的道理

【情景描述】

滑水（图 5-88）是一项有趣的水上运动，运动员脚踩踏板手拉绳束，在快速船舶牵引下向后倾斜着在水面上快速滑行，也可以做出左右摆动、回旋、跳跃等各种动作。有的运动员还能不用踏板，直接用双脚滑水前行而不下沉。

滑水用的踏板长约 200 cm，宽约 25 cm，滑行速度为 6～16 m/s。当速度小于这一范围时，人连踏板将一起沉入水中。

图 5-88

【提出问题】

1. 滑水运动员（包括板）会受到哪些作用力？为什么不会落入水中？

2. 水对踏板的作用力与哪些因素有关？人为什么要向后倾斜？

【建模分析】

1. 如图 5-89(a)所示，人与板共受到四个力的作用：总重力 G、绳子的拉力 T、水对板的支持力 N、人与板受到的阻力 f（水和空气的共同阻力）。这里既有力的平衡问题，又有力矩平衡问题。如果人体倾斜角度较大时，这些力可以看成是共点力，如图 5-89(b)所示，N 又可正交分解为水平分力 N_x 和竖直分力 N_y。可以看出，当 T 足够大时，N 也足够大，若 N_y 等于重力 G，人就不会沉入水中了。

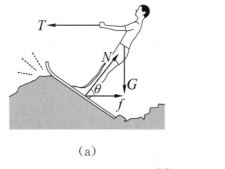

(a)

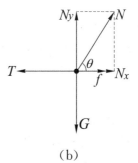

(b)

图 5-89

2. 下面分析一下水对板的作用力是怎样产生的，且与哪些因素有关。这里需要建立另一种模型。如图 5-90(a)所示，在板下面取一块大小为 ΔV 的水块,它在 Δt 时间内被板从 A 位置推至 B 位置,速度从 0 加速到 v,这个速度就是人和板滑行的速度(实际上每时每刻都有一部分水被板推动)。设板长为 L、宽为 b,这块水的厚度为 s,即位移 $s=\dfrac{v\Delta t}{2}$(看作匀加速直线运动),则这块水的体积为 $\Delta V=\dfrac{Lbv\Delta t}{2}$(板倾角较大时,这块水可看作长方体)。

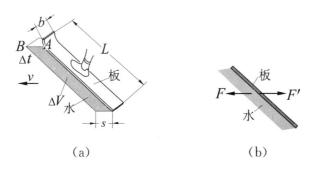

（a）   （b）

图 5-90

这块水的质量 $m=\rho\Delta V=\dfrac{\rho Lb\,v\Delta t}{2}$。

根据动量定理,则有

$\qquad F\Delta t=m(v-0)$ （F 为板对水的推压力）

即 $F\Delta t=\dfrac{\rho Lb\,v^2\Delta t}{2}$,

$\qquad\qquad\qquad F=\dfrac{\rho Lb\,v^2}{2}$。

根据力的作用是相互的以及图 5-90(b)可知,板受到水的作用力大小 $F'=F$。这说明,板受到水的作用力与水的密度、板在水中的面积及滑行速度的平方成正比。实际上,人受到的支持力 N 与 F' 直接相关,也与上述三个因素成正比。

【解决问题】

根据前面的分析可以得到如下结果:

1. 运动员受到 G、T、N 和 f 四个力的作用而处于平衡状态。当支持力 N 的竖直分力等于重力 G 时,人就不会沉入水中,此时拉力 T 与 N 的水平分力和阻力之和相平衡。

2. 从前面的建模分析中可知,水对板的作用力 F' 与水的密度、板在水中的面积及滑行的速度平方成正比。而速度又与牵引力 T 有关，T 越大，速度就越大，同时 N 也会增大。

【引申探讨】

也许有人会问：当绳的拉力增大时，会出现什么情况呢？

当拉力 T 增大时，速度 v 也会增大，由于 N 与 v^2 成正比，所以 N 也会增大，竖直方向的分力 N_y 就有可能大于 G。为了平衡，人就要向后倾倒，θ 角减小，如图 5-91 所示。同时板会上翘，部分露出水面，使水下有效面积减小（使 N 不至于过大）。此时 N 增大后，N_y 仍然等于重力 G。

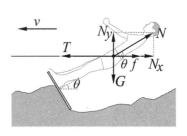

图 5-91

四、游乐场中的物理

大型游乐场中的许多设施都包含一定的物理原理。下面列举有代表性的几个项目进行分析。

（一）海盗船的力和能

【情景描述】

如图 5-92 所示，在固定的支架上挂有一船型物体，可乘坐多人。当船左右大幅度摆动时，有一种似在海浪中不断起伏的感觉。

图 5-92

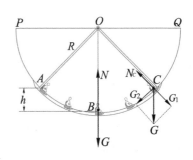

图 5-93

【提出问题】

1. 设船身所对应的顶角为 $90°$，如图 5-93 所示，从船首至船尾共坐 5 人，他们的质量相等，且分布均匀；船尾 A 从最高处摆下，到船首 C 抵达最高处为止，然后再回摆，在不计任何阻力的情况下可以一直摆动下去。若船与人的重心从最高点至最低点下降的高度为 h，则船和人的最大速度为多大？每个人的最大动能和最大重力势能是否相同？（设船的最低点为零势能点）

2. 每个人在最低点受到的支持力是否都是最大的？每个人受到的最大支持力是否都是相同的？

【建模分析】

1. 首先将船和人看成一个整体（图 5-93），它遵循机械能守恒定律，在从最高处摆至最低处的过程中每个人的线速度大小都相等，当船的重心到达最低点时，每个人的线速度都达到最大。又因为每个人的质量相同，所以他们的最大动能都是相同的。而对于重力势能，只有坐在船尾 A 和船首 C 的人才能达到最高点，具有的重力势能最大。

2. 至于人受到座位的支持力，通常只有在最低点时最大，此时由牛顿第二定律可得

$$N_B - mg = \frac{mv^2}{r}。（r 为人重心至转轴 O 的距离）$$

因此，坐在中间位置 B 处的人受到的支持力

$$N_B = mg + \frac{mv^2}{r}。$$

在船摆动过程中，当速度达到最大时只有船中间位置 B 处在最低点，所以只有坐在 B 处的人受到的支持力最大。而坐在其他位置的人，支持力与重力不在一条直线上，因此支持力都比坐在 B 处的人受到的支持力小。坐在其他位置的人速度最大值也不在自己的最低点时。

实 验 模 拟

在长度为 L 的绳子下面接一个劲度系数为 K 的橡皮筋，橡皮筋下面再悬挂一个质量为 m 的重物，恰好不碰到标记物 P。将重物拉开竖直方向一定角度释放，使其摆动，当重物摆至最低点时，拉力大于重力，橡筋伸长，重物就会碰到标记物 P。这样就可以模拟船中人受到的支持力。

图 5-94

物 理 方 法

本例采用整体法与隔离法相结合的方法进行建模分析。先将人和船看成一体求出最大速度,然后再将关键个体独立出来进行受力分析,最后列式解答。

【解决问题】

1. 设船和人的总质量为 M,摆动的最大速度为 v。根据机械能守恒定律有

$$Mgh = \frac{1}{2}Mv^2 \text{。}$$

所以

$$v = \sqrt{2gh} \text{。}$$

设每个人的质量均为 m,则每个人的最大动能为 $E_k = \frac{mv^2}{2} = mgh$。

在摆动过程中,每个人的最大重力势能不同。坐在船首与船尾的两人具有相同的最大重力势能,坐在船中间的人具有最小的重力势能。

2. 由前面分析可知,只有坐在中间位置 B 处的人在最低点才能满足此要求,此时支持力为

$$N = mg + \frac{mv^2}{r} = mg\left(1 + \frac{2h}{r}\right) \text{。}$$

当 B 处于最低点时,船有最大速度 v。在偏离竖直方向倾角为 α 的 P 位置的人,速度也有最大值 v,如图5-95所示,则有

$$N' - mg\cos\alpha = \frac{mv^2}{r} \text{。}$$

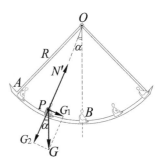

图 5-95

可得

$$N' = mg\left(\cos\alpha + \frac{2h}{r}\right) \text{。}$$

由于 $\cos\alpha < 1$,所以 $N' < N$。

除了 B 以外,坐在其他位置的人抵达最低点时,船的重心上移,速度都不是最大值,因此支持力也都不是最大。

【引申探讨】

由上述分析可以看出,海盗船在运动过程中整体是遵循机械能守恒定律

的,但其中每个人的机械能却并不守恒。如图 5 - 93 所示,在船从左边 OP 位置下摆 45°过程中,每个人的动能增量均相同,但坐在 A 处的人势能减少得最多,坐在 B 处的人势能减少较小,而坐在 C 处的人机械能只增不减(开始为 0)。这说明船中的人通过船身相互做功,所以每个人的机械能并不守恒。

(二) 魔盘上的物理规律

【情景描述】

魔盘是一个直径约 5～6 米的大型转盘,四周装有护拦,中央有转轴,下面有电动机带动盘旋转。转盘可逐渐加速,也可以某一角速度匀速转动。人可以在转盘上行走或抛掷球类,如图 5 - 96 所示,感受与地面上完全不同。

图 5 - 96

【提出问题】

1. 当盘的转速逐渐增加时,人有向心运动的趋势还是离心运动的趋势? 为什么?

2. 假如某人在盘中央向盘边抛球,怎样才能使球到达对方手中? (设盘的半径为 R,抛球速度为 v,盘转动的角速度为 ω)

3. 在盘边的人沿直径方向抛球,球将落到什么位置? 怎样抛才能使球沿直径方向运动? 抛球者看到球会如何运动?

【建模分析】

1. 在圆盘上做匀速圆周运动的物体,除了受到重力和支持力在竖直方向上保持平衡外,还受到静摩擦力作用(提供指向圆心的向心力),否则无法与圆盘保持相对静止。当盘的角速度增大时,人所需的向心力也增大,直至达到最大静摩擦力时,人开始沿圆周切线方向滑动。当然,由于静摩擦变成了滑动摩擦,人的运动轨迹比较复杂,但总体上是离开圆心滑向盘边的,如图 5 - 97(a)所示。地面上的人观察到他是沿曲线运动的,而盘中央的人看到他几乎是沿半径方向离心而去。

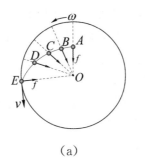 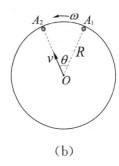

(a)   (b)

图 5 - 97

2. 由于距离很短，不考虑抛体运动规律，抛出的球近似做匀速直线运动。站在盘中央的人线速度为 0，抛出的球速度为 v，如果接球者位于正对 v 的位置，当球到达时，人已转到前方位置。因此，抛球方向应对准接球者的前方，即在图 5 - 97(b) 中 A_1 处时抛出，才能在 A_2 处恰好接住。图中的 θ 角称为提前量，根据给出的已知条件便可求出 θ 值。

3. 在盘边缘处抛球是一个运动合成问题。由于抛出的球也有沿切线方向的线速度，所以两者合成后球的运动方向将偏离直径方向。如图 5 - 98(a) 所示，只有将 v 向左偏过 θ 角，才能使球的合速度 v_1 沿直径方向运动。这个 θ 角是可以求出的。

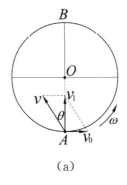 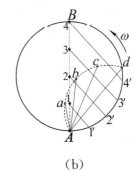

(a)   (b)

图 5 - 98

现在我们来讨论一下抛球者看到抛出的球沿怎样的路径到达接球人手中。这是一个非惯性系统的问题，我们可以用描点法大致了解球的运动轨迹。由图 5 - 98(b) 可看出，在地面上的人看到球是沿直径 AB 运动的，将此路径分成 1、2、3、4 四段，而抛球人会相应地分别到达 $1'$、$2'$、$3'$、$4'$ 位置。对应点的距离是

$1-1'$、$2-2'$、$3-3'$、$4-4'$,这些线是从地面上观察到的球与抛球者之间的相对位置关系,包括距离与夹角。实际上在盘上的抛球者看到自己并没有动,将这些线段按不同的倾角描出各个端点,发现球是沿 a、b、c、d 弧线行进的。如果描出的点越多,夹角测量越精确,画出的曲线就越接近实际情况。

如果以恰当的速度抛球,当球到达 B 点时,抛球者也恰好到达 B 点,也就是实现了自抛、自接,这时候看到的将是一条过圆心的封闭曲线。

实 验 模 拟

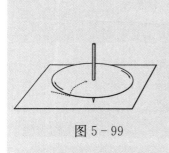

如图 $5-99$ 所示,在直径约为 $6\,cm$ 的硬圆纸片中央插入半根牙签,制成一个陀螺。在近轴处滴一滴墨水,慢慢加速旋转纸片,可以观察到墨滴做离心运动到纸边后,沿切线方向飞离纸片。

图 $5-99$

物 理 方 法

描点法是物理学的重要方法之一。在研究物理量之间的关系时,可以将实验数据描点得到图像,再通过拟合找出规律;也可以利用描点得到物体的运动轨迹。本例就是运用描点法来找轨迹的。

【解决问题】

1. 当盘的转速增大到一定程度时,人与盘之间的静摩擦力达到最大值后,人不能维持在原圆盘上运动,会产生离心现象逐步滑至盘边。

2. 关于提前量角 θ(OA_1 与 OA_2 的夹角)的计算。设球从抛出到运动至盘边的时间为 t,则有

$$t = \frac{R}{v} = \frac{\theta}{\omega}。$$

由此可求得提前量

$$\theta = \frac{\omega R}{v}。$$

3. 由图 $5-98$ 可知,沿 AB 方向抛球,球将落到 B 点的后方。必须沿 AB

偏左 θ 角方向抛球,球才能沿直径 AB 方向运动。设线速度为 v_0，$v_0 = \omega R$，则

$$\frac{v_0}{v} = \sin\theta, \sin\theta = \frac{\omega R}{v}。$$

所以
$$\theta = \sin^{-1}\frac{\omega R}{v}。$$

地面上人看到球沿直径方向前进时,盘上抛球人看到的却是球沿曲线飞到右前方(前面已有分析)。

【引申探讨】

本问题还可探讨一个奇妙的现象。魔盘匀速转动,当一人在盘上沿半径 OP 方向从 A 点向 B 点走动时,有一种向右倾倒的感觉,如图 5-100 所示。这是由于线速度与半径成正比,A 处的线速度 v_1 小于 B 处的线速度 v_2,所以每跨一步都要在切线方向上被加速一下。提供这一切向加速度的是盘面对脚的摩擦力 f。在转盘外看,由于惯性,他有向左倾倒的趋势。

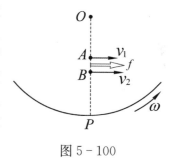

图 5-100

(三) 过山车的力学规律

【情景描述】

过山车又叫云霄飞车或惯性滑车。前两个名称是形容它如翻山越岭般在云端飞翔的特点,后者说明它是一种无动力的滑行车辆。图 5-101 是其结构复杂的运动轨道,当车辆倒着通过圆周顶端时,车中的游客会发出阵阵惊叫声。

图 5-101

无论过山车的轨道多么复杂,过程如何惊险,都离不开力学规律的"掌控"。尽管如此,为了万无一失,车轮与轨道还是相互连接的,而且游客还要系上安全带。

【提出问题】

1. 如图 5 - 102 所示,圆环半径为 R,在不计摩擦的情况下,只有单节车厢的过山车至少要从多高处下滑才能在通过圆环顶端时不致脱落? 当车厢运动到半圆环上方(图中 C 位置)时,乘客可以不系安全带吗?

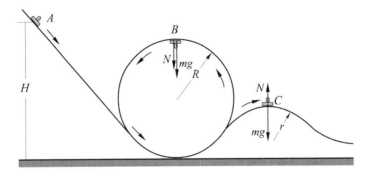

图 5 - 102

2. 图 5 - 103 是多节车厢的过山车示意图,其轨道最高点至最低点(最低点轨道的曲率半径最小)的高度差及五节车厢总长均已知,车厢自顶部如图所示位置静止起下滑,试问每节车厢经过最低点的速度是否相同? 估计其速度变化的范围及全部车厢通过最低点的时间。在轨道底部加速度最大的乘客在哪一节车厢中? 在什么位置? 加速度约为多大?

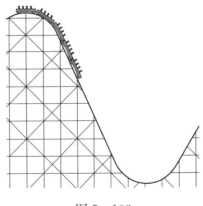

图 5 - 103

【建模分析】

1. 对于只有单节车厢的过山车,在不计摩擦的情况下只有重力做功,因此机械能是守恒的。要使过山车在圆环顶部 B 处不脱离,其速度有一个最小值,即只有重力提供向心力时。然后再运用机械能守恒定律即可求出下滑处的最低高度。

当过山车运动到半圆轨道 C 位置时,车在轨道上方。当过山车的速度很小时,由重力和向上的支持力的合力提供向心力;当速度增大到一定值时,只有重力提供向心力;当速度再增大时,必须由轨道对小车向下的拉力和重力的合力提供向心力,即此时安全带要起作用了。但实际上过山车的设计会避免出现拉力情况的发生。

2. 有 5 节车厢的过山车,就不能看作质点了,只能根据整车重心(第 3 节车厢所在处)的变化利用机械能守恒定律来求解。也就是说,过山车整体重力势能的减少量等于动能的增加量。在图 5 - 103 中,设此时第一节车厢至圆弧底部的整车重心高度差是27 m。当第 3 节车厢到达最低点时,整车重心下降了31 m,由此可求得第 1 节车厢到达最低点时的速度,以及过山车的最大速度。这个速度也是每节车厢的最大速度(因为它们都连成一体),但只有第 3 节车厢的最大速度位置在最低点。由于在最低点时具有最大的向心力(前面海盗船问题中已有类似证明),因而只有第 3 节车厢具有最大的向心加速度。

实 验 模 拟

在细线一端系一小物体,手握细线的另一端使小物体在竖直平面内做圆周运动,如图 5 - 104 所示。当转速逐渐减小,看看会发生什么现象?

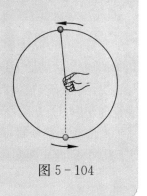

图 5 - 104

【解决问题】

1. 在图 5 - 102 中,设过山车从高为 H 的 A 处滑下,经过 B 点时速度为 v,

已知圆环的半径为 R。当在 B 点只有重力提供向心力时,则有

$$mg = \frac{mv^2}{R}。$$

可得 $$v^2 = gR。$$

由机械能守恒定律可得

$$mgH = \frac{1}{2}mv^2 + mg \cdot 2R,$$

将 v^2 代入可得 $$H = \frac{5}{2}R。$$

所以,过山车的下滑高度至少为 $2.5R$。

过山车经过 C 点时,若速度不大,应当受到重力 mg 和向上的支持力 N (图 5 - 102),这两个力的合力提供向心力。则有

$$mg - N = \frac{mv^2}{R},$$

$$N = m\left(g - \frac{v^2}{R}\right)。$$

假设 A 点到 C 点的高度差为 $2.5R - R = 1.5R$,若以 C 点为零势能参考点,根据机械能守恒定律有

$$mg \cdot 1.5R = \frac{1}{2}mv^2,$$

$$v^2 = 3Rg。$$

将此式代入前面支持力表达式,可得

$$N = m(g - 3g) = -2mg。$$

负号说明支持力的方向与初设方向相反,是向下的。这说明轨道必须对过山车施加 $2mg$ 的向下拉力才不至于使其脱离轨道。当然这是在不计阻力的理想情况,实际情况拉力要小得多。而且,过山车也不会设计成这样,尽量使车对轨道的作用力是压力而不是拉力。

2. 根据前面分析可知,当第 3 节车厢到达最低点时,其重心下降的高度最大,为 $31 \, \text{m}$,整车速度最大,则有

$$v_{\max} = \sqrt{2gh_{\max}} = \sqrt{2 \times 10 \times 31} \, \text{m/s} \approx 25 \, \text{m/s}。$$

当第 1 节或第 5 节车厢到达最低点时,整车重心下降的高度最小,为 $27 \, \text{m}$,整车速度最小,则有

$$v_{\min} = \sqrt{2gh_{\min}} = \sqrt{2 \times 10 \times 27} \, \text{m/s} \approx 23 \, \text{m/s}。$$

由此可以估计出,整车通过最低点的平均速度约为 24 m/s,则长 16 m 的 5 节车厢通过最低点的时间约为 0.67 s。

类似于前面"海盗船"的分析,第 3 节车厢运动至最低点时具有最大的向心加速度,此时轨道半径最小,为 7 m。因此该处的向心加速度

$$a = \frac{v^2}{r} = \frac{25^2}{7} \text{ m/s}^2 \approx 89 \text{ m/s}^2。$$

第 1 节或第 5 节车厢到达最低点时,向心加速度为

$$a' = \frac{v^2}{r} = \frac{23^2}{7} \text{ m/s}^2 \approx 76 \text{ m/s}^2。$$

此外,除了最低点,其他位置的曲率半径都较大,速度也不是最大,向心加速度也不能达到最大。所以,乘客要感受最大刺激,最好坐在中间车厢;相反,要减少难受度,应选择车头或车尾的车厢。

【引申探讨】

虽然过山车是惯性滑车,没有动力推动,但是由于存在摩擦力,机械能并不守恒,循环一周后并不能返回到原来位置,因此需要用牵引机将其拉至原来位置。

大型过山车在经过圆环顶部时,有数秒钟时间是由重力提供向心力的,在这段时间内人会处于失重状态。

(四)旋转椅飞升的原理

【情景描述】

大型游乐场中一般都有不同式样的旋转座椅,如回转木马、旋动莲花等。图 5 - 105 是一种会旋转飞升的转椅,又叫飞升秋千。在地面上固定一根立柱,立柱上安装一个直径为 4~5 m 的转盘,在盘的圆周上用长绳悬挂许多座椅。人坐在椅子上,当盘转动时,座椅就会慢慢飘升起来,盘转得越快,人就升得越高。

图 5 - 105

【提出问题】

1. 如果转盘的半径 $r=3$ m，绳子的长度 $L=4$ m，每只座椅和人的质量 $m=50$ kg。当座椅飞升起来时，绳子与竖直方向的夹角 $\theta=30°$，此时盘转动的角速度为多大？绳的拉力为多大？

2. 当盘的转速逐渐增大时，会发生什么现象？为什么？

【建模分析】

1. 旋转座椅装置简化后如图 5 - 106 所示。实际上每个座椅都可以看作是一个圆锥摆，所有绳子延长后都交于转轴上的 O 点，于是整个装置可以看作多个圆锥摆，它们以相同的角速度转动。现在以其中的一个座椅 A 为研究对象，如图 5 - 107 所示，设绳长 $AP=L$，圆盘半径 $PQ=r$，当圆盘以一定的角速度转动时，绳子与竖直方向的夹角为 θ，则座椅 A 做圆周运动的半径是 $r+L\sin\theta$，向心力由绳子拉力 T 和座椅重力 mg 的合力提供。因此根据圆周运动知识和向心力公式，便可得到角速度 ω 与偏角 θ 的关系，以及绳子拉力 T 的大小。

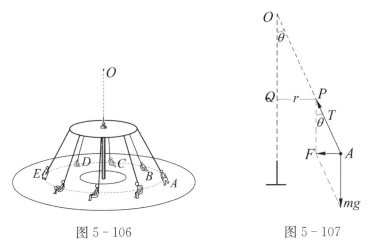

图 5 - 106   图 5 - 107

2. 当盘的转速逐渐增大时，所需的向心力 F 要增大，但由于重力是不变的，所以 T 也增大，即 θ 角要增大，人将飞升得更高。需要说明的是，人和座椅的线速度要增大，在切线方向上有一个加速度，而在向外飞升时法线方向上也有一个加速度。所以，在一段时间内，座椅是不稳定的，当转速稳定后座椅才会稳定在一个新的高度。

实 验 模 拟

如图 5-108 所示,在铁架台下悬挂一个摆球,手拿画有圆的一个平板放置在小球下方。拉起小球至圆周上方,沿圆周方向推动小球,多次试转直到小球做圆锥摆运动,放下平板即可。

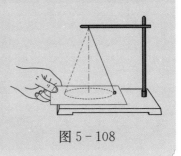

图 5-108

【解决问题】

1. 由上述分析可得

$$\frac{F}{mg}=\tan\theta,$$

$$\frac{m\omega^2(r+L\sin\theta)}{mg}=\tan\theta,$$

得到

$$\omega=\sqrt{\frac{g\tan\theta}{r+L\sin\theta}}\,。$$

代入数据可得 $\theta=30°$ 时座椅转动的角速度为

$$\omega=\sqrt{\frac{10\times0.577}{3+4\times0.5}}\ \text{rad/s}\approx1.16\ \text{rad/s}。$$

此时绳子的拉力 $T=\dfrac{mg}{\cos\theta}=\dfrac{500}{0.87}\ \text{N}\approx575\ \text{N}$。

2. 当 ω 增大,所需向心力增大,θ 也增大。

【引申探讨】

圆锥摆有一个特点,偏角不同的摆可以有相同的角速度。下面证明一下。如图 5-109 所示,OD 是转轴,A、B、C 三个摆处在同一个水平面时,也就是它们具有相同的高度 h。对于其中的一个摆来说,

$$F=mg\tan\theta,$$

$$m\omega^2 r=mg\,\frac{r}{h}。$$

消去 m 和 r,可得

$$\omega=\sqrt{\frac{g}{h}}\,。$$

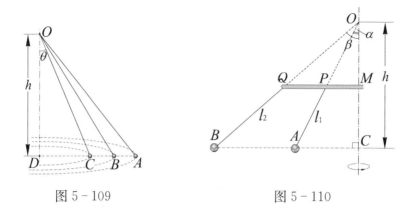

图 5-109   图 5-110

上式说明,只要摆的高度 h 相同,则它们的角速度就相同。对旋转椅来说,不仅可以在顶部圆盘的边缘吊上转椅,而且也可以在不同半径处安装转椅。不过为了使它们能同步地按某一角速度旋转,绳子的长度是有一定要求的,如图 5-110所示,$PA = l_1$,$QB = l_2$。显然 l_1 和 l_2 的长度是可以算出来的,这里就不再详述了。

第六章　物理与自然

　　从某种意义上来说,物理学是基于现象的科学,物理概念来自现象,物理规律又能用来解释某种现象。而自然现象是最主要的现象。难怪有人说,物理直接代表了大自然,物理应用的环境也是大自然。

　　许多自然现象,如雨露霜雪、风起云涌、电闪雷鸣、山崩海啸等,都遵循物理规律。下面从自然现象、自然灾害、宇宙探索等三个方面进行分析讨论。

一、自然现象中的物理

（一）雨滴的形成与下落

【情景描述】

　　下雨是最常见的一种自然现象,古代就有"云腾致雨,露结为霜"之句,现代也有"暖云降水"的说法。总之,云和雨是密切相关的。

　　云是由水汽凝结形成的,云中的水滴半径约 $1 \sim 10 \ \mu m$,密度约 200 个$/cm^3$。当这些小水滴积聚成半径约 $1 \ mm$ 以上的大水滴时,便会降落成为雨。图 6-1 是积雨云层,俗称"乌云密布",要下雨了。

　　雨滴是怎样形成的呢? 温度在 $0℃$ 以上的云叫做暖云。在上升过程中,云中的小水滴相互碰撞、合并,在有凝结核的情况下结合成较大的水滴,下落到地面就是雨。如图 6-2 所示,雨滴的具体形成过程是:(a)雨滴增长;(b)下降变形;(c)破碎上升;(d)再碰并增长;(e)当重力大于阻力时,变成雨滴下落。总之,小水滴有分有合、有

图 6-1

上有下,最终逐步形成大水滴。

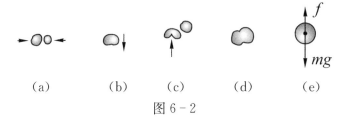

$$（a）\qquad （b）\qquad （c）\qquad （d）\qquad （e）$$

图 6 - 2

【提出问题】

1. 雨滴从云中下落到地面的过程中受力情况如何? 运动情况如何?

2. 已知在空气中运动的球形物体,其受到的阻力与其截面积和速度的平方成正比,即

$$F = \frac{1}{2} c \rho S v^2。$$

式中,c 为常数,对水来说,c 约为 0.05,ρ 为水的密度,S 为最大截面积。

如果雨滴的半径为 2 mm,则其着地速度多大? 若速度为 2 m/s,则其半径多大?

【建模分析】

可以近似把雨滴看成是球形的,忽略空气的浮力,它只受到重力和空气阻力两个力的作用。开始时,雨滴下降的速度较小,空气阻力也较小,加速度较大,随着速度增加空气阻力增大,加速度逐渐减小,总之雨滴开始做的是变加速运动;当阻力增大到与重力相等时,雨滴的加速度为零,便匀速下落。这个速度叫做"收尾速度",也就是雨滴的着地速度。

实 验 模 拟

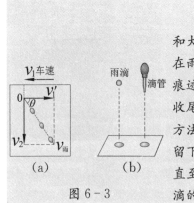

可以用一种办法间接测出雨滴的收尾速度和大小。如图 6 - 3(a)所示,假如无风时,汽车在雨中匀速前行,已知车速为 v_1,车窗上雨水的痕迹与水平方向的夹角为 θ,由此可求出雨滴的收尾速度 $v_2 = v_1 \tan\theta$。测雨滴的半径可用类比方法估测。如图 6 - 3(b)所示,在纸板上让雨滴留下痕迹,再用不同滴管滴下大小不同的水滴,直至找到与雨滴直径相同的滴管,测出一滴水滴的体积,即粗略等效于雨滴的体积。

图 6 - 3

【解决问题】

1. 雨滴受到重力和空气阻力两个力的作用,开始做变加速运动,最后做匀速直线运动。

2. 计算雨滴的收尾速度。

$$F = mg,$$

$$\frac{1}{2}c\rho Sv^2 = mg。$$

因为

$$m = \rho\,\frac{4}{3}\pi r^3, \quad S = \pi r^2,$$

所以

$$\frac{1}{2}c\rho\pi r^2 v^2 = \rho\,\frac{4}{3}\pi r^3 g。$$

得到

$$v = \sqrt{\frac{8g}{3c}r}。$$

此式表明:收尾速度与雨滴半径的平方根成正比。取 $g = 10 \ \text{m/s}^2$、$c = 0.05$,对一滴半径为 $2 \ \text{mm}$ 的雨滴来说,其收尾速度 $v \approx 1 \ \text{m/s}$。

如果雨滴的收尾速度为 $2 \ \text{m/s}$,其半径 $r = \dfrac{3cv^2}{8g} = 0.007\,5 \ \text{m} = 7.5 \ \text{mm}$。实际要考虑途中损失,半径应小于此值。

【引申探讨】

在干旱时或大型露天活动场地,常需要按人们的意愿干预降水,叫做人工降雨。通常有两种实现途径:一是将吸湿性很强的粉末,如氯化钠、氯化钾等作为催化剂撒入云中,使小水滴附在颗粒上达到暖云降水的目的;二是直接向云中撒播大水滴,造成不平衡状态实现降水。总之,没有云是无法实现降雨的。

(二) 观水波知水深

水波是自然界常见的一种波动,它以凸凹的形式向四周传播,中学物理中常将它看作机械横波,其实它既不是横波也不是纵波,它的质点不是上下振动的,而是做椭圆运动。但它与机械横波一样,遵循波的一般规律。其频率取决于波源的振动频率;波速取决于重力与水的表面张力等因素;波长由频率与波速决定,即 $v = \lambda f$。课堂教学中还常用水波来演示干涉、衍射现象。

【情景描述】

这里主要讨论浅水波的一个特性。如图 6 - 4 所示,浅水波通常在池塘边、

图 6 - 4

海滩边（这里的水深与波长差不多）形成，其波速 v 与水深 h 有一种特殊的关系：

$$v = \sqrt{gh}。$$

因此，根据测得的水波波长就可求出该处的水深。

【提出问题】

1. 图 6 - 5(a)所示是一个池塘的剖面图，A、B 两部分深度不同。图 6 - 5(b)是从 P 点处向外传播的水波波形俯视图（弧形实线表示波峰），垂直于河岸放置一把长刻度尺。已知 A 处水深为 20 cm，那么 B 处水深为多少？

（a）　　　　　　　　　　　　（b）

图 6 - 5

2. 人在小船上，为求得浅滩某处的深度，比较容易的方法是什么？

【建模分析】

1. 首先这个池塘并不太深，这里的水波属于浅水波，适用波速与水深平方根成正比的关系。池塘 A 处和 B 处水波的频率是相同的，两处的波长之比等于波速之比，只要测出波长之比就能求出波速之比，进而求得深度之比。

2. 在船上测某处水深，根据浅水波公式 $h = v^2/g$，最直接的办法是测出该处的波速。测波速时，可以测出波传播的路程和对应的时间，再用 $v = s/t$ 求得，但 s 难以准确测量。也可以采用第五章中测赛艇速度的办法来测波速。假如已知自己的船速是 v_1，船运动时激起的波与船身的夹角为 α，则波速 $v = v_1 \sin\alpha$。此外，也可以利用波速公式 $v = \lambda f$ 来求波速，让船静止在水面上，水面上浮一把长尺，在尺端以一定的频率 f 使水面产生水波，并及时拍照，从照片上读出波长 λ，即可求得波速。

【解决问题】

1. 设 A 处波速为 v_1、水深为 h_1，B 处波速为 v_2、水深为 h_2。由 $v = \lambda f$ 可知，当 f 一定时，v 与 λ 成正比，则有

$$\frac{v_2}{v_1} = \frac{\lambda_2}{\lambda_1}。$$

因为 $h = \dfrac{v^2}{g}$，所以 $\dfrac{h_2}{h_1} = \left(\dfrac{v_2}{v_1}\right)^2 = \left(\dfrac{\lambda_2}{\lambda_1}\right)^2$。

从图 6-5(b) 中的尺子可以看出，B 处的波长约为 A 处波长的 2 倍，即

$$\frac{h_2}{h_1} = 4。$$

又 $h_1 = 20\ \text{cm}$，所以 $h_2 = 4 \times 20\ \text{cm} = 80\ \text{cm}$。

若浅滩是一个斜面，则水面波如图 6-6 那样，则波长由岸边向外逐渐增大。

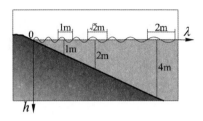

2. 测定某处浅滩的水深，可在直接测定波速后用公式 $h = \dfrac{v^2}{g}$ 求得。也可在测得频率 f 和波长 λ 后，用公式 $h = \dfrac{\lambda^2 f^2}{g}$ 求得。

图 6-6

实 验 模 拟

让水滴滴入盆中观察水波的波长，在盛水较少和较多时有何不同？可拍摄照片进行对比。

【引申探讨】

当人们站在海滩边或河滩边观看波浪时，会发现水波总是垂直于岸边推进而来，这是为什么呢？

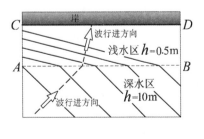

图 6-7

如图 6-7 所示，设远处水深 10 m，近处水深仅 0.5 m，波从 A 区斜向推进而来（图中实线表示波峰位置）。由于波速与深度的平方根成正比，波到达浅水区时波速减慢，波长变短，类似于光从一种介质进入另一种介质时发生折射那样，波推进方向也发生了转折，转向岸的方向。对逐渐变浅的海滩来说，这是一个渐变过程，最终水波几乎都垂直于岸的方向传播了。

物 理 方 法

这两个实例都采用了新知识与旧知识相结合的方法来处理实际问题，比如引入的新关系式 $F=\dfrac{1}{2}c\rho Sv^2$、$v=\sqrt{gh}$。这是在解决实际问题时经常要遇到的事情。具体运用时，一定要注意其适用条件和物理意义，不能随意套用。

此外，这里还运用了类比方法，即用光的折射规律来类比解释浅水波垂直岸边传播的特点。

（三）用反射太阳光来照明

许多场所都需要用电灯来照明，但从节能和环保的角度来说应该更多地利用太阳光。如今利用太阳光作为室内照明的场所越来越多，例如地下坑道用平面镜反射阳光来照明，香港汇丰银行总部大楼利用平面镜反射阳光来照亮大厅，如图 6－8 所示，M 是平面镜，D 是大厅。现在又出现了一种新的照明方式"光导照明系统"，它利用先进的技术将阳光导入室内照亮各种场所，真正做到了节能、环保、绿色、安全，如图 6－9 所示。

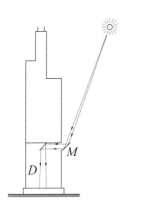

图 6－8

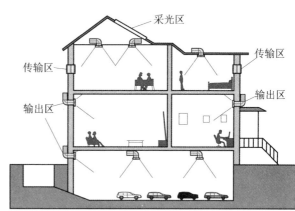

图 6－9

【情景描述】

光导照明系统一般由三部分组成：

A. 采光区——主要由一些采光器组成，外罩由透光率在90％以上的PC材料制成。

B. 传输区——由光导管或光纤组成，其中光导管是有高反射率的铝制反射薄膜。口径为35 cm的光导管可有效传光9 m，口径53 cm的光导管可有效传光15～20 m。

C. 输出区——由漫射器组成，让光线向各方向散射开来，以扩大照明范围。

【提出问题】

1. 如图6-10所示，某坑道一段是竖直向下的，另一段是水平向右的，作业面在P处。若阳光与地面的夹角为30°，要将阳光反射到P处，试画出平面镜放置的位置与角度，并画出一条有代表性的光线。

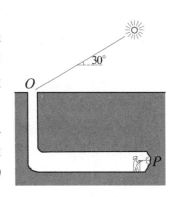

图6-10

2. 在光导照明系统中，采光器用什么方法采入光线？光线在导光管中传播运用了什么原理？漫射器可能用什么方法使光线散射的？试在图6-9中任选一根导光管，画出两条有代表性的光线从入到出的路径。

【建模分析】

1. 用平面镜改变光路，应从需求出发。本问题中要使光线传到P处，应先让阳光竖直向下传播，然后再水平向右传播，因此在O点处入射光线与反射光线的夹角为120°，于是可确定该处平面镜的安放角度了。

2. 对于光导照明系统，为了让更多阳光进入光导管，在采光器中一定有角度可调节的反射镜；光导管一定有多次反射以让光到达输出区；输出区要使光线发散，可以用小透镜或小棱镜。

【解决问题】

1. 光路图如图6-11所示，对平面镜M来说，入射光线与反射光线的夹角为120°，所以平面镜与地面的夹角应为60°。在坑下转角处，平面镜N与水平面的夹角是45°。为了最大限度地吸收太阳光，M的长度应是坑道宽度的2倍，

N 的长度是坑道宽度的 $\sqrt{2}$ 倍。

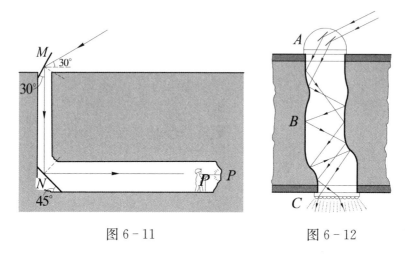

图 6 - 11 　　　　　　　　　图 6 - 12

2. 在光导照明系统中,采光器用平面镜反射来采光;光导管遵循光的反射定律,多次反射将光线传到输出区;输出区用许多透镜或棱镜组合均匀地将光线发散。两条可能的光路如图 6 - 12 所示。

【引申探讨】

如果传输区采用的是光纤,因为光纤是利用全反射原理传送光的,所以它的损耗更小,而且传送距离也更远。但是,其成本也比光导管高很多。

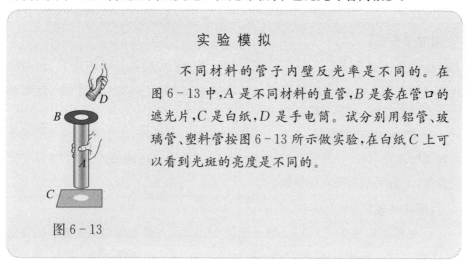

实 验 模 拟

不同材料的管子内壁反光率是不同的。在图 6 - 13 中,A 是不同材料的直管,B 是套在管口的遮光片,C 是白纸,D 是手电筒。试分别用铝管、玻璃管、塑料管按图 6 - 13 所示做实验,在白纸 C 上可以看到光斑的亮度是不同的。

图 6 - 13

（四）估算太阳的密度

【情景描述】

许多自然现象都与物理原理、物理常数有关,或受其制约。如世界最高峰珠穆朗玛峰高约 8 844.43 米,而且它还在"长高",那么它的增高有没有极限呢?极限高度是多少呢? 地球周围被大气包裹着,那么大气有多重、多高呢? 太阳离地球很远,已知它是气态的,它的密度是多大呢?

【提出问题】

1. 已知某些岩石的密度为 2.5×10^3 kg/m^3,能够承受的最大压强为 2.75×10^8 Pa,则地球上山高的极限是多少?

2. 已知地球半径为 6.4×10^6 m,地球表面附近的大气压强为 1×10^5 Pa。试估算大气的重力及可能的厚度。

3. 已知日地距离 $r=1.5\times10^{11}$ m,如何利用小孔成像的方法估测太阳的密度?

【建模分析】

1. 可以将山简化成如图 6-14 所示的圆柱体模型,这个模型承压最大的地方在底部。一旦底部的压强超过允许的最大值,山体底部开始塌裂或熔化。如果将山体的密度看作是均匀的,那么压强大小只与山高有关。做一做模拟实验,体会会更加深刻。

2. 大气虽然也有重力,但与液体和固体压强产生的机理不同,大气压强是由于空气分子的碰撞产生的。在这里,我们采用类比的方法进行估算,即将大气类比成液体进行等效化处理。地球表面附近的大气压强约为 $1\times$

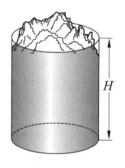

图 6-14

10^5 Pa,则整个地球表面所受的压力总和就近似等于大气的重力(当然这种假是十分粗略的)。若把地球看成球形,利用地球的半径即可求得地球的表面积。估算大气层的厚度比较困难,因为大气的密度随着高度增加而逐渐减小,但可以根据地面附近的空气密度1.29×10^3 kg/m^{3}得出近似值。

3. 要估算太阳的密度可以从问题出发倒着推断:求密度需要知道太阳的质量 M 和体积 V;求体积 V 需要知道太阳的半径 R;求半径 R 可以用小孔成像的方法;求太阳的质量 M,可以利用万有引力定律和圆周运动的知识。上面推断运用了理想化模型处理方法:地球绕太阳做匀速圆周运动,日地距离保持不变,太阳可看作是密度均匀的球体等。

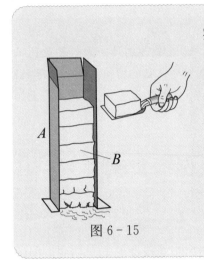

实 验 模 拟

用堆积豆腐块模拟山的高度极限。如图6-15所示，将长方体形纸盒 A 的侧面和底部除去，竖直固定在桌面上，然后将切好的方块豆腐 B 不断叠放上去，达到一定高度时，最下面的豆腐就会塌陷掉。

图 6-15

【解决问题】

1. 把山体视作圆柱体后，其底部受到的压强为
$$p = \rho g H。$$
所以
$$H = \frac{p}{\rho g}。$$
将岩石密度 $2.5 \times 10^3 \ \text{kg/m}^3$ 和压强最大值 $2.75 \times 10^8 \ \text{Pa}$ 代入后可得
$$H = \frac{2.75 \times 10^8}{2.5 \times 10 \times 10^3} \ \text{m} = 11\,000 \ \text{m}。$$
结果表明，珠穆朗玛峰还有约 $2\,000$ 米的生长空间。

2. 地球半径约为 $R = 6.4 \times 10^6 \ \text{m}$，地球表面积约为 $S = 4\pi R^2 \approx 5.1 \times 10^{14} \ \text{m}^2$，地面附近的大气压强约为 $p = 1 \times 10^5 \ \text{Pa}$。大气重力约为
$$G = F = pS = 1 \times 10^5 \times 5.1 \times 10^{14} \ \text{N} \approx 5.1 \times 10^{19} \ \text{N}。$$
因此，大气重力约为 5 亿亿千牛，质量约为 5 000 万亿吨。

假如大气密度取 $1.3 \ \text{kg/m}^3$，大气压强按 $1 \times 10^5 \ \text{Pa}$ 计，则大气层的厚度由 $h = \dfrac{p}{\rho g}$ 算得约为 $8 \ \text{km}$。大气层的实际厚度至少有 $500 \ \text{km}$，估算值明显偏小很多，这是因为离地面越高，大气密度越小。

3. 太阳的质量为 $M = \rho V = \dfrac{4}{3}\pi R^3 \rho$，式中 R 为太阳半径。如图 6-16 所示，由小孔成像实验可得，圆纸筒一端密封中央有小孔，另一端有半透明纸。将纸

筒对准太阳方向,可观察到太阳的像,其直径为 d,纸筒长为 L,小孔至太阳的距离为日地距离 r。根据相似三角形关系,可得

$$\frac{R}{r}=\frac{\dfrac{d}{2}}{L}。$$

由此可得太阳半径　　$R=\dfrac{dr}{2L}$。

由万有引力定律和圆周运动向心力公式可得

$$G\frac{Mm}{r^2}=mr\left(\frac{2\pi}{T}\right)^2。$$

式中,T 为地球绕日周期,即一年时间。

综合以上各式可得太阳密度表达式为

$$\rho=\frac{24\pi L^3}{GT^2 d^3}。$$

图 6 - 16

将 L、d、T(365 天)及万有引力恒量 G 代入上式,便能估算出太阳的平均密度约为 1.4×10^3 kg/m^3,比水的密度略大一些。

物 理 方 法

　　本实例涉及的方法是估算法。估算法是对某些物理问题并非十分精确的测量或计算,甚至有些只是数量级的估计。当然,估算要以原理正确为前提。

【引申探讨】

　　这里还可以引申出另一个估算:像太阳一类的天体密度较小,自转速度太大时,其外缘物质没有足够大的万有引力作为向心力,则可能飞散出去最终被解体。那么,太阳自转的周期最小为多少呢?

　　我们仍以太阳表面的小块物体为研究对象,利用万有引力定律、向心力公式及密度公式来推导。设小块物体的质量为 m,太阳自转最小周期为 T,太阳半径为 R,则

$$\frac{GmM}{R^2}=m\left(\frac{2\pi}{T}\right)^2 R,\qquad ①$$

$$M=\rho V=\frac{4}{3}\pi R^3 \rho。\qquad ②$$

将①②两式结合可得到

$$\rho T^2 = \frac{3\pi}{G}。$$

所以

$$T = \sqrt{\frac{3\pi}{\rho G}}。$$

可见,最小周期仅与星球的密度有关。将太阳的密度 1.4×10^3 kg/m³ 代入上式可得

$$T = \sqrt{\frac{3 \times 3.14}{1.4 \times 10^3 \times 6.67 \times 10^{-11}}}\ s \approx 1 \times 10^4\ s。$$

即太阳的自转周期不能小于 1 万秒。(地球的自转周期是 8.64 万秒。)

(五)从响声石到声发射

【情景描述】

在春秋时期,晋国国王为修建宫殿从山上采石放在工地上,后来听到叽叽嘎嘎的声响,如同有人说话、唱歌一般。大家不知何故?公元前埃及地震后,一尊被拦腰折断的花岗岩石像,每天清晨都会咦咦呀呀地哼起"小调",人们以为是神灵降临了。修缮一新后,将裂缝填补好,就不再有声音了。其实,天气干燥,人静下心来在家看书时,偶然也会听到木制、竹制家具发出的叽嘎声。

其实,若金属材料有裂缝,当裂缝稳定地向外扩展时也会发出声音,只不过声音的频率和强度不一定在人耳的听觉范围内,所以人们不会经常听到。1953年,德国的凯塞注意到锌、铜、铝、铅等金属都会发生这种情况,称为"声发射"现象。后来,人们设计出声发射仪检测到了这种声信号,并逐步发展成为无损伤探测的声发射技术,广泛用于建筑、桥墩、航空航天等材料检测中。图 6-17 是声发射仪的主要结构框图,图中 S 是材料损伤处,A 是传感器,B 是放大器,C 是信号采集处理系统,D 是数据记录显示系统。图 6-18 是仪器的实物图。

图 6-17   图 6-18

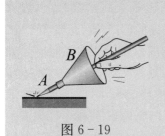

实 验 模 拟

如图 6-19 所示,在铅笔下端套上喇叭形塑料套。当铅笔在纸上写字或折断时,可从套口处听到声发射响声。

图 6-19

【提出问题】

1. 材料发出的声波是如何产生的? 它是什么形式的波? 一般在什么情况下会发生?

2. 如果将地震看作是一种声发射,除了可用它来定位、定强度级别之外,还可以用它来探测震源深度。在地壳(很薄)的下面是密度较小的地幔,再里面是密度较大的地核。地壳附近产生的地震波在地幔中传播时,遇到地核会发生反射或折射。如图 6-20 所示,用光来模拟地震波,图中 A 是地幔,B 是地核。试在图中画出从波源 S 发出的 1、2、3、5、7、9、10、11 等光线的路径(其中 4、6、8 已画),并说明有没有光照不到的盲区? 如何求得地核的大小?

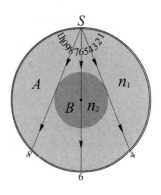

图 6-20

【建模分析】

1. 可以直接回答。

2. 的确可以用地震波来确定地核的大小。只不过用光来模拟地震波并不准确,但原理是一样的。在图 6-20 中,光线 1、2、3、9、10、11 都在同一介质中,是沿直线传播的;光线 5、7 遇到另一种介质时,会发生折射。所以,在地壳各处检测到的地震波信号会有所不同。

【解决问题】

1. 材料发射的声波是由于裂缝增大或热胀冷缩产生形变而振动产生的,这种声波在固体内部既有纵波又有横波。通常在外界气温变化或受到拉力、压力的情况下,容易发射声波。

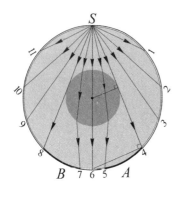

图 6-21

2. 用光波模拟地震波画出的传播情形如图 6-21 所示。如果用更多的光线来描绘,可以看到在地表上光线 4—5 之间的 A 区、光线 7—8 之间的 B 区是照不到光的盲区。从球心向 4 号光线作垂线,垂线段即为地核半径。将 4 号光线、6 号光线与球面的交点连接起来,它们与直径构成一个三角形,该三角形与光源 S 和核半径构成的三角形是相似的。如果 4 号、6 号连线的距离恰好等于地球半经 R,那么地核半径就等于 0.5R。所以,根据声发射技术利用地震波可以探测地核的大小。

【引申探讨】

声发射技术用于探测地球内部结构时,地震波是沿弧线而不是沿直线传播的。但确实发现存在因地核折射而产生的盲区,从而求得地核半经是 3 470 km,地球的平均半径是 6 371 km。可见,地核半径比地球半径的一半略大一些。

二、自然灾害中的物理

(一) 台风和龙卷风

台风和龙卷风是每年都会发生的自然灾害,破坏力极大。虽然它们有许多不同点,但由于都是大气中的气旋,因此在物理上有一些类似之处,不妨把它们放在一起对照着分析讨论。

【情景描述】

图 6-22

图 6-23

图 6 - 22 是台风云图;图 6 - 23 是龙卷风照片。它们有什么不同呢？请看下表：

项目	台风(或飓风)	龙卷风
多发地	西太平洋亚热带海面	北美洲大陆
范围、风速	几百至 1 千千米,最大风速 33 m/s	几米至几百米,最大可达 200 m/s
中心低压强	低于 200 Pa(台风眼)	800 Pa 以上
旋转方向	北半球逆时针,南半球顺时针	没有固定方向
破坏性	破坏性很大,范围广;持续时间长,按天计算	范围不大,但局部破坏力很强;持续时间短,按分钟计算

台风的形成过程:阳光直射处海水蒸发;形成低压中心;周围空气流入;产生气旋(图 6 - 24);下层空气流入,上层空气流出;形成稳定的台风眼;整体缓慢移动。

龙卷风的形成过程:强雷暴云体附近空气流前升后降;致冷增压;向四周扩散;引起气流汇入,并旋转成低压中心;不断强化成龙卷风。

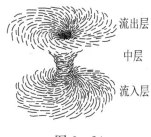

流出层

中层

流入层

图 6 - 24

【提出问题】

1. 从物理角度看,台风与龙卷风有什么类似之处?
2. 试分析台风和龙卷风的巨大能量转化过程。

【建模分析】

台风和龙卷风的相似之处主要体现在形成过程、成长后的形态以及能量转化情况。首先,它们的产生都是有条件的:台风是由于太阳照射海水升温;龙卷风是由于雷暴云体对流。然后,温差的变化引起压强的变化。接着,都形成一个低压中心,引发空气围绕该中心快速旋转。只要低压中心存在,总有空气不断流入,旋转的空气又维持了这个中心的存在(空气旋转有离心作用维持中心低压)。当然有空气流入就有空气流出,一般空气从下部流入从上部流出,所以它们会将吸入的物体送到高处再散落下来。周围空气绕中心旋转的向心力就是由内外空气的压力差提供的。

龙卷风的强度大,是因为它大多数发生在陆地上,它卷吸入的物体进一步增强了它的能量,当然损耗也快,所以一般只能持续几分钟的时间。台风维持时间长,是因为它在洋面上移动时能量损耗少。

关于能量转化问题,除了初始诱发因素分别是太阳辐射的内能和雷电的能量之外,后面它们在形成、生长过程中也有内能和机械能的相互转化,如蒸汽上升、致冷下沉等。当然,也有重力势能与动能的相互转化。

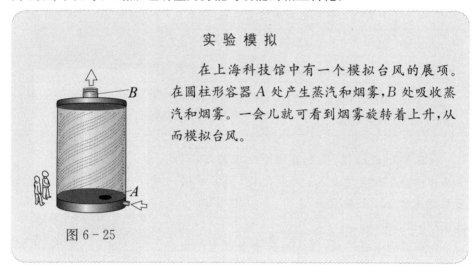

实 验 模 拟

在上海科技馆中有一个模拟台风的展项。在圆柱形容器 A 处产生蒸汽和烟雾,B 处吸收蒸汽和烟雾。一会儿就可看到烟雾旋转着上升,从而模拟台风。

图 6 - 25

【解决问题】

1. 台风与龙卷风的相似之处是:都有低气压中心造成的内外压强差;在局部地区产生旋转狂风;低压中心会维持一段时间;在移动过程中风的能量会产生巨大的破坏作用。

2. 台风与龙卷风形成和经过地区常有温度变化、形态变化、空气动能的变化,有时会掀起巨浪、卷起物体。因此,必定有分子内能的变化、物体机械能的变化,以及内能与机械能之间的转化。

【引申探讨】

台风旋转的方向是由于地球自转产生的偏向力即科里奥利力引起的。科里奥利力是在非惯性系中引入的一个力,实际上并不存在。在转动的圆盘这个非惯性参考系中,运动物体会受到科里奥利力的作用,其方向可以用右手螺旋法则来确定:并拢的四指由物体运动速度方向转向角速度矢量方向,形成右手螺旋,那么大拇指的指向就是科里奥利力的方向。如图6 - 26所示,当圆盘逆时针转动时,无论物体向哪个方向运动,科里奥利力都是指向速度方向的右侧；当圆盘顺时针转动时，无论物体向哪个方向运动，科里奥利力都是指向速度方向的左侧。

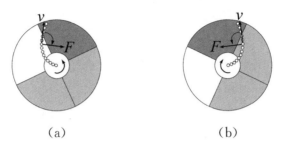

（a）　　　　　　　　　　（b）

图 6 - 26

对于台风来说，台风中心是低气压区，周围相对是高气压区，气流总是从高气压区向低气压区流动，也就是说从周围向中心移动。如果把转动的圆盘看作地球，在北半球（逆时针转动），当气流来自南方时，它受到的科里奥利力方向向右；当气流来自北方时，它受到的科里奥利力方向向左，因此气流环绕台风中心沿逆时针方向转动，如图 6 - 27 所示。同理，在南半球，台风总是顺时针方向的。当然只有大尺度运动时，科里奥利力的作用才比较明显，而对范围较小的龙卷风，其作用就不很明显。

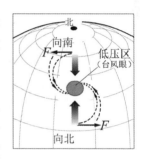

图 6 - 27

（二）地震波的测算

【情景描述】

1999 年我国台湾南投大地震是 20 世纪末最大的地震，强度可达里氏 7.3 级。地震造成 105 千米长的错裂带，持续 102 秒，释放能量达 17.7×10^{19} 焦，全岛都有震感，造成 4 万多间房屋全部倒塌，2 400 余人死亡。

地震发生时主要会产生三种波：（1）纵波（P 波），波速为 $v_P = 9.9$ km/s；（2）横波（S 波），波速为 $v_S = 4.5$ km/s；（3）面波（L 波），波速为 $v_L < 4.5$ km/s（在浅表地震中，其破坏力最大）。地震波中包含了地震的许多信息，因此探测地震波具有十分重要的价值。

【提出问题】

1. 在南投地震发生时，"实验模拟"中最先振动的是哪一个装置？为什么？

2. 相近南投数十千米的某城市 M 观测台记录了地震曲线,如图 6 - 28 所示,则图中 a、b、c 三种波形各对应哪一种地震波? 若在图线上测得 P 波与 S 波的时间差是 7.6 s,则观测台距震源有多远?

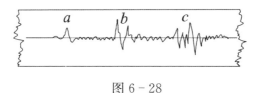

图 6 - 28

实 验 模 拟

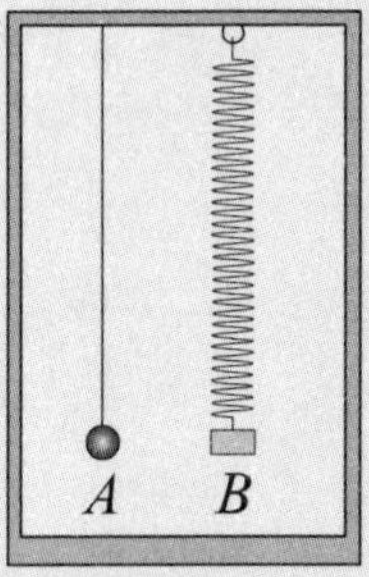

如图 6 - 29 所示,在水平桌面上放置一个支架,支架左边悬挂单摆 A,右边悬挂竖直的弹簧振子 B。可以用它们分别来检测地震的横波与纵波。

图 6 - 29

3. 假如地震 P 波沿直线传播到 M 市时,当地某标志物发生了位移 R,其水平分位移 $x = 23.1\,\text{mm}$,垂直分位移 $y = 0.4\,\text{mm}$,如图 6 - 30 所示。由此估算震源在 N 处的深度 h 是多少?

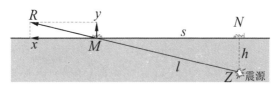

图 6 - 30

【建模分析】

本实例前两问比较简单,只要根据纵波、横波的特点以及运动公式就能解决。重点要分析第 3 问。由图 6 - 30 可知,M 市与震中 N 地相距较远,震源深度应小于两地距离。此外,P 波是纵波,应沿着 ZM 方向传播,所以标志物的位移应沿 MR 斜向上,其水平分位移 x 应平行于地面,竖直分位移 y 应垂直于地面。因此,△MZN 与△MRx 相似,根据相似比关系可求得震源深度 h。

【解决问题】

1. 最先振动的是弹簧振子 B,后振动的是单摆 A。因为纵波的传播速度大于横波的传播速度,而 B 是纵向振动的,A 是横向振动的,所以 B 测的是纵波,A 测的是横波。

2. 根据三种波的速度大小,可知 a 是 P 波,b 是 S 波,c 是 L 波。

若观测台到震源的距离为 l,P 波与 S 波到达观测台的相隔时间为 t,则有

$$\frac{l}{v_S}-\frac{l}{v_P}=t,$$

即

$$l=\frac{v_P v_S}{v_P-v_S}t=62.7\ \text{km}。$$

3. M 市到震中 N 的距离为 $s\approx l=62.7\ \text{km}$,根据图 6-30 中相似三角形的比例关系,可得

$$\frac{h}{s}=\frac{y}{x},$$

$$h=\frac{y}{x}s=\frac{0.4}{23.1}\times 62.7\ \text{km}\approx 1.1\ \text{km}。$$

【引申探讨】

沿着地表传播的地震波叫做面波(L 波),它是 P 波、S 波的次生波,是最晚产生的波,波速约为 3.8 km/s。它的特征是振幅大,周期长,对地面建筑物的破坏力极大。大地震后产生的面波可绕地球传播数日之久,因此利用面波可以研究地层的结构。

(三) 海啸的预警时间

【情景描述】

2004 年底发生在印尼苏门答腊亚齐省海域的强烈地震引起海啸,夺去了近 30 万人的生命。图 6-31 所示为当时海啸发生地掀起的巨浪。已知地震波在地表传播的速度约为 $v_1=32\,000$ km/h,海啸波在海面传播的速度为 $v_2=800$ km/h,图 6-32

图 6-31

中"震中"表示苏门答腊亚齐岛,"岛"表示旅游胜地普吉岛,从地图上估计震中离普吉岛的距离 s 约为 70 km。

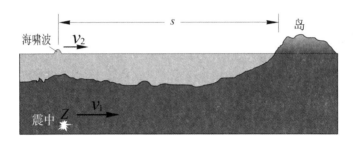

图 6 - 32

【提出问题】

根据图 6 - 32 所示的地震与海啸示意图,如果预报及时,普吉岛上的居民有多长的逃生时间?

【建模分析】

本问题要求的是时间,已知地震波和海啸波的速度,震中与普吉岛之间有一定的距离,因此它属于运动学问题。在示意图中,s 是震中到普吉岛的距离。设地震波传播到普吉岛的时间为 t_1,海啸波传播到普吉岛的时间为 t_2,监测机构在接收到地震波后马上发出预警,并立即被海边人的收到(理想化处理),由此可得两种波到达普吉岛的时间差 $\Delta t = t_2 - t_1$,也就是逃生时间。

物 理 方 法

本问题中有好几处都采用了估算方法,如从地图上估算距离、利用时间估算逃生路长、从房屋高度估算浪高等。实际上,普吉岛上的观测站从监测到地震波到通知居民还要花掉一段时间。所以,估算时应留有余地,不能太理想化。

【解决问题】

由上述分析可得:

$$t_1 = \frac{s}{v_1}, \quad t_2 = \frac{s}{v_2},$$

$$\Delta t = t_2 - t_1 = \frac{s}{v_2} - \frac{s}{v_1}.$$

代入数据后可得逃生时间

$$\Delta t \approx 0.085\ 3\ \text{h} = 5.12\ \text{min}.$$

假设某人以 6 m/s 的平均速度狂奔,在这段时间内他可从海滩向山坡上奔跑约 1.8 千米。

【引申探讨】

海啸引起的波浪最高可达 20 多米,图 6-33 是日本一次大海啸造成的景象,一条船竟然搁置在楼顶上。试估算当地的海浪至少有多高?

此船下面的楼房有三层高,通常每层楼高约 3 m,三层楼约有 9 m 高,而船的吃水线深度约为 2 m。由此可知,船能漂到屋顶上,海浪的高度至少为 11 m。

图 6-33

三、太空探索中的物理

(一) 嫦娥四号登月

【情景描述】

2019 年 1 月 3 日 10 点 26 分,我国嫦娥四号月球探测器经过近 1 个月的长途跋涉,终于成功在月球背面软着陆,这是人类首次实现该壮举。在登月过程中,变轨是非常重要的环节。嫦娥四号到达月球附近后,首先在距月面 129 km 处成功实施 7 500 N 变推力发动机点火,356 秒后发动机关机,探测器完成近月制动进入 100~400 km 的环月椭圆轨道。然后,再经过几次变轨,进入距离月面 15~100 km 的着陆准备轨道。接着,探测器在距离月面 15 km 处开始实施动力下降,以相对于月面 1.7 km/s 的速度下降,在距月面 6~8 km 处探测器进行快速姿态调整,继续不断接近月球。最后,在距月面 100 米处悬停(图 6-35),完成对障碍物和坡度的识别后,开始缓慢垂直降落在冯·卡门撞击坑附近。

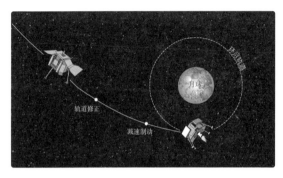

图 6 - 34   图 6 - 35

【提出问题】

1. 探测器在从近月点 15 km 至 8 km 在下降过程中,发动机要消耗多少能量?

2. 当探测器处于悬停状态时,发动机的推力为多大?(探测器的质量约为 1 吨,月球半径约为 1 700 km,离月面不到 20 km 处可看作匀强引力场)

【建模分析】

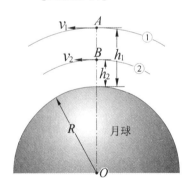

图 6 - 36

1. 关于变轨时耗能的问题,首先要弄清楚探测器从什么轨道变到什么轨道;然后再计算出探测器在轨时的机械能为多大,两个轨道上的机械能之差要通过发动机做正功或负功来实现。从图 6 - 36 可以看出,变轨时探测器要从轨道①的 A 处转移到轨道②的 B 处。A 处离月面的高度 $h_1 = 15$ km,探测器的运行速度 $v_1 = 1.7$ km/s,根据探测器的质量 $m = 1 \times 10^3$ kg、月球半径 $R = 1 700$ km,便可求得探测器在 A 处的机械能。B 处离月面的高度为 $h_2 = 8$ km,则 B 处离月心的距离为 $R + h_2$,由匀速圆周运动公式可求出环绕速度 $v_2 = \sqrt{g(R + h_2)}$,然后可求出探测器在 B 处的机械能。探测器在 A、B 两处的机械能之差就是发动机需要做的功。

2. 对于悬停状态,属于二力平衡问题,比较简单,这里就不再展开了。

【解决问题】

1. 由图 6 - 36 可知,$v_1 = 1\ 700$ m/s,月面附近的重力加速度 $g = 1.6$ m/s²。

探测器在 B 处的速度即为该处环绕速度 v_2，由匀速圆周运动公式可得

$$mg = \frac{mv_2^2}{r}.$$

因为 $\qquad r = R + h_2 = (1\,700 + 8)\ \text{km} = 1\,708\ \text{km}$，

所以 $\qquad v_2 = \sqrt{gr} = \sqrt{1.6 \times 1.708 \times 10^6}\ \text{m/s} \approx 1\,650\ \text{m/s}.$

(1) 从 A 处到 B 处，探测器动能的减少量

$$\Delta E_k = \frac{1}{2}m(v_1^2 - v_2^2) = \frac{1}{2} \times 1\,000 \times (1\,700^2 - 1\,650^2)\ \text{J} \approx 8.38 \times 10^7\ \text{J}.$$

(2) 从 A 处到 B 处，探测器势能的减少量

$$\Delta E_p = mg(h_1 - h_2) = 1\,000 \times 1.6 \times (15 - 8) \times 10^3\ \text{J} = 1.12 \times 10^7\ \text{J}.$$

(3) 从 A 处到 B 处，探测器的机械能减少量

$$\Delta E = \Delta E_k + \Delta E_p = (8.38 + 1.12) \times 10^7\ \text{J} = 9.5 \times 10^7\ \text{J}.$$

这些减少的机械能需要靠发动机做负功，也就是反向推力做功消耗能量来实现。

2. 探测器悬停时，其重力等于发动机的推力 F，即

$$F = mg,$$
$$F = 1 \times 10^3 \times 1.6\ \text{N} = 1.6 \times 10^3\ \text{N}.$$

这个推力大小仅约为发动机最大推力的五分之一。

实 验 模 拟

将大饮水桶的喇叭形肩部裁剪下来，可模拟地球的引力弯曲空间，如图 6-37 所示。同样，小饮水桶的喇叭形肩部可模拟月球的引力弯曲空间。将它们靠近安置在一块泡沫板上，让一个弹丸从笔管中滚下，弹丸将在"地球"曲面上做椭圆运动。当速度到达到一定大小时，它可从"地球"飞向"月球"，并最终登陆"月球"表面。

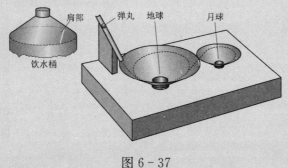

图 6-37

【引申探讨】

嫦娥四号探测器从地面发射到登陆月球需要经历多次变轨过程,一般采用的是在椭圆轨道近地点变轨,可简化如图 6-38 所示。在地球引力范围内时,开始在内层轨道,抵达近地点时点火加速,升至更大的椭圆轨道。经过三次变轨后,来到最远点抵达月球引力范围内,再稍加速便进入月球引力区,稍作减速便变为绕月轨道。此后,在近月点多次减速,轨道越来越小。最后,经过制动、减速,最终降落月面上。

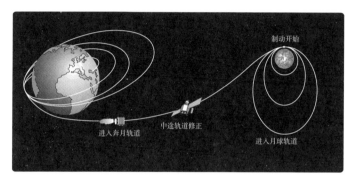

图 6-38

从图上可以看出,入月的轨道采用的是 8 字形,这是最省能量的办法,否则最后轨道的远地点会离月球更远,减速更多才能被月球所俘获。

(二)为嫦娥登月搭鹊桥

【情景描述】

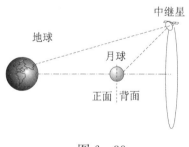

图 6-39

因为嫦娥四号探测器要降落到月球背面,所以无法与地球直接进行无线电通信。于是,我国在 2018 年 5 月先发射了一颗中继卫星"鹊桥",定点在月球附近,通过它来转送信号,如图 6-39 所示。

"鹊桥"中继星为什么能停留在月球附近的上空呢?这就要从天体运动的几个特殊点说起。我们知道,当一个小质量天体(如月球)绕一个大质量天体(如地球)转动时,通常是大质量天体(地球)几乎"不动",小质量天体在引力作用下绕大质量天体做椭圆或圆周运动。而当一个小行星

（如人造卫星）出现在两个天体附近时,它也会绕大质量天体运转。但在不同轨道上人造卫星转动的角速度是不同的,如果卫星比月球离地球更远,那么卫星就比月球转得慢。但是,法国数学家、力学家、天文学家拉格朗日在 1772 年通过计算发现,考虑到月球的引力作用,仍然存在 5 个特别的位置（图 6 - 40）,当卫星处于这些位置时可以与月球同步转动,即角速度相等。后来,这一理论被天文观测所证实,故称为拉格朗日点,分别用 L_1、L_2、L_3…… 来表示。"鹊桥"中继星就位于地月系统的 L_2 处。

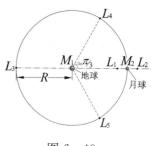

图 6 - 40

【提出问题】

1. 试定性说明:如图 6 - 40 所示,对于地月系统来说,当小行星在 L_1、L_2、L_3 处时,可以与月球以同样的快慢（角速度）绕地球转动。

2. 请用万有引力定律和圆周运动规律,计算地月系统中拉格朗日点 L_1 和 L_2 到月球的距离。（已知月球半径为 1 700 km,月球绕地球转动的角速度为 2.42×10^{-6} rad/s,月球附近的重力加速度为 1.6 m/s^2。）

【建模分析】

1. 当小行星在 L_1、L_2、L_3 处时,若只考虑地球引力,确实无法与月球以相同的角速度绕地球转动。但小行星还会受到月球引力的作用,因此可以做到与月球同步转动。

2. 要计算 L_1 和 L_2 到月球的距离,计算比较复杂,但可以采用近似方法进行简化。根据前面的定性分析可知,小行星 m 在 L_1 处时,由地球引力与月球引力之差提供向心力（即图 6 - 41 中 A 点）,即

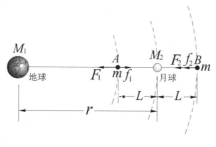

图 6 - 41

$$\frac{GmM_1}{(r-L)^2} - \frac{GmM_2}{L^2} = m\omega^2(r-L)。$$

式中，M_1、M_2 分别为地球和月球的质量，ω 为月球的角速度，r 为月地距离。

然后对于月球，再根据圆周运动公式和万有引力定律可得

$$\frac{GM_1M_2}{r^2} + \frac{GmM_2}{L^2} = M_2\omega^2 r。$$

将两式进行近似化处理后便可求得 L_1 到月球的距离。同理，可求得 L_2 到月球的距离。

【解决问题】

1. 对于绕地球转动的小行星，若只考虑地球引力，由 $\dfrac{GmM}{r^2} = m\omega^2 r$ 可得：$\omega^2 r^3 = GM$（M 是地球质量）。即运动半径 r 越小，角速度 ω 就越大。因此，当小行星位于 L_1 处时，由于其运动半径小于月球的运动半径，因此小行星不可能与月球同步转动。但除了受地球引力外，小行星还受到月球引力作用，两个引力方向相反。这个引力差就导致小行星在 L_1 处时，能够以与月球相同的角速度转动，也就出现了它们同步转动的奇特现象了。

L_2 位于地月连线的延长线上。当小行星位于 L_2 时，其运动半径大于月球的运动半径，但由于小行星受到的地球引力和月球引力方向相同，所以它的角速度能够与月球的角速度相同，也就与月球同步转动了。

在地球背面与月球"几乎"对称的位置也有一个拉格朗日点 L_3，在这里小行星会同时受到地球引力和月球微弱引力的作用，从而可以与月球同步转动。

2. 如图 6 - 41 所示，地球和月球的质量分别为 M_1、M_2。

（1）计算 L_1 到月球的距离

对于小行星 m 有

$$\frac{GmM_1}{(r-L)^2} - \frac{GmM_2}{L^2} = m\omega^2(r-L)。 \tag{①}$$

对于月球有

$$\frac{GM_1M_2}{r^2} + \frac{GmM_2}{L^2} = M_2\omega^2 r。 \tag{②}$$

由于 L 远小于 r，且 m 远小于 M_1、M_2，将①②式结合并略去微小项可得

$$\frac{GM_2}{L^2} = \omega^2 L。 \tag{③}$$

设 R 为月球半径,在月面附近有

$$mg=\frac{GmM_2}{R^2},\text{即 }GM_2=R^2g。 \qquad ④$$

将④式代入③式,整理可得

$$L=\sqrt[3]{\frac{gR^2}{\omega^2}}。$$

（2）计算 L_2 到月球的距离

对于小行星 m 有

$$\frac{GmM_1}{(r+L)^2}+\frac{GmM_2}{L^2}=m\omega^2(r+L)。 \qquad ①$$

对于月球有

$$\frac{GM_1M_2}{r^2}-\frac{GmM_2}{L^2}=M_2\omega^2r。 \qquad ②$$

由于 L 远小于 r,且 m 远小于 M_1、M_2,将①②式结合并略去微小项可得

$$\frac{GM_2}{L^2}=\omega^2L。 \qquad ③$$

在月面附近有　　　　$mg=\dfrac{GmM_2}{R^2}$,即 $GM_2=R^2g$。 　　　④

将④式代入③式,整理可得

$$L=\sqrt[3]{\frac{gR^2}{\omega^2}}。$$

由此可见,L_1 和 L_2 到月球的距离表达式是相同的,也就是说它们相对于月球是对称的。

将 $g=1.6\ \text{m/s}^2$、$R=1.7\times10^6\ \text{m}$、$\omega=2.42\times10^{-6}\ \text{rad/s}$ 代入可得

$$L=L_1=L_2\approx0.9\times10^8\ \text{m}。$$

精确计算所得值是 $6.5\times10^8\ \text{m}$,可见近似计算结果与真实值的数量级比较相近,但存在一定误差。

物 理 方 法

“近似处理”也是物理学中一种重要的研究方法,通常根据物理原理和规律及数学近似原理对物理常数、表达式或结果进行简化处理等。例如,$\sin\theta\approx\tan\theta$,略去较小的高次项,将椭圆视为圆,以及本实例中的几项近似处理。一般近似处理后得到的结果与实际结果基本一致。

【引申探讨】

由图 6 - 39 可以看到,中继星"鹊桥"并不是停留在拉格朗日点 L_2 上静止不动,而是在绕 L_2 点的一种轨道上运行。这是因为停在 L_2 点上虽能"看到"月球背面,但"看不到"地球了。只有沿轨道运动,才能起到"信息桥"的作用。

对于拉格朗日点,应理解为是一个区域,因此中继星要在这个区域内保持稳定还是需要推进系统来维持的。我国采用的这个轨道叫 HALO 轨道,轨道直径为 3 500 km,中继运动周期是 15 天,质量为 400 kg。根据向心力公式可估算出在此轨道上所需的向心力 $F = m\omega^2 r = 400 \times 4.8 \times 10^{-6} \times 1750$ N $= 1.6 \times 10^{-2}$ N。可见,鹊桥星在轨维持所需的向心力很小,全年仅需数千克燃料。

(三) 用磁谱仪寻找暗物质

据天文研究表明,宇宙中可以看见的物质如星球、天体仅占总物质的 4% 左右,看不见的暗物质约占 22%,而其余的 74% 是暗能量。暗能量是从宇宙还在不断膨胀的理论中推断出来的,并未证实。科学家也一直在多方寻找暗物质存在的证据,例如华裔诺贝尔物理学奖获得者丁肇中博士主持设计的阿尔法磁谱仪,其主要任务之一就是寻找宇宙中的暗物质。自发射至今,他领导的团队已采集了 540 多亿个宇宙粒子的信息,找到了可以证明暗物质存在的 6 个证据中的 5 个。最后一个是:如果正电子的产生率突然下降,就可证明暗物质的存在。因为正电子是由于暗物质对撞产生的,由于暗物质能量有限,达到一定能量后就不能再产生正电子了,所以正电子会突然下降。科学家们正翘首以盼这一结果的出现。图 6 - 42 是阿尔法磁谱仪的外形和内部结构示意图,其总质量可达 6 900 kg,核心部件永磁体约为 2 000 kg。

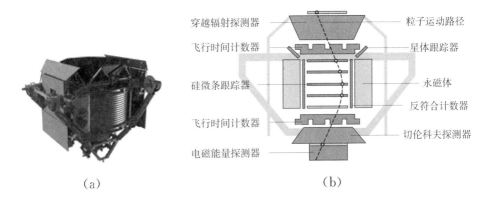

穿越辐射探测器　　　　粒子运动路径
飞行时间计数器　　　　星体跟踪器
硅微条跟踪器　　　　　永磁体
　　　　　　　　　　　反符合计数器
飞行时间计数器　　　　切伦科夫探测器
电磁能量探测器

(a)　　　　　　　　　　(b)

图 6 - 42

【情景描述】

阿尔法磁谱仪的主体结构是一个钕铁硼材料的永磁体，由中国设计制造。永磁体的外形是一个高 1 m、直径为 1.2 m 的中空圆柱体，磁性由固定在圆周上的 64 个磁化方向连续变化的永磁条提供，中间是匀强磁场，磁感应强度为 0.14 T。这种圆形磁场叫做魔环结构。图 6 - 43 是由 16 条钕磁铁组成的魔环，其中每块小磁体的磁化方向（箭头为磁化方向）各不相同。

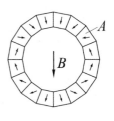

图 6 - 43

【提出问题】

1. 如果某一魔环由 8 块强磁铁构成，如图 6 - 44 所示（箭头为磁化方向）。试画出 7 条磁感线，并描述其磁场特点。

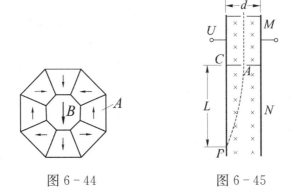

图 6 - 44　　　　　　图 6 - 45

2. 磁谱仪有些功能与质谱仪（根据粒子质量差异进行分离和检测物质组成的仪器）很相似，图 6 - 45 是带有速度选择器的质谱仪，M 是既有磁场又有电场的速度选择器。若左右两极板的电势差为 U，N 为匀强磁场区，M 和 N 中的磁感应强度均为 B。一个电荷量为 q 的氦 3 核子从上口进入速度选择器，并沿直线通过 A 孔后，沿弧线抵达 P 点。问：该粒子是正粒子还是反粒子？写出它的符号。若其路径如图所示，C、P 间的距离为 L，则该粒子的质量为多大？

【建模分析】

1. 画磁感线。在遇到与教材上不同的新问题时，可将新知识与学过的知

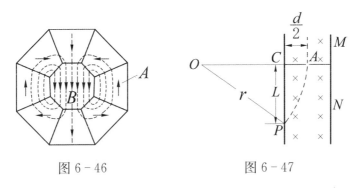

识联系起来,通过类比找到解决方法。在图 6-44 中,磁块上的箭头是分析的关键,它们代表的是磁化的方向,可以认为箭头是 N 极,箭尾是 S 极。当然,也可以把它看作是磁体内部一根磁感线的方向。而环中央是分布均匀的匀强磁场,即磁感线都应是平行的直线,又根据磁感线是封闭曲线,于是便可完成解答。

2. 求粒子的质量 m。首先判断该粒子是正粒子还是反粒子。根据轨迹弯曲的方向,用左手定则可判定该粒子带负电,其符号是 $-\frac{3}{2}\text{He}$,即是氦 3 的反粒子。

因为该粒子在速度选择器中的轨迹是直线,所以其受力平衡,所受的电场力等于洛伦兹力,即 $Eq=qBv$。因此,该粒子进入 A 孔时的速度为 $v=\dfrac{E}{B}$。当该粒子进入磁场区 N 后,在洛伦兹力的作用下做圆周运动,则有 $\dfrac{mv^2}{r}=qBv$,即 $m=\dfrac{rqB}{v}$。式中,r 可以通过 L 与 d 的关系求出,这样粒子的质量便能求得。

【解决问题】

1. 魔环磁体中磁感线的大致分布如图 6-46 所示,中央是匀强区域,每条磁感线都是封闭曲线。

图 6-46   图 6-47

2. 该粒子是氦 3 的反粒子,粒子的质量计算如下:

(1) 在 M 区内有

$$v=\frac{E}{B}=\frac{U}{dB}。 \qquad ①$$

（2）在 N 区内，由图 6-47 可以看出圆弧 AP 的半径为 r，$r=OC+\dfrac{d}{2}$（A 孔在中央）。对于直角三角形 OPC，则有

$$OC^2+CP^2=OP^2，即 L^2+\left(r-\dfrac{d}{2}\right)^2=r^2，$$

整理可得
$$r=\dfrac{4L^2+d^2}{4d}。 \qquad ②$$

（3）在 N 区内，该粒子所受的洛伦兹力提供向心力，则有

$$qBv=\dfrac{mv^2}{r}。$$

可得 $m=\dfrac{rqB}{v}$，将①式的 v 代入可得

$$m=\dfrac{rqB^2d}{U}。 \qquad ③$$

再将②式中的 r 代入③式，最终可得

$$m=\dfrac{qB^2(4L^2+d^2)}{4U}。$$

由此可见，在其他条件不变的情况下，L 越大，粒子的质量就越大。

【引申探讨】

1. 上述计算并不符合阿尔法磁谱仪的真实情况，磁谱仪没有采用速度选择器，因为它的目标是寻找高能粒了，所以顶部有粒子阻挡装置，还有可以直接测量粒子速度、能量和数量的各种仪器。

2. 我国在 2015 年发射的"悟空"号暗物质粒子探测卫星，也是一流的暗物质探测装置。它与磁谱仪探测的手段有所不同，重点是研究超新星爆发产生的 γ 射线及暗物质发生湮灭时产生的额外 γ 射线。其中有些仪器与磁谱仪相似，如能测量粒子的电荷量、速度、能量，还能区分中子与其他粒子等。"悟空"号是目前世界上观测能段范围最宽、能量分辨率最优的暗物质粒子探测卫星。

（四）人类第一次"看到"了黑洞

2019 年 4 月 10 日，人类历史上首张黑洞照片正式公布。它位于室女座一个巨椭圆星系 M87 的中心，如图 6-48 所示，其质量大约是太阳质量的 65 亿

倍,距离地球大约 5 500 万光年。该黑洞基本上是一个红色的圆环,下部发出强烈的白色,中间全黑。它是由分布在世界各地的 8 个射电望远镜阵列联合完成的。

图 6 - 48

黑洞是一种无法直接观察到的天体,其质量极大,引力极强,它周围的物质会被它吸入,连光也无法逃逸出来,所以人们无法看到它。但由于物质在被吸入之前会相互碰擦发热而辐射出射线,因此人们可以感知到它的存在并估算出其大小。

【情景描述】

黑洞质量很大,又能不断吞噬大量物质,那么它有多大呢?早在 1916 年,德国天文学家史瓦西就推导出一个公式来计算它的半径,这个半径叫黑洞视界。下面我们来估算一下它的半径和密度大小。

【提出问题】

1. 黑洞的特点是连光也无法从它周围逃逸,假如把运动的光子视为有质量的粒子,请利用万有引力定律等关系式估算黑洞的半径大小。(已知 M87 黑洞质量为 65 亿个太阳质量,太阳质量为 2×10^{30} kg,万有引力恒量为 6.67×10^{-11} N $\cdot$ m^2 / kg^2。)

2. 黑洞的产生过程类似于中子星的产生过程。假如可以把黑洞看作是中子紧密排列在一起的中子星,试估算 M87 黑洞的质量大小。(中子的质量为 1.66×10^{-27} kg,半径约为 10^{-15} m。)

【建模分析】

1. 从光不能逃逸出黑洞这一点出发来分析。假设许多粒子在绕着一个大质量天体运转,向心力由万有引力提供。当粒子的速度达到一定值时,它们才能摆脱吸引而不落入天体,这个速度值就是该天体的环绕速度。计算环绕速度的方法就是利用万有引力大于或等于向心力来计算。若粒子的速度达到光速也无法逃逸,那么该天体就可以认为是黑洞。

2. 大质量恒星在其寿命晚期,温度降低,辐射减弱,在引力作用下逐渐向内收缩挤压,成为紧密排列的中子星,并最终变成一个奇点即黑洞。在中子星阶段,其密度与中子相同,因此黑洞的质量与中子的质量之比等于它们的体积之比,由此可求得黑洞的质量。

【解决问题】

1. 设 R 为某天体的半径,M 为某天体的质量,m 为环绕物体的质量,v 是环绕速度,则

$$\frac{GmM}{R^2} = \frac{mv^2}{R}。$$

所以该天体的半径为

$$R = \frac{GM}{v^2}。$$

要使光也不能被吸入,则式中的 v 即为光速 c,则

$$R \leqslant \frac{GM}{c^2}。$$

此式是相当粗略地对黑洞半径的估算,代入 M87 黑洞质量为 65 亿个太阳质量、太阳质量为 2×10^{30} kg 等数据,得到它的半径最大约为 9.6×10^{12} m。

按史瓦西标准半径公式计算(相当于按逃逸速度计算)

$$R_s - \frac{2GM}{c^2} \approx 19.2 \times 10^{12} \text{ m}。$$

而正式公布的 M87 黑洞半径 $R = 19 \times 10^{12}$ m。

由此可见,以上三个数据在数量级上是很接近的。按史瓦西标准半径公式计算,太阳若收缩成黑洞半径仅为 3 km,地球则仅为 9 mm。

2. 假如黑洞是填满中子的天体,根据前面的分析可知,$\frac{M}{m_0} = \frac{V}{V_0}$,式中 M、V 分别是黑洞的质量和体积,m_0 与 V_0 分别是中子的质量和体积。则

$$M = \frac{V}{V_0}m_0 = \frac{\frac{4}{3}\pi R^3}{\frac{4}{3}\pi r^3}m_0 = \frac{R^3}{r^3}m_0 = \frac{(19 \times 10^{12})^3}{(10^{-15})^3} \times 1.66 \times 10^{-27} \text{ kg}$$

$$= 1.36 \times 10^{58} \text{ kg}。$$

这个值与 M87 的真实质量 1.3×10^{40} kg 相比,大了 10 多个数量级。显然,

中子星模型并不是 M87 黑洞当前所呈现的阶段。

【引申探讨】

首张黑洞照片的发布,也进一步证明了爱因斯坦广义相对论的正确性。这是为什么呢? 因为广义相对论的几个重要推论又都获得了验证:在强大引力的作用下空间会发生弯曲;光线经过大质量天体附近时传播方向会发生改变;引力透镜现象,如图 6-49 中位于黑洞后面的天体会绕过黑洞而被观察到,不但可以观察到天体的正面(图中 1、2 处),而且还可以观察到其侧面(图中 3、4处),甚至它的背面。

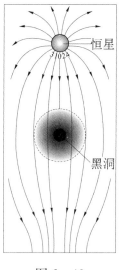

图 6-49

从 M87 黑洞照片来看,它也很好地符合了广义相对论的推测。图 6-50(a)(c)是其他引力理论对 M87 黑洞的预测结果,图(b)是广义相对论的预测结果。可以看出,图(b)与照片最吻合,其他两个不是形状不对就是圆被拉长了。难怪科学家们都说:爱因斯坦这次又得分了。

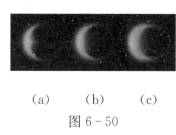

（a）　　（b）　　（c）

图 6-50

物 理 方 法

物理理论确立的过程一般是这样的：理论提出——作出预测或推论——对预测或推论验证成功——理论成立。例如，广义相对论由光线弯曲推论所验证，分子动理论由布朗运动所验证。

实 验 模 拟

用盛水水杯可以大致模拟引力透镜的效果。如图6-51所示，在水杯前后壁A、B处贴上纸条，遮住中央部分；在杯子后面放置一个光源，从正面观察，由于水的折射，可以看到光源的像。

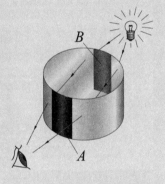

图6-51

第七章　物理与技术

物理学是基础科学,科学与技术相互依存,相互促进,相互转化。物理学为技术的发展提供基础和支撑,而技术是物理学发展的手段和动力,不断提出新的研究课题,激励物理学发展。当前两者越来越趋于一体化时,物理学的发展就越来越依赖于先进的技术;技术的发展也越来越依赖于物理学的进步。科学技术的发展会对社会进步产生巨大影响;而社会进步又为科学技术的发展创造条件。从历史上看,物理学与技术、社会的关系如图 7-1 所示。

图 7-1

一、物理与技术的关系

下面通过实例来说明物理与技术之间的紧密关系。

(一) 物理促使技术进步

实例一:从电磁理论到电磁弹射技术

自从法拉第发现电磁感应定律以后,人类逐步进入了电气时代,利用安培力工作的各种电动机不断涌现,广泛应用于生产和生活的各个领域。在军事领域,电磁理论也有着非常重要的应用,其中电磁轨道炮和电磁弹射技术是最先进的代表。

【情景描述】

电磁轨道炮和电磁弹射器都是性能优越的现代化武器装备,但它们的基本原理是相同的,都是利用磁场对电流的作用来工作的。电磁轨道炮又叫轨道炮,其发射的炮弹速度大(速度是普通炮弹的 2～3 倍)、精度高、射程大。

图 7－2 是轨道炮的结构示意图。在两根平行的金属轨道上放置一个电枢,电枢前端安置弹丸。给轨道连接电源,闭合开关,轨道和电枢中产生强大电流,轨道左侧区域产生强磁场。通电电枢在安培力的作用下加速运动,将弹丸从轨道右端高速推射出去。

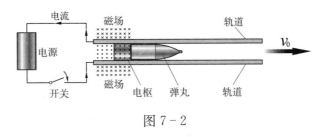

图 7－2

【提出问题】

1. 某轨道炮的试验数据如下:弹丸质量 $m＝10$ kg,射出速度为 2 500 m/s,射程为 250 km,轨道宽为 0.2 m,加速时间为 0.08 s。假如轨道间的磁场可视为匀强磁场,且磁感应强度 B 与电流的平方成正比,即 $B＝I^2×10^{-7}$(T);发射过程可看作匀加速直线运动,且不计阻力。试估算磁感应强度大小。

2. 试计算发射一次炮弹的平均电流大小。并想一想如何确保电源能产生这样大的电流?

实 验 模 拟

如图 7－3 所示,磁场方向竖直向下,在平板上固定两根平行裸导线 AB、CD,垂直平行导线放置一根较轻的裸铜线 PQ。在 AC 端接上电源,当闭合开关 S 时,PQ 会突然向右运动(相当于短路,通电时间一定要短)。这样就可以模拟电磁轨道炮的发射过程。

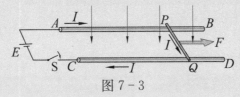

图 7－3

【建模分析】

本实例是有关通电导体在磁场中受安培力作用而加速的问题。要对实际情景进行理想化处理：平行轨道之间的磁场看作匀强磁场，瞬间电流恒定，弹丸的运动是初速度为零的匀加速直线运动，不计阻力，不考虑轨道和电枢的电阻及运动后反电动势对电流的影响，等等。

解题思路是，由运动学、动力学知识求出安培力 F；由 $F = ILB$、B 与 I 的关系式求出 B 和 I 的大小。至于如何产生如此大的电流，属于开放性问题，可以从电能的储存方式上去考虑，只要理论上可行即可。

【解决问题】

1. 弹丸的加速度 $a = \dfrac{v}{t}$，所以弹丸受到的合力为 $F = ma = \dfrac{mv}{t}$。

由安培力公式可得　　　$F = ILB = ILI^2 \times 10^{-7}$。

所以　　　　　　　　　$mv = I^3 Lt \times 10^{-7}$。

$$I^3 = \frac{mv}{Lt \times 10^{-7}} = \frac{10 \times 2\,500}{0.2 \times 0.08 \times 10^{-7}} \text{A}^3 = 1.56 \times 10^{13} \text{A}^3,$$

$$I = 2.5 \times 10^4 \text{A}。$$

磁感应强度　　　　　　$B = I^2 \times 10^{-7} = 62.5 \text{ T}。$

图 7 - 4

2. 上面已经计算出了平均电流的大小，约为 25 000 A，应该说是相当大的。有多种办法可以存储所需的电能。一种是用大量并联的电容器来存储（图 7 - 4），充电后突然释放，会产生瞬间大电流。另一种是利用惯性来储能，让一个大质量飞轮与供电的直流发电机一起转动，当放电后发电机将要停止工作时，飞轮继续带动直流发电机发电、供电，从而延长了大电流的供给时间。

物 理 方 法

本实例说明了物理发现对技术进步的重要推动作用。但许多原理的成功应用也离不开发明家的创造。如直流电动机电刷的发明能使转子连续不断地转动，轨道弹射器中强迫储能的发明促进该项技术日益成熟等。所以，发明家的发明与科学家的发现同样值得尊重。

【引申探讨】

航母上的电磁弹射器是用来弹射飞机的,与电磁轨道炮有异曲同工之妙。由于它要加速的载荷比较大,因此多采用"直线电动机"。图 7 - 5(a)是一台交流电动机的示意图,外部的定子中有线圈,通以交流电时会产生旋转磁场,在内部

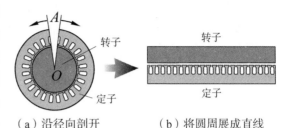

（a）沿径向剖开　　（b）将圆周展成直线

图 7 - 5

的转子中引起感应电流,转子就会转动起来。直线电动机就是交流电动机的变形,相当于将定子从 A 处剖开拉直,如图 7 - 5(b)所示,定子线圈固定在弹射器的轨道旁用来产生强磁场,转子线圈是推进器,位于上方,由它可以带动舰载机快速弹射起飞。如图 7 - 6 所示,电磁弹射器通常包括直线电动机、强迫储能装置、系统控制器、弹射导轨系统,它们都需要有强大的电源来支撑,因此强电源是弹射器的核心部件。

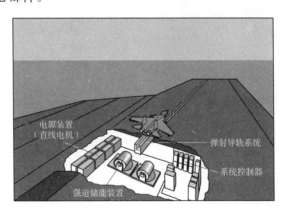

图 7 - 6

实例二 :从质能方程到人造小太阳技术

爱因斯坦质能方程 $E = mc^2$ 表明了质量与能量之间的关系,若将其写成 $\Delta E = \Delta mc^2$,说明物质质量亏损可以产生巨大的能量,亏损 1 克质量可产生高达 9×10^{13} 焦的能量。科学家利用这一理论通过可控的裂变方式实现核能发电,以解决世界能源危机问题。但核裂变并不太安全,核废料容易产生辐射污染,于是人们将目光聚焦到既安全又清洁的核聚变发电。核聚变有很多优势。首先,

聚变物质氘在海水中大量存在,几乎取之不尽,用之不竭。其次,相比核裂变,核聚变所释放出来的能量就要强得多,而且不会产生放射性的核废料,所产生的核辐射也要小得多。太阳发光发热的原理就是聚变反应,因此人工可控核聚变又叫做人造小太阳。但要实现人工可控核聚变,还有很多问题需要解决,科学家正在为此而努力奋斗。

【情景描述】

当前比较成功的人工可控核聚变装置是"托卡马克",许多国家(包括我国)都采用这种形式。它的外形像一个甜甜圈,中央是空心的,由强磁场约束等离子电流,通过加热升高到上亿摄氏度的高温使核子靠近到核力作用的范围,发生聚变反应,释放出结合能。图 7 - 7 是我国自主建造的人工可控核聚变装置——全超导托卡马克 EAST,2017 年 7 月它创造了约束等离子体时间长达101.2 秒的世界纪录。

图 7 - 7

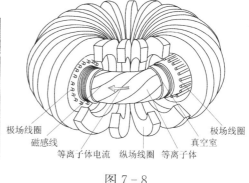

图 7 - 8

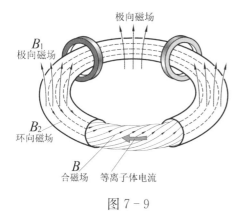

图 7 - 9

图 7 - 8 是它的磁场线圈及结构示意图。磁场是由极向磁场和纵向(即环向)磁场两部分合成的。在等离子体所在的环圈中,合磁场呈螺旋状。图 7 - 9 是简化的磁场分布图。氘、氚的等离子体有正负离子,它们在强磁场作用下会绕磁感线做螺旋运动,处于受约束状态,不会离开中央。环形电流虽然本身会有焦耳热产生,但仍需要注入中性流及微波加热,使温度

进一步升高,从而达到聚变反应的条件。

【提出问题】

1. 在如图 7 - 10 所示匀强磁场中,带正电的离子 a 与带负电的电子 b 分别如何运动? 试作图表示。在图 7 - 11 所示的坐标系中,磁场沿 y 轴方向,一个正离子从原点出发在 xOy 平面内运动,试画出它运动的大致轨迹。

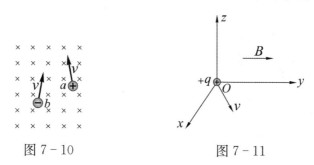

图 7 - 10　　　　　　　　　　　　　图 7 - 11

2. 试写出一个氚核和一个氘核结合产生一个中子的核反应方程,并计算释放的聚变结合能。(已知氚核质量为 3.018 0 u,氘核质量为 2.014 1 u,氦核质量为 4.002 6 u,中子质量为 1.008 7 u。1 u = 1.660 5 × 10^{-27} kg,1 u 相当于 931.5 MeV)

【建模分析】

带电粒子在匀强磁场中运动时只需考虑洛伦兹力。如果初速度与磁感线垂直,则该带电粒子做圆周运动,依据洛伦兹力等于向心力可得带电粒子的旋转半径 $R = \dfrac{mv}{qB}$。在磁感应强度一定、带电量相近、速度差不多的情况下,旋转半径取决于粒子的质量。因为正离子比电子的质量大得多,所以电子的半径远小于正离子的半径。因此作图时,不但要考虑运动的方向,还要注意运动半径的大小。

带电粒子在三维空间中运动时,首先要将初速度分解成沿着磁感应强度 B 方向的分量和垂直于 B 方向的分量;然后将在洛伦兹力作用下的圆周运动,以及沿 B 方向的直线运动,合成一个螺旋运动。

关于聚变反应结合能的计算,先求出反应前后核子的总质量之差,即质量亏损 Δm,再用 $\Delta E = \Delta mc^2$ 求解即可。

【解决问题】

1. 如图 7 - 12(a)所示,正离子受到的洛伦兹力向左,沿逆时针方向转动,半径较大;电子受到的洛伦兹力向右,沿顺时针方向转动,半径较小。如图 7 - 12 (b)所示,正离子在 xOz 平面内做圆周运动,在 y 轴方向上做匀速直线运动,两个分运动合成螺旋运动。若磁感线方向改变,带电粒子的运动方向也会随着改变,但始终绕着磁感线做螺旋状运动,所以强磁场能约束等离子体。

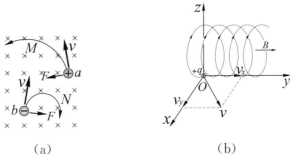

(a)　　　　　　　　　　　(b)

图 7 - 12

2. 一个氘核与一个氚核结合成氦核和中子的核反应方程是

$$^2_1\text{H}+^3_1\text{H}=^4_2\text{He}+^1_0\text{n}$$

方程式左边总质量 m_1＝2.014 1 u＋3.018 0 u＝5.032 1 u,方程式右边总质量 m_2＝4.002 6 u＋1.008 7 u＝5.011 3 u,质量亏损 $\Delta m=m_1-m_2$＝(5.032 1－5.011 3)u＝0.020 8 u。

质量亏损 1 u 相当于释放 931.5 MeV 能量,所以总释放能量为 19.4 MeV。

因为 1 MeV＝1.6×10^{-13} J,所以上述核反应释放的能量为 3.1×10^{-12} J。

计算表明,1 g 氘发生聚变时理论上可产生的能量高达 9.27×10^{11} J,相当可观!

【引申探讨】

图 7 - 13

人造小太阳技术除了托卡马克装置外,还有"仿星器"装置。它是将炽热的等离子体限制在扭曲的磁场中进行聚变反应。它的形状如"麻花"一般,如图 7 - 13 所示,其特点是磁场稳定,但结构非常复杂,制造很困难。

要使人工聚变能持续进行下去,有一个标志叫做三重积,也就是 $N\tau T$ 的乘积(即等离子体密度 N、温度 T 和约束时间 τ 的乘积),其值必须达到 3×10^{21}(单位是 $\text{m}^{-3}\cdot\text{s}\cdot\text{keV}$)。目前达到三重积的最高水平是 2×10^{20}。如果将装置的体积做大,磁场增强,确实可以提高三重积,但输入的能量将更大,输出能量与输入能量之比 Q 小于 1,得不偿失。目前 Q 值只能做到接近于 1,而只有 $Q>10$ 才有实用价值。

有人说人工可控聚变是一项超高技术:外有超低温,内有超强磁场、超真空、超强电流、超高温,制造难度极大。所以,"小太阳"前景虽然美好,但研制工作任重而道远。

(二) 技术促使物理发展

实例:从回旋加速器到上帝粒子发现

回旋加速器是利用磁场和电场的共同作用使带电粒子做回旋运动,并被电场反复加速的装置。欧洲大型强子对撞机(LHC)是现在世界上最大、能量最高的回旋加速器。它坐落于日内瓦附近瑞士和法国的交界侏罗山地下 100 米深处,环形隧道长达 27 km。图 7-14 是隧道内的磁场线圈。到目前为止,它取得的最大成果是 2013 年发现了"上帝粒子"希格斯玻色子,这是一项划时代的发现,因为在标准模型中有 61 种基本粒子,希格斯玻色子是最后才被发现的一种。弗朗索瓦·恩格勒和彼得·希格斯因此获得了 2013 年诺贝尔物理学奖。希格斯玻色子存在的时间极短,非常容易衰变,图 7-15 是希格斯玻色子衰变后的情景,两条斜向左方的直线分别是中微子和 μ 子,圆圈形轨迹是 2 个夸克。2018 年,LHC 又进一步发现了希格斯玻色子存在的新证据,从而证明了希格斯场的正确性。这也说明了技术进步对物理学发展的巨大推动作用。

图 7-14　　　　　　　　　　　图 7-15

【情景描述】

如图 7-16 所示,回旋加速器主要由两个中间有狭缝的 D 形空盒构成,在两盒之间加上交变电压,可使带电粒子经过时被加速。将 D 形盒放置在竖直向下的匀强磁场中,带电粒子在盒中会做匀速圆周运动,每转一周,被电场加速两次,最终带电粒子以很大的速度从盒周边出口处飞出。

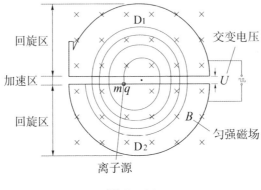

图 7 - 16

由于相对论效应,随着粒子的速度逐渐增大,其质量也会逐渐增大,加速受到限制,这时必须改变电场的频率或磁场的磁感应强度才有可能使粒子继续被加速,于是就产生了同步回旋加速器。LHC 就是一种同步回旋加速器。质子先在普通的小环形轨道上被加速,然后进入 27 km 长的大环形轨道(有两根轨道,两束质子流的运动方向相反),最终使两束质子被加速到接近光速时发生对撞。

【提出问题】

1. 若普通回旋加速器的最大半径为 R,磁感应强度为 B,被加速粒子的质量为 m,电荷量为 q,则粒子的最大速度和动能为多大?

2. 在加速器内,带电粒子运动的周期与哪些因素有关?当带电粒子的速度增大后,其质量也增大,如何保持其运动周期不变而仍然同步呢?

3. 若质子被加速到 $0.999\,999\,991c$(c 为真空中的光速)时,它的动能是多大?$\left[\text{在狭义相对论中,质量与速度的关系式为 } m = \dfrac{m_0}{\sqrt{1 - \left(\dfrac{v}{c}\right)^2}}\right]$

【建模分析】

在回旋加速器中,电场起加速作用,磁场只起偏转作用,用来改变带电粒子的运动方向。似乎只要知道加速电压、加速次数,利用 $nqU = \dfrac{1}{2}mv^2$ 即可求出粒子的最大速度。但题目中没有给出 U,n 也很难求。因此,可以从磁场角度来思考,利用带电粒子在最大半径处有最大速度这一特点,根据洛伦兹力等于向心力可以很方便地得出粒子的最大速度和动能。

关于周期,主要考虑粒子做圆周运动的周期,可忽略它在电场中运动的时间。由于粒子每转一周的时间是相等的,所以可以任选转一周的时间来求周期 T。在这里,我们选择粒子以最大速度旋转一周的时间。

至于加速器中质子能量的计算,应先根据质子的最大速度,用狭义相对论质量关系式求出此时质子的质量,然后用质能方程 $E=mc^2$ 求解。显然,这里已经不能再使用经典公式 $\frac{1}{2}mv^2$ 了。

实 验 模 拟

用常用的洛伦兹力演示仪可模拟回旋加速器的一次加速半个回转过程。在图 7-17 中,电子枪将电子加速射出,在两平行线圈产生的匀强磁场中做圆周运动。增加电子枪的电压,电子的速度增大,可观察到电子的轨道半径也随之增大。

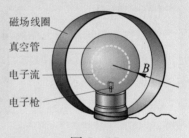

图 7-17

【解决问题】

1. 当粒子的速度达到最大时,其做圆周运动的半径也达到最大。由此可得

$$Bqv_{max}=\frac{mv_{max}^2}{R}。$$

所以

$$v_{max}=\frac{BqR}{m}。$$

$$E_{k\,max}=\frac{1}{2}mv_{max}^2=\frac{B^2q^2R^2}{2m}。$$

上式说明,加速器的半径越大,粒子获得的动能也就越大,所以加速粒子一般要用大型加速器。

2. 周期 $T=\frac{2\pi R}{v_{max}}=\frac{2\pi m}{Bq}$。

可见,粒子的质量 m 增大,T 也将增大,加速就不能保持同步了。为了保

持 T 不变,方法之一是增大 B。

3. 当质子被加速到接近光速时,根据相对论质量公式 $m=\dfrac{m_0}{\sqrt{1-\left(\dfrac{v}{c}\right)^2}}$ 可得

$$m=\frac{m_0}{\sqrt{1-(0.999\,999\,991)^2}}=7\,460m_0。$$

m_0 是质子的静止质量 1.67×10^{-27} kg,所以质子被加速后质量为

$$m=7\,460\times1.67\times10^{-27}\ \text{kg}=1.25\times10^{-23}\ \text{kg}。$$

此时质子的能量为 $E=mc^2=1.25\times10^{-23}\times9\times10^{16}$ J $=1.13\times10^{-6}$ J。

由于 1 eV $=1.6\times10^{-19}$ J,所以质子的能量估计为 0.7×10^{13} eV,这个值恰好与实际公布的值一样。

【引申探讨】

大型强子对撞机使人类对科学的认识迈出了一大步,欧洲 LHC 虽然已经是世界最大的加速器了,但他们还准备建造更大的,因为更大的加速器对物理学的发现还会有更大的作用。例如,进一步研究希格斯玻色子以解决什么是质量,是否有超对称粒子,更高维度空间是否存在,物质与反物质的合成方式,等等。

中国科学家在 2014 年提出了建造大型对撞机的方案:它将是 LHC 的 2 倍,轨道长为 53 km,能量为 70 T 电子伏。项目计划投资 30 亿美元,2028 年启用。其目的还是围绕希格斯玻色子,研究许多未解之谜。除了上面提到的难题之外,还包括对中微子、暗物质、暗能量等的研究。此外,围绕对撞机研发还可以带动超低压、超高温、超强磁场等超级技术的发展。它的建成将会对物理学的发展起到很大的推动作用。当然,这项超级工程也引起了争议,有些科学家提出了反对意见,因此还未有定论。

二、物理与技术密不可分的实例

物理原理的技术应用自古就有,到了近代就更多了。

(一)古代的筒车与水碓

我国明末科学家宋应星所著的《天工开物》一书中记载了大量古代的农业机械,其中有不少是利用水力做功的器械。"筒车""水碓"便是其中的重要代表,如图 7-18 所示。

（a）筒车   （b）水碓

图 7 - 18

【情景描述】

筒车是一种以水流作动力,用来取水灌溉的工具。在直径约 20 m 的木制大轮子上安装多个略带倾斜的竹筒和挡水板,轮的下部置于激流一定深度处,如图 7 - 19 所示。《天工开物》这样写道:"凡河滨有制筒车者,堰陂障流绕于车下,激轮使转,挽水入筒,一一倾于枧内,流入亩中,昼夜不息,百亩无忧。"这就是说:流水使轮子转动,将水送到高处倒入水槽内,再流入田中。只要轮子不断转动,就可以日夜不停地提水灌溉。据史料记载,筒车发明于隋而盛于唐,距今已有 1 000 多年的历史,至今仍在宁夏、甘肃一带使用。

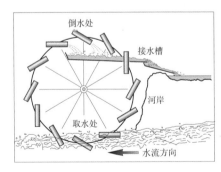

图 7 - 19

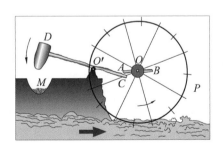

图 7 - 20

水碓是利用水流的冲击力来自动舂米的器械。图 7 - 20 所示为一个水碓的结构示意图,P 为水轮(即轮轴),O 为轴心;A、B 为安装在轴上的两个拨板;CD 为碓杆,C 端与拨板相接,D 端装有碓头;M 为石舂,里面放有准备加工的稻谷。流水推动水轮转动,拨板拨动碓杆的 C 端,使碓头一起一落地进行舂米。利用水碓,可以昼夜不停地工作。在图 7 - 18(b)中,共有 4 个水碓,每次可以同时让 2 个水碓的碓杆升起。

筒车和水碓的工作原理基本相同,都是利用水的推力做功将水的动能转变为物体的重力势能,只不过前者将动能转化为水的重力势能,后者将动能转化为碓头的重力势能。

【提出问题】

1. 对于筒车,已知河水流速为 4 m/s,根据机械能守恒定律可知$\left(由\ mgh=\dfrac{1}{2}mv^2,得\ h=\dfrac{v^2}{2g}\right)$,水被提升的高度 h 仅为 0.8 m,如何能把水提升到 20 m 的高度呢?要将 10 kg 水提升到 20 m 的高处,需要多少质量的水对轮子进行冲击?(忽略轮子转动时的摩擦等,轮子边缘的线速度为 1 m/s。)

2. 对于水碓,若水轮半径为 1.5 m,轴上拨板 A、B 的半径为 0.3 m,碓杆 $O'C=0.6$ m、$O'D=0.9$ m,碓头的质量为 4 kg。当同时提升两个碓头时,水对水轮边缘的冲击力至少为多大?

【建模分析】

1. 对于筒车而言,它是把大量的低速运动的水的动能转变为少量水较大的重力势能,仍然不违背机械能守恒定律。例如,在"实验模拟"中从低处下落的小球在大球提供能量的情况下,依然可以弹跳得更高。于是,在不计摩擦和其他损耗的情况下,可以列出关系式进行求解。

2. 对于水碓,可以构建杠杆和轮轴两个模型:将碓杆 CD 视为杠杆,O' 为支点;将水轮视为轮轴,水的冲击力作用在轮上,且不计任何阻力。

实 验 模 拟

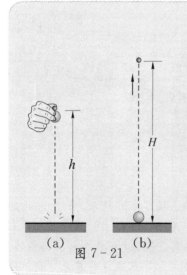

如图 7 - 21 所示,将一个小的弹性球叠放在一个大的弹性球上面,手拿两球从距水平桌面一定高度处同时释放。结果发现,两球碰到桌面后弹起,小球弹起的高度比原来释放的高度高很多。显然,小球从大球处获取了更多的机械能。

(a)　(b)
图 7 - 21

【解决问题】

1. 设质量为 m 的水在高处获得的重力势能为 ΔE_p,在水流处质量为 M 的水失去的动能为 ΔE_k。则有

$$\Delta E_p = \Delta E_k。$$

设水流的初速度为 v_1,冲击水轮后速度变为 v_2,质量为 m 的水被提升的高度为 H。则有

$$mgH = \frac{1}{2}Mv_1^2 - \frac{1}{2}Mv_2^2。$$

由此可得

$$M = \frac{2mgH}{v_1^2 - v_2^2} = \frac{2 \times 10 \times 10 \times 20}{16 - 1}\ \text{kg} = 267\ \text{kg}。$$

结果表明,要用 267 kg 的流水才能"换取"10 kg 水流入 20 m 高的田中。

2. 对于一个碓杆来说,设杠杆 C 端受到的力为 F_1,作用于轴上拨板 A 端力的大小也为 F_1,D 端受到的力为 $F_2 = mg$。根据杠杆平衡的条件,则有

$$F_1 l_1 = F_2 l_2,$$

所以　　　　　　$F_1 = \dfrac{F_2 l_2}{l_1} = \dfrac{40 \times 0.9}{0.6}\ \text{N} = 60\ \text{N}。$

设水轮边缘受到水的推力为 F_3,由于轴上同时受到两个力的作用(因为要让 2 个水碓的碓杆同时升起),即 $F_4 = 2 \times 60\ \text{N} = 120\ \text{N}$。

根据轮轴平衡条件,则有

$$F_3 l_3 = F_4 l_4,$$

所以　　　　　　$F_3 = \dfrac{F_4 l_4}{l_3} = \dfrac{120 \times 0.3}{1.5}\ \text{N} = 24\ \text{N}。$

在不计阻力的理想情况下,仅需 24 N 的推力水碓就能持续不断地舂米了。

【引申探讨】

利用筒车原理更为巧妙的机械要算是现代的"水锤泵"了,它能将流速不大的河水引至数十米的高处。

图 7-22 所示是水锤泵的结构示意图。图中,①是进水管,②是压水阀,③是缓冲筒,内有被压缩的空气,④是出水管,⑤是单向进水阀。这个泵的关键部件是压水阀,它是一个可以不断开闭的阀门。水沿进水管流至压水阀附近时,水流的冲力(只要流动速度足够大,就有足够的冲力)使阀门迅速关闭,即发生水锤现象,水流突然停止流动,泵体内水的压强剧增,将单向进水阀冲开,一部分水进入缓冲筒,并沿出水管上升到一定的高度流出。随后,由于泵

体内水的压强骤减,压水阀在自身重力的作用下重新开启,同时单向进水阀在自身重力和缓冲筒内空气压力的作用下也自动关闭。在水流的作用下,上述过程可以周而复始地自动进行下去。

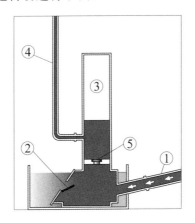

图 7-22

由此可见,水锤泵也是一种将大质量、低速的动能转化为小质量、大高度重力势能的技术应用。

(二) 蛟龙号与深潜技术

【情景描述】

图 7-23

蛟龙号载人潜水器(图 7-23)是由我国自行设计、自主集成研制的载人潜水器,可在占世界海洋面积99.8%的广阔海域中使用,对于我国开发利用深海资源有着重要意义。2012年6月,在马里亚纳海沟创造了下潜 7 062 m 的中国载人深潜纪录,也是世界同类作业型潜水器最大下潜深度纪录。

蛟龙号长 8.2 m,体积为 21.5 m³,空重 22 T,最大载荷 240 kg。与国外同类深潜器相比较,它有三大技术突破:一是有较好的自动航行和悬停功能;二是有独特的高速水声通信系统;三是有性能很好的充油银锌蓄电池。蛟龙号的外壳用坚韧的钛合金制成,能承受 1 300 MPa 的巨大压强(相当于 1 万多个标准大气压)。

蛟龙号的主要结构如图 7-24 所示。前部是载人舱(可载 3 人,恒温、恒压、供氧）；后部是调节浮沉的可调压水舱，水舱下面是压载球；底部有调节下沉的压载铁和两组电源；尾部有推进器；上面有声呐装置；前面有观察窗、机械手、照明灯……为了确保绝对安全，上部还接有长约 8 000 米的带发射浮标长线缆，一旦遇险，可将其拖拽至母船上。

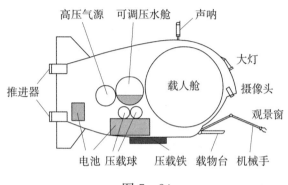

图 7 – 24

【提出问题】

1. 若蛟龙号要下潜到 7 000 m 的深海处作业，该处海水的密度为 1.059×10^3 kg/m³，根据前面情景中提供的数据，试计算它携带的压载铁质量。到达深海后，蛟龙号如何控制沉浮？完成作业任务后，蛟龙号如何上浮？

2. 在 7 000 m 的深海处，蛟龙号面积为 0.2 m² 的观察窗上受到的海水压力为多大？母船指令发出后，经过多长时间才能到达蛟龙号载人舱内？（海水中的声速为 1 500 m/s）

【建模分析】

1. 深潜器下沉的条件是重力大于它浸没时所受的浮力。因此只要算出它所受的浮力 $F_浮$，用 $F_浮$ 减去深潜器自身的重力 G，就可得到压载铁的重力。前面情景中可利用的数据是：深海海水的密度，深潜器的体积，空重和最大载荷的总重力等。关于蛟龙号的下沉和上浮，可以利用沉浮条件进行判断。

2. 压力可以利用 $F = pS = \rho g h S$ 求得。信号传送时间利用距离除以声速即可得出。

【解决问题】

1. 在 7 000 m 深处，$\rho_{海水} = 1.059 \times 10^3$ kg/m³，$V_排 = V_{蛟龙} = 21.5$ m³，所以蛟龙号受到的浮力

$$F_浮 = \rho g V_排 = \rho_{海水} g V_{蛟龙} = 1.059 \times 10^3 \times 10 \times 21.5 \text{ N} = 2.277 \times 10^5 \text{ N}.$$

未加压载铁时,深潜器的总重力为

$$G_总=G_0+G_1=(220\,000+2\,400)\ N=2.224×10^5\ N。$$

压载铁的重力为

$$G_2=F_浮-G=(2.277×10^5-2.224×10^5)\ N=53\,000\ N。$$

所以,压载铁的质量约为 5 300 kg。

蛟龙号的沉浮靠可调压水舱中水的多少来完成,如同潜水艇的原理一样。当它完成任务快速上浮时,必须抛掉压载铁。

2. 已知水深 $h=7\,000$ m,$\rho_{海水}=1.059×10^3$ kg/m³,观察窗受力面积 $S=0.2$ m²,则海水对观察窗的压力

$$F=pS=\rho ghS=1.059×10^3×10×7\,000×0.2\ N=1.48×10^7\ N。$$

因为 $v_{海水}=1\,500$ m/s,因此声信号传递的时间为

$$t=\frac{s}{v_{海水}}=\frac{7\,000}{1\,500}\ s=4.7\ s。$$

物 理 方 法

通常实际问题的材料相当丰富,数据也很多,运用物理知识处理实际问题进行建模时,需要按有关规律对数据进行筛选、挖掘或补充,才能顺利解决问题。所以善于阅读文本,合理筛选数据也是一种物理方法。

【引申探讨】

潜水作业有多种形式,深潜器仅是其中之一。下表中列出最基本的三种形式及其特点。

名称	形式	承受压强	最大深度	水下时间
自由潜水	不携带气瓶,屏气下潜	较大	273 米	11 分钟
饱和潜水	穿潜水服供气下潜	很大	600 米	约数小时
深潜器	在耐高压容器中下潜	常压	7 000~10 000 米	较长时间

其中值得一说的是饱和潜水技术(图 7 - 25)。它是潜水技术的一种突破,是唯一一种可以使人体较长时间暴露在高水压下进行作业的技术。

以前人们认为只要给水下人员供给足够多的氧气即可,其实在增压、降压过程中还有氮、氦等惰性气体溶入或排出血液。它们一旦失去平衡也会造成血

液循环障碍,从而危及生命,所以适当补充此
类气体达到平衡,也就是达到了饱和状态就安
全了。因此这种潜水方式又称为"饱和潜水"。
现今在不太深的海中进行救援、侦查、切割等
作业中,一般都让身穿潜水服的潜水员用此方
法来完成。当然,在入水和出水时,还是要经
过长时间的增压和减压过程。

图 7-25

(三) 涡旋管制热又制冷

【情景描述】

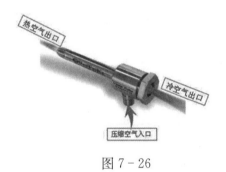

图 7-26

图 7-26 所示是一种名为涡旋管的
仪器。管子两端有两个出气口,中间是进
气口。从进气口送入 6~10 个大气压的
常温压缩空气,便能在管子的一端输出高
达 127℃的热气流,在另一端输出-46℃
的低温气流。热气流可用于金属加工、焊
接、元件热封装,冷气流可以用于冷却加
工、温度控制、辅助人工造雪等。

压缩空气进入管内后做高速螺旋运
动,转动速度高达 1.6 万次/s,产生的涡旋状气流流向出气口,所以这种管子称
为涡旋管,如图 7-27 所示。图中(a)为侧面图,其中大螺旋线(向右)是高温气
流,细螺旋线(向左)是低温气流;图(b)是横截面图,外圈是热气流,内圈是冷
气流。

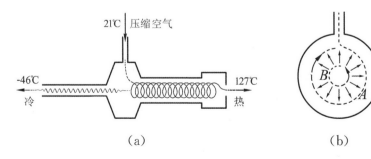

(a)   (b)

图 7-27

【提出问题】

1. 系统与外界在没有热量交换下所进行的状态变化过程叫做绝热过程。如果把涡旋管中的气体发生过程看作绝热过程,试分析其致热与致冷的原理。

2. 图 7 - 28 是一种"间歇流管热分离器"。管子的 C 是进气口,B 是两个冷气排气管,右侧的 A 是传热元件。当从 C 注入压缩气体时,压缩气体进入管子中膨胀后,从 B 处排出冷气,A 端传出热。接着从 C 处再次注入压缩气体……这样就获得了热气与冷气分离的效果。你能大致分析间歇流管热分离器的原理吗?

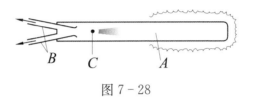

图 7 - 28

【建模分析】

我们不妨用气缸来说明气体的绝热过程情况。如图 7 - 29 所示,有两个气缸,假设缸壁和活塞与外界都不进行热交换(即绝热的)。图(a)中,将活塞迅速下压 ΔV,下压过程中气体的平均压强为 p,则外界对气体做功为 $p\Delta V$,缸内气体的内能增加 ΔE。根据热力学第一定律,可得

$$\Delta E = W + Q。$$

由于是绝热过程,$Q=0$,所以 $\Delta E = p\Delta V$。外界对气体做的功等于气体内能的增量,使气体的温度升高。

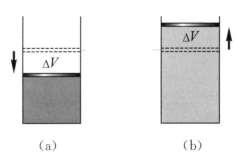

(a)   (b)

图 7 - 29

反观图(b)中的情况,气缸内的高压气体在突然撤去压力而向上推动活塞膨胀过程中,气体对外做功 $\Delta E = -p\Delta V$,此时气体的内能减少,温度降低。利用分子动理论来分析:压缩致热是分子势能转化为分子动能的结果,膨胀致冷是分子动能转化为分子势能的结果。建立了绝热过程这一模型后,就能具体解释涡旋管和热分离器的致热致冷原理了。

涡旋管和间歇流管都运用了绝热压缩和绝热膨胀的原理,只是两个过程均在同一个容器中进行而已。

实 验 模 拟

用气球验证绝热过程。如图 7-30 所示,取一个容量较大的气球,在进气口处插上小管,用气筒猛烈充气,手摸球皮有热的感觉。然后,突然拔去气筒,让其快速放气,发现球壁有凉的感觉。

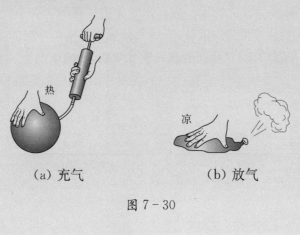

热

凉

(a) 充气　　　　　　　(b) 放气

图 7-30

【解决问题】

1. 当压缩空气进入涡旋管时(图 7-27),呈螺旋状运动,由于离心作用,空气在管壁附近被进一步压缩。若将此过程看作绝热过程,则温度升高,一部分气体从右侧出气口喷出,成为热气流;另一部分气体发生回流,旋转着流向左侧,由于绝热膨胀,温度降低,从左侧出气口喷出,成为冷气流。

2. 进入间歇流管的空气不是连续的,是脉冲状态的,它是一个压缩过程接着一个膨胀过程(图 7-28)。因为气体有进有出,所以巧妙地做成一压一胀,从而一举两得:热量从 A 端传出去,冷气从 B 端排出。

物 理 方 法

同样是绝热过程这个物理规律,在实际应用时可以有各种不同的创新。将两个过程组合在一个仪器中是一种创新;恒定流、间歇流也是一种创新。从某种意义上说,原理的不同应用也是物理方法,值得关注。

【引申探讨】

同样是一根充入高压气体的管子还有另外一种应用,称为"激波管"。激波管不是用来改变气体的温度,而是产生激波(飞机在飞行过程中会产生有害的激波)。如图 7-31(a)所示,在长管中间用膜片将它分隔成左右两部分,左半部分充以高压气体,右半部分充以低压气体,此时管内气体压强大小沿管子方向的分布情况如图 7-31(b)所示。当高压气体的压强增大到一定值时,膜片破裂,便会产生向右快速推进的激波,管内气体压强的变化情况如图 7-31(c)所示。如果在管子右端接一个风洞,放入模型飞机,就能研究激波对飞机的作用情况。

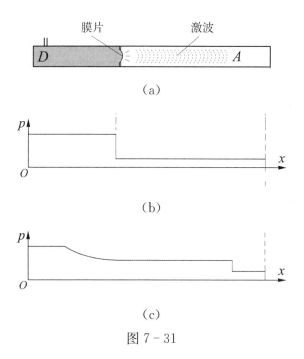

图 7-31

（四）巧用杠杆的原子力显微镜

显微镜发展到今天居然能看到材料表面的原子排列结构，甚至还能移动原子，实属高科技成果吧！但令人意想不到的是原子力显微镜（AFM）（图7-32），其工作原理竟然是杠杆平衡和平面镜反射这样简单的知识。

【情景描述】

光学显微镜由于受到光的波长限制无法达到很高的分辨率。为了更清楚地观察微观世界，人们发明了电子显微镜，后来又发明了

图 7 - 32

隧道扫描显微镜和原子力显微镜。图7-33是利用AFM观察到的某材料表面的原子排列图样。

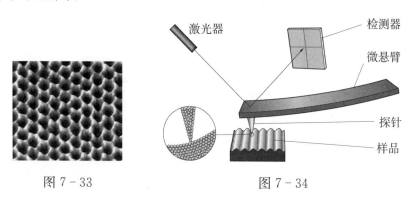

图 7 - 33

图 7 - 34

原子力显微镜的主要部分是微型力敏感元件，它是一根仅 $100\sim500\ \mu m$ 长的杠杆，叫做微悬臂，其一端固定，另一端装有探针，如图7-34所示。激光器射出的激光经微悬臂表面（类似平面镜）反射后，可以被检测器接收到。当探针针尖与样品接触时，由于它们的原子间存在极其微弱的作用力，探针针尖会发生上下变化，从而引起微悬臂上下偏转。控制探针在垂直样品表面上移动，针尖上下变化的幅度可以被检测出来，通过放大后描绘下来就是样品表面的微观结构图。

AFM的优点是：观察材料表面无须特殊处理；可在常压下进行；导体和非导体皆可；可以是活体，也可以是非活体；成的像是三维图形。目前，AFM被广泛应用于材料表面、生物大分子及蛋白质研究等多个方面。

【提出问题】

图 7‑35 是原子力显微镜的微型力探测器工作示意图。当微悬臂的探针处在原子顶部 C 时,激光源 S 射出的光线 AE 恰好垂直于 OC,光线沿原路被反射回去;当探针落到最低位置 D 时,反射光线为 PB。若原子凸起的高度为 y,P 到接收屏 AB 的距离为 L,微悬臂长为 d。试根据接收屏上测得的 x 值求出原子凸起的高度 y。

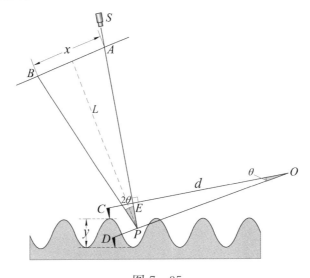

图 7‑35

【建模分析】

图 7‑35 是一个简化了的模型。将激光器放在接收屏的边上发射,第一束光垂直于反射面,这些都是为了使问题更简化。

待测原子对探针针尖的斥力会使微悬臂(杠杆)向上弯曲,则其背面的平面镜会发生小角度转动。根据光的反射定律可知,当平面镜转过 θ 角时,反射光线与入射光线的夹角转过 2θ 角。于是就能根据几何关系得到 x 与 y 之间的关系式。

【解决问题】

由图 7‑35 可知,当杠杆(微悬臂)处在 OC 位置时,反射光线沿原来路径返回至屏上 A 点;当杠杆处在 OD 位置时,反射光线射至接收屏上 B 点,$AB = x$,$CD = y$。因为 $\angle COD = \theta$,所以 $\angle APB = 2\theta$。将 $\triangle OCD$ 看作相似于半个 $\triangle APB$,则有

$$\frac{\frac{1}{2}x}{L}=\frac{y}{d}。$$

可得，
$$y=\frac{dx}{2L}。$$

上式中 d 是微米级的，L 远大于 x，因此 y 是一个很小的值。

物　理　方　法

　　本问题给我们的启示是，无论什么样的高科技都离不开基本的物理原理和方法。比如，即便像石墨稀制备这样的尖端科技，也只能用最"土"的胶带粘铅笔芯那样一层一层地去剥离。

【引申探讨】

　　原子力显微镜的具体结构比较复杂，通过图 7 - 36 可以大致了解一下它的工作过程。可以说，它涉及了物理学中的力、热、光、电、磁、原子等各方面知识。按针尖与样品之间的作用力形式，还可以分为接触式（压力数量级在 $10^{-10}\sim$ 10^{-6} N 之间）、非接触式（压力数量级是 10^{-12} N），以及敲击式（即针尖上下振动的形式）等。

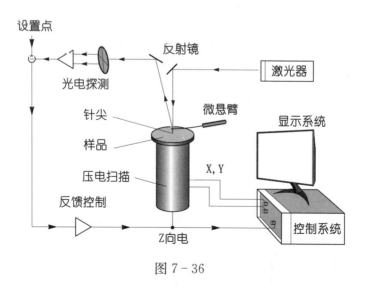

图 7 - 36

第八章 物理与艺术

科学与艺术都是对自然的描绘,前者侧重于理性,后者侧重于感性。科学求真,艺术唯美,真和美是辩证统一的,密不可分,只有真实的才是美丽的。总之,美是科学(尤其是物理)和艺术的共同追求,它们都追求简洁之美、对称之美、均衡之美、动态之美、光色之美……而且,它们又是相互融合、相互渗透、相互促进的,艺术要从科学中寻求灵感,科学也可以从艺术中获得启示。

一、物理与艺术的关联

(一) 物理中蕴含艺术性

许多科学家同时也是艺术家。例如,爱因斯坦是一位出色的小提琴手,普朗克是一位半专业级的钢琴家,钱学森画得一手好水彩画,李政道对诗歌、绘画、音乐都很擅长。

对于物理学之美,许多物理学家都有评述。爱因斯坦说过:"一个方程看上去不美的话,那理论一定有问题。"玻姆说过:"就物理学充满真知灼见而言,它实实在在是艺术。"杨振宁也说过:"……$F=ma$、$E=mc^2$ 就是描写大自然最美丽的诗句。"

在物理学家们看来,物理规律的丰富性、简洁性、和谐性、不变性,是最美的。质能方程 $E=mc^2$,小到原子大到宇宙,无论对于原子弹还是加速器……都普遍适用,没有任何缺陷与不足,而又这么简单,因此它是最美的公式。当然,牛顿第二定律将力与运动联系起来,万有引力定律将天体运动与地面物体的运动统一起来,麦克斯韦方程将电与磁联系在一起……都是美的体现。

【情景描述】

自然界中的许多物理现象和物理规律都具有对称美、平衡美、简洁美、守恒美、曲线美、光色美……

【提出问题】

试举例说明物理学中的这些美。

【建模解析】

1. 对称美：在图 8-1 中，冰晶是轴对称图样，而镜像对称的实例生活中随处可见。

图 8-1

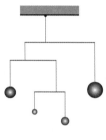

图 8-2

2. 平衡美：在图 8-2 中，小球虽然左右不对称，但却是平衡的，这在杂技表演中用得很多。

3. 简洁美：图 8-3 中的单摆很简洁，却能反映等时性原理、能量守恒定律。

图 8-3

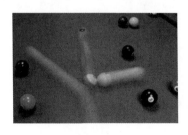

图 8-4

4. 守恒美：在图 8-4 中，桌球碰撞时表现出动量守恒和能量守恒。

5. 曲线美：图 8-5 中的电场线和图 8-6 中的波形图，它们千变万化，是最美妙的曲线。

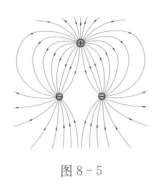

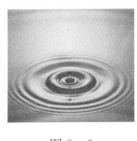

图 8-5   图 8-6   图 8-7

6. 光色美：在图 8-7 中，由于光的色散形成的彩虹，它的美感是无以伦比的。

这些实例足以说明，"物理也是艺术"。

（二）艺术中深藏物理规律

艺术种类繁多，有一些与物理学直接相关，比如音乐、舞蹈、戏曲、影视作品等。另外一些即便没有直接运用物理原理，至少也间接相关，比如诗词。下面我们就绘画与物理的关系进行剖析。

【情景描述】

图 8-8

历史上欧洲有许多著名的画家和流派，他们的画风与物理学发展有着紧密的联系。画家总是会把当时的科学成就引入到艺术创造中。早期画家们认为颜色是物体本身所具有的，自牛顿发现光的色散现象之后，才知道白光是由七种色光组成的，物体的颜色是物体反射色光的结果，这对后来的绘画产生了重要影响。比如，"印象派"画法，色彩在画面上便随画家意念而生，体现了自然清新的生动观感，莫奈的《干草垛》《睡莲》等就是其中的杰出代表。再后来出现的新印象派"点彩画法"，运用圆点作画，效果更佳。图 8-8 是点彩画代表人物修拉的作品。不管是印象派画法，还是点彩画法，都是利用了光和色彩相关的物理原理。

爱因斯坦在 1905 年发表了著名的相对论，1907 年绘画界出现了"立体派"画法。例如，毕加索的名作《阿维农的少女》明显受到相对论的启发，图中被分割成一个个几何块面,然后再拼凑组合,以求立体化表现出物体的不同侧面。图8-9是莱热的立体主义作品《地铁叉道口的缩写》,现代科学证明这是观察者在相对于地球以近光速运动的参照系中所见到的场景。他们常常把二维图形三维化,加入时间维度,又画出了四维图……当时立体派画家马奈等人的作品引起了很大争议,爱因斯坦曾站出来为马奈正名,称其为"近代美术之父"。

图8-9

【提出问题】

自1986年以来很长一段时间内,李政道先生在中国高等科学技术中心主办的高层次国际学术交流会议上,都会邀请艺术家泼墨挥毫创作一幅会议主题画,以促进科学与艺术的深层次沟通和融合。后来,汇集这些画作的大型画册《科学与艺术》于2000年正式出版。下面是该书中的三幅代表作品,你能说出它们包含的物理意义吗?

【建模解析】

1. 图8-10是一次研讨会的主题图案,由李政道先生亲自设计和书写。其中,"格"表示格点、测量,背景是规范理论研究的线路图,包含"格物致知"之意。

图8-10

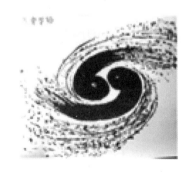

图8-11

2. 图8-11是著名画家吴作人先生的作品"无极无尽"。受《道德经》"道生一,一生二,二生三,三生万物"思想的启发,他认为复杂是由简单产生的。而正负电子的对偶结构,中国称之谓阴与阳。画家用太极符号恰当地表示了这种关系,说明电子的静态势能可以转化成巨大的动能。后来,此图成为北京电子正负对撞机的标志。

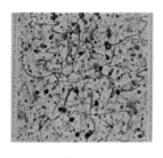

图 8 - 12

3. 图 8 - 12 是著名画家吴冠中的作品。他从清代画家石涛的画中获得灵感,复杂的大地万物形态各异,运动不息,变化无穷,但又相互联系,有着共同规律。李政道先生为该画曾题诗写道:"点、线、面,黑、白、灰,红、黄、绿。最简单的因素,营造极复杂的绘画。它们结合在一起,光也不能留时间。流光——流光,流光容易把人抛。红了樱桃,绿了芭蕉。"他以科学家的眼光和语言讲明了艺术的本质是创造的道理。笔者认为此画既像太空宇宙,又像微观世界,也像生命细胞,还像锦绣大地……难道这些黑线就是维系它们的各种作用力?

【引申探讨】

李政道先生认为,科学与艺术是相通的,是一枚硬币的两个面。他说过:"艺术和科学是不可分割的。两者都在寻求真理的普遍性。普遍性一定植根于自然,而对它的探索则是人类创造性的最崇高表现。"他还说过:"对艺术的美学鉴赏和对科学观念的理解都需要智慧,随后的感受升华与情感又分不开,没有情感的因素和促进,我们的智慧能够开创新的道路吗?"李政道先生的这些话把科学与艺术的关系说得非常透彻了!

二、物理与艺术相融通的实例

(一)《清明上河图》中的船桥抢险

《清明上河图》是中国十大传世名画之一,由北宋画家张择端所绘,长达 5 米,生动记录了北宋都城汴京(现开封)当时的城市风貌和人民生活状况。图 8 - 13 是其中的一段"繁忙的汴河码头",展现了一条大船通过虹桥时由于船身歪斜而众人齐力抢险的场景。

【情景描述】

图中大船正在通过桥孔,但船身右偏且歪斜,有可能撞上右侧桥座而发生事故。放大此图后可以看到,画家精心描绘了船上的人为抢险所做的各种努力,以及桥上和对岸的人为抢险所提供的帮助。

【提出问题】

1. 俗话说"船到桥头自然直",是什么道理? 为何此大船会遇险呢?

图 8－13

2. 船上和岸上的人所采取的挽救措施是否正确有效？如何评价此画的艺术与物理的结合？

【建模分析】

1. 由图 8－14 可以看出，若小船 B 在河中有所歪斜，因为河水在岸边处流速较小（由于粘滞阻力的作用）、在河中央较大，所以位于河中央的船头受到的冲击力大于船尾，船身会自动校正，最终达到与水流方向一致。但对于质量较大的船 A 靠近桥时仍然未校正好，由于近桥座处河水流速增大、压强减小，所以船会受到指向桥座的推力 F，就有可能发生撞桥事故。据此分析，如果该船是逆流过桥的，要校正方向就更困难了。

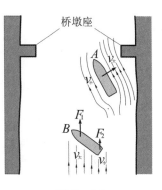

图 8－14

2. 图中各种人物采取的抢救措施大致如图 8－15 所示：

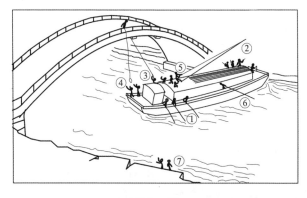

图 8－15

① 船头左侧,几位船工用竹竿猛撑河底让船头向右转动。

② 船尾右侧,几位船工用力撑住桥座处的河岸,使船尾向左转动。

③ 船头右侧,有船工用竹竿钩住桥下结构件,用力拉使船头向右转动。

上述做法都能产生顺时针方向的力矩(从上向下看),用力正确而有效。

④ 船头,有船工准备接住桥上抛下的绳圈,假如绳圈能被接住,因为拉力几乎沿竖直方向,对船校正方向作用不大。但若改变拉力方向,还是有一点效果的。

⑤ 船顶部,有船工在放下长长的桅杆。这也很重要,因为船被挽救后也无法行驶到河中央,很可能擦着桥边而过,桥的高度十分有限。

⑥ 处有船工拖杆而走,确实他在此无用武之地。

⑦ 处对岸有人指挥,对挽救船有所帮助,即旁观者清。

实 验 模 拟

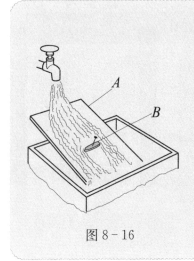

如图 8-16 所示,在木板 A 上用钉子固定一个小的船形木条 B(可自由转动),将木板倾斜放置于水龙头下的水槽中。打开水龙头,让水流缓缓冲击船形木条 B,可观察到"船自然变直"的情形。

图 8-16

以上分析说明,这位画家深谙科学之道,所以才会有如此准确的表达。

【解决问题】

关于"船到桥头自然直"及大船过桥抢险中的力学分析,前面已经仔细分析过了,下面说说此画艺术与物理结合的问题。

此画的艺术特色是,运用工笔带写意画法,粗细结合、突出主题、详略得当;鸟瞰式构图、散点式透视法能准确描绘人与物的空间位置关系,布局结构非常合理;描述桥、船、物和人有静、有动,作用力的方向表达正确,力学图景清晰、合理。可以说,该画是物理与艺术结合的典型范例。

【引申探讨】

还值得探讨的是画中那座大型木拱桥——虹桥,它也是我国古代桥梁建造技术的杰出代表。它是全木结构的,桥下无柱子支撑,由六节拱骨相接构成,连接处不用铁钉。横向有 20 道拱骨,宽为 8 米,每根拱骨都使用粗大的圆木,上下刨平,桥面上填有灰土层。整桥建筑宏伟,造型优美。上海金泽古镇就建造有一座仿古的木拱桥"普庆桥",读者有兴趣可以去参观一下。

(二) 梵高名画《阿尔的吊桥》中的科学

荷兰后印象派画家文森特·梵高(1853—1890)有许多传世名作,《阿尔的吊桥》(图 8 - 17)就是其中之一,这是他后期的作品。画中简单的吊桥、平静的天空、朴实的村妇、荒芜的杂草传达出质朴的乡野气息,表达了梵高对宁静乡村生活的热爱和眷恋。

吊桥处于画中的主要位置,描写得很具体,结构很清晰,体现了写实精神,为后人提供了很好的研究材料。

图 8 - 17

图 8 - 18

【情景描述】

仔细观察吊桥的结构可以发现,四根立柱支撑起左右两个大梁架,每个梁架可以绕立柱顶端转动,一端用铁链与桥面相接,另一端远远地伸向路面。当桥上需要通行时,桥面便搁在三角形支架上。当河道中有船通过时,利用固定在梁架上的定滑轮拉起梁架,桥面升起,桥路中断,如图 8 - 18 所示。

图 8 - 19 是吊桥(一半部分)的简化示意图。梁架 CD 可以看作一根均匀杆,重心在 S 点处,O 点为转动轴,CH 为竖直索链,DE 是拉动梁架的绳索,杆 PH 支撑在半块桥面 AB 的中央。设半块桥面 AB 的重力为 G_1,梁架的重力为 G_2,此时马车恰好行驶到桥中央,对这半块桥面端部 B 的压力为 N(即马车总重力的一半)。

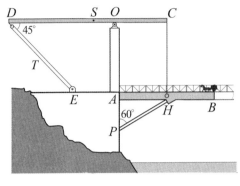

图 8 - 19

【提出问题】

1. 假设 $G_1 = 2\,000$ N，$G_2 = 2\,000$ N，马车对 B 端的压力 $N = 3\,000$ N，$CD = 6$ m，$OC = 2$ m，杆 PH 与竖直方向的夹角为 $60°$，试计算马车经过桥中央时杆 HP 所受压力 F 的大小。

2. 当梁架开始升起时，D 端滑轮上的拉力 T 为多大？（此时拉力 T 与梁架的夹角是 $45°$，杆 PH 对桥面无作用力。）

【建模分析】

1. 当桥面放下马车通行时，梁架和桥面均可看作杠杆，它们的受力情况如图 8 - 20(a) 所示。桥面受到自身重力 G_1、马车的压力 N、杆 PH 的支持力 F 和索链 CH 的拉力 F_1 等四个力的作用而处于平衡状态（A 点是固定转动轴，受力可以不画）。梁架 CD 受到自身重力 G_2 和吊链反作用力 F_1' 的作用而平衡。模型建成后，就可利用力矩平衡原理求出四根斜杆对桥面总的支持力了。

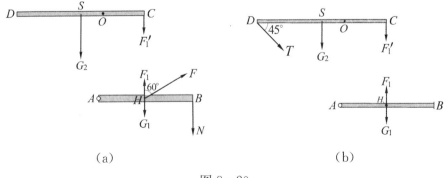

(a)   (b)

图 8 - 20

2. 当梁架起吊桥面时，结构图仍然如图 8-17 所示状态，但马车没有了，支杆 HP 不受力了。梁架上 D 处有了斜向作用力 T，其受力情况如图 8-20(b)所示。此时，索链拉力 $F_1=G_1$，梁架受到 F_1'、G_2 和拉力 T 的作用。根据力矩平衡原理，即可求出拉力的大小。

【解决问题】

1.（1）以梁架 CD 为研究对象，则有

$$F_1' \cdot OC = G_2 \cdot OS,$$

$$F_1' = \frac{G_2 \cdot OS}{OC} = 2\,000 \times \frac{1}{2} \text{ N} = 1\,000 \text{ N}。$$

（2）以桥面为研究对象，则有

$$G_1 \cdot AH + N \cdot AB = F_1 \cdot AH + \frac{F \cdot AH}{2},$$

带入数据，$\quad 2\,000 \times 2 + 3\,000 \times 4 = 1\,000 \times 2 + F \times 2 \times 0.5,$

可得 $\quad F = 14\,000 \text{ N}。$

2. 此时 $F_1 = G_1 = 2\,000$ N，以梁架为研究对象，则有

$$T \cdot OD\cos45° + G_2 \cdot OS = F_1' \cdot OC,$$

代入数据，

$$T \times 4 \times 0.71 + 2\,000 \times 1 = 2\,000 \times 2,$$

可得 $\quad T = 704 \text{ N}。$

704 N 是最大的起吊力。因为随着桥面升起，阻力矩减小，而 T 的力臂又增大，所以会更省力。

【引申探讨】

这座吊桥的梁架非常巧妙，它的尾部很长，使重心偏于立轴的左边，这样既能减轻桥面受到的压力，又有助于提升桥面。画家正是由于对桥的细致观察，才绘出如此形象逼真的作品。

图 8-21 是梵高另一幅充满想象力的作品，名为《星空》。下部的山峦、房屋及冲天的柏树，衬托出无边的宇宙，天空不是繁星点点，而是飞卷的星云和鲜花怒放般的星体。这里的光影是动态的，表现出一种不向命运低头的不屈精神。

令天文学家惊叹的是，画家 100 多年前

图 8-21

257

绘出的作品,与现代太空望远镜拍摄到的星云照片(图8-22)和太空图景(图8-23)竟如此相似。可见,艺术家的想象力是多么地丰富。

图8-22   图8-23

科 艺 融 通

"大道至简"。杨振宁先生曾说过:"在最高的境界上,科学跟艺术,科学跟美,主观、客观是统一在一起的⋯⋯"像张择端、梵高等这些艺术家,他们在描绘自然时也在揭示科学;科学家们在探索自然规律时也在表现美。

(三) 科艺一体的高楼"上海中心大厦"

位于上海浦东的中国第一高楼"上海中心大厦"是典型的科学与艺术的结合体。其外观非常简洁,呈扭曲的柱状,一个缺口从底部直通到632米的顶部,像是一条盘旋而上的巨龙(图8-24)。

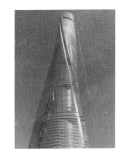

(a)   (b)

图8-24

它的整体结构是双层幕墙系统,不仅采光好,而且夏天散热,冬天隔热,是一幢集省水、省料、省电、节能于一体的绿色建筑。其科技含量有多项世界之最,比如有最大的防风阻尼器、最高的风力发电机组、最高的观光餐厅(560 m)、最快的电梯(18 m/s)、最高的空中花园、最高的景观泳池、最大的软土单体建筑等。其中,最值得一说的是"上海慧眼"磁阻尼器。

【情景描述】

许多超高层建筑为了对抗超强大风,一般都安装有"定楼神球"——大质量阻尼器。图8-25是我国台湾101大厦的球形阻尼器示意图,它的质量约有660吨,悬挂在大厦的88~92层,下面装有多个沿不同方向的液压阻尼器。

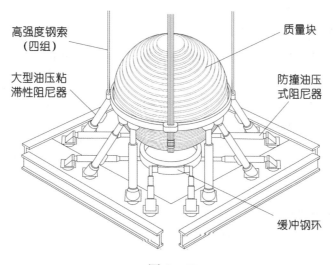

图 8-25

上海中心大厦的"上海慧眼"磁阻尼器重达1 000吨,采用的是电磁阻尼装置,是目前世界上最大的阻尼器,其外型如图8-26所示。它中央的装饰物像一只眼睛,下面的底盘连着巨大的质量块及阻尼器。整个装置用均长20 m的四组钢索悬挂起来,其示意图如图8-27所示。图(a)是俯视的,图(b)是侧视的,其中 A 是质量块,B 是悬索,C 是阻尼器,D 是标志物。

图 8-26

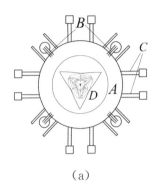

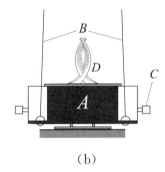

（a）　　　　　　　　　　　　　　（b）

图 8 - 27

【提出问题】

1. 当超强大风吹动大楼时,大质量的阻尼器是如何减小大楼摆动幅度的?

2. 磁阻尼器的原理是什么? 它是如何减小大楼摆动能量的?

【建模分析】

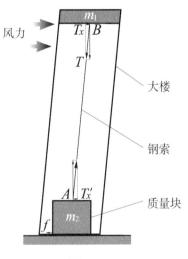

1. 从结构图 8 - 26 可知,大质量块是用长钢索悬挂在大厦顶部的,可以画出一个类似于摆的模型,如图 8 - 28 所示。图中四边形表示质量为 m_1 的大楼,钢索 AB 下面悬挂着质量块 m_2,质量块下面有阻尼器(这里用摩擦刷代表)。

当大楼被大风横向吹动向右倾斜时,质量块 m_2 由于具有较大的惯性并没有立即向右运动,此时倾斜的钢索在 B 处对大楼产生拉力 T,其水平分力 T_x 方向向左,成为大楼振动的回复力,减小了大楼向右振动的位移。同时,T 的反作用力 T' 也会拉动质量块向右摆动,但质量块下面的阻尼器会阻碍其运动,将其动能转化为内能而消耗掉。因此,大楼在摆动过程中不断将动能转化为内能,从而减小了楼体的振幅。简单地说,大质量块的惯性降低了大楼的摇晃,从而起到保护作用。

图 8 - 28

2. 高楼的防风阻尼有气压式、油压式、摩擦式等多种类型,"上海慧眼"采用的是独创的电磁阻尼式。电磁阻尼的原理是电磁感应,当闭合电路在磁场中运动时,由于磁通量变化会产生感应电流(在金属板内叫涡电流),感应电流在磁场中又会受到安培力作用阻碍导体运动。阻尼器就是利用这种阻力来阻碍质量块运动,将其动能转化为内能而消耗掉。

实 验 模 拟

可以用图8-29所示实验模拟磁阻尼现象。将两块铷磁铁A、B固定在底座上,相隔约1 cm;在底座边上再固定一个支架P,在支架的水平杆上悬挂一根细杆,细杆下安装一塑料片L。将L拉开一定角度释放,L会在A、B中间来回摆动,经过多次摆动后L才停下来。若换用铝片或铜片,它们会很快停止摆动。

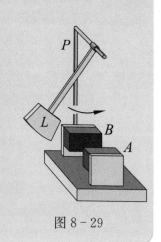

图8-29

【解决问题】

1. 根据上述分析,大质量阻尼器利用其惯性产生的回复力来减小大楼的振幅,同时用磁阻尼器将其动能转化为内能消耗掉。

2. 电磁阻尼器的原理可以用图8-30具体说明。图中A是铝板,磁场在铝板上的某一位置C处垂直纸面向里。当铝板A以速度v向右移动时,C左边部分的磁通量增大,产生逆时针方向的感应电流;C右边部分的磁通量减小,产生顺时针方向的感应电流。因为这两个感应电流在C处的电流方向均向上,所以它们都受到向左的安培力,阻碍铝板向右运动。而在这一过程中,铝板中的涡电流通过热效应将机械能转化为内能。

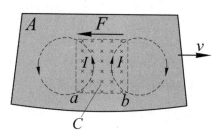

图8-30

科 艺 融 通

在这里,科学与艺术的结合还体现在"阻尼区"所在位置的空间设计。从图 8-26 可以看出,形似眼睛的标志物处按声乐要求设计成高空文化殿堂,里面能容纳 300 名观众,可在此聆听各种美妙的天籁之声。把这个科技含量十足的区域打造成艺术空间,别具匠心。

【引申探讨】

上海中心大厦的阻尼器效果很好,经一年测试发现,有大风时不装阻尼器横向位移为 0.19 米,安装后为 0.16 米(减小 16%),加速度由 $5.7 \times 10^{-3} g$ 减小为 $3.2 \times 10^{-3} g$。

此外,上海中心大厦的高空风力发电机组也值得探讨。众所周知,离地面越高,风速越大,如果地面风速为 10 m/s,则 30 m 高处为 15 m/s,300~400 m 高处可达 30 m/s。所以,超高的上海中心大厦在顶部安装了 270 台"垂直轴涡轮"风力发电机,总功率达 135 kW,每年可为大厦提供约 120 万度的电能。

(四) 唯美舞台上的科技元素

当今大型演出的舞台越来越靓丽、生动,已成为科技和艺术的综合体。力、声、光、电、形、影、音等科技手段大量运用,连屏幕也有 LED 大幕、水幕、雾幕、烟幕等,创造出前所未有的舞台奇景。其中,特别值得一提的是"全息投影"技术的应用。

图 8-31 是几位主持人与全息投影的虚拟演员们同台演出的情景,图 8-32 是全息虚拟像立在观众头上表演的情景。

图 8-31

图 8-32

【情景描述】

什么是全息技术呢？一般照相得到的图像,只是记录了物体反射光线的强度(振幅)。而全息照相则用激光照射物体,利用光的干涉方法不但记录光的强度,同时还记录光的相位。因此,它拍摄的照片只是一些干涉条纹,只有在激光照射下才能看到活灵活现的立体像。图 8-33 是全息照相的原理,图中 A 是被拍摄的物体,B 是感光并记录物像的"全息干板",L 是激光器。

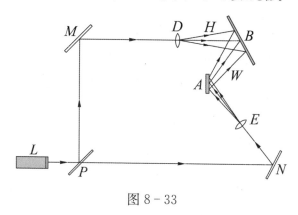

图 8-33

全息干板被感光后,通过显影、定影处理,就成为一张全息照片。当再用激光照射照片时,就能再现原来物体的立体像。(图 8-34)

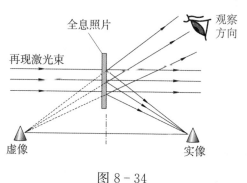

图 8-34

【提出问题】

1. 在图 8-33 中激光分几路投射到 B 板上? 为什么? P、M、N、E、D 各是什么? 分别有什么作用? 最后在 B 上能看到什么图形?

2. 假如在舞台上要让观众从不同角度看到立体像,还应该怎么做?

【建模分析】

1. 物体反射的光线除了有强弱和颜色不同之外,还有高低不平,以及前、后、左、右的差异。普通照相只能反映强弱和颜色的不同,也就是部分信息。而利用光的干涉方法产生的条纹,除了与强度有关外,还与相位有关,因此遇到表面凹陷时有了不同的相位,干涉条纹会不同,这样就把物体的凹陷情况也记录下来了,这就是全息照相。

两束光产生干涉的条件是频率相同、相位差恒定。只有一束光分为两束才能满足相干条件,所以常采用激光分束方法。

2. 全息像再现的原理是光的衍射。在舞台上不可能像图 8 - 34 那样去观看一张小小的全息照片,因此要采用大薄膜全息投影的方法来观看。有一种薄膜仅 0.2 mm 厚,全透明,可以从前后左右各方向进行观看。

【解决问题】

1. 激光束经半透的分束镜 P 分成两束:一束向上传播经平面镜 M 反射,再经透镜 D 散射后照射到 B 板上,这一束属于参考光;另一束经平面镜 N 反射,再经透镜 E 发散后照射到物体 A 上,最后再反射到 B 板上,这束光包含了物体表面的信息,可称为"物"。这两束光具有相干性,在 B 板上感光产生许多干涉条纹,就形成了一张全息照片。

2. 若要看到再现的全息像,需要用与拍摄时相同的激光照射。而且,还要选择恰当的投影屏幕,将全息像投影到屏幕上。

【引申探讨】

要成功拍摄一张全息图像很不容易,即使有现代化的数码技术可以改进感光、显像、定像过程,但拍摄平台必须防震,因为声响及空气流动会影响拍摄效果,所以条件苛刻,价格昂贵。因此,许多展示场馆常采用一种伪全息手段,称为"45 度幻影成像"或"360 度幻影成像"技术。

图 8 - 35 是由四面组成的幻影成像器,可以 360 度看到中央有一个立体图像。每一个透明面成 45 度,它成像原理如图 8 - 36 所示。45 度面是一块半透的平面镜 MN,它可以将从顶部 A 处放像器放出的图像,经反射进入观众眼里,从而看到 A 的虚像 A′,好像悬浮在中央。如果只有一块镜子,就是 45 度幻影成像;如果四面都有镜子,四面都有放映器,这样每一面都会看到不同方向的立体像,就是 360 度幻影成像。

图 8-35

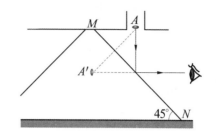

图 8-36

科 艺 融 通

　　无论是全息投影还是幻影成像的运用,都使舞台艺术的美达到了前所未有的高度。但这里运用的又是最基本的物理原理——光的干涉、衍射、反射、折射……而新材料、新工艺也是不可或缺的要素。在现代舞台上,我们看到了科技和艺术的高度融通。

(五)"奇异画"并不奇异

　　许多艺术大师创作了一些非常奇特,看似违背科学原理的"奇异画"。下面我们来探讨这些画是否科学。

【情景描述】

　　"奇异画"一般分为三类。

　　第一类是"错觉画"。如图 8-37 所示,由于线条位置或形象的差异使人眼产生错觉,似乎 CD 比 AB 长了许多。这是画面欺骗了人的眼睛,实际上线段 AB 与 CD 是一样长的。

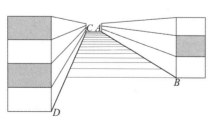

图 8-37

图 8-38

第二类是"空间幻变图"。如图8-38所示,这是画家埃舍尔的代表作之一《巴别塔》。它是在正常的三维空间基础上想象出复杂的空间结构,及重力方向不同的维度,组合在一起产生的奇幻感觉。虽然违背了物理原理,但在数学上可以看到分形、对称、多面体、拓扑等概念的形象表达。

第三类是"有意错感画"。如图8-39所示,画家明知画错而有意为之产生奇特且不可思议的感觉,让人去追寻不可能的原因,以启发思维。此图是数学家彭罗斯父子的名作《彭罗斯阶梯》,这个台阶看上去永远是向上走的(或向下走的),但却永远走不完。图8-40是埃舍尔的《瀑布》,看似水流从上到下又回到原处,永远流不完,难道这不违背物理原理吗?

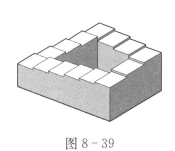

图8-39   图8-40

【提出问题】

1. 第一类错觉是怎样产生的? 它有没有实际意义?

2. 在图8-38中,埃舍尔设置了几个不同方向的重力场?

3. 第三类错画问题出在哪里? 你能为其纠正吗?

【建模解析】

1. 如图8-37所示的错觉是由于参照物体或线条的干扰造成的。如图8-41所示,倾斜程度不同的两条等长直线,若按图中那样添加线条,看上去似乎 CD 比 AB 长了(CD 上有9格,AB 上只有6格)。这种错觉图在生活中是有一定应用价值的。例如,在图8-42所示书店地板上画上有凹凸感的线条,会给顾客造成一种神秘感,从而吸引他们进店购书。图8-43是马路上的人行横道线,画成浮起来的错觉,更容易引起机动车驾驶员的注意,控制车速避免事故发生。而且,这种错觉感是有方向性的,对横向通行的路人来说并没有浮起的感觉。

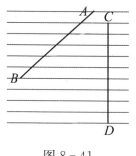
图 8-41

图 8-42

图 8-43

图 8-44

2. 将埃舍尔的《巴别塔》简化成图 8-44,并对人物进行编号后,可以看出:

（1）a、b、c、d、e一组 5 人所受重力方向向下。

（2）1、2、3、4、5、6 为一组,重力方向向右下。

（3）7、8 与窗门外的人为一组,重力方向向左。

（4）仅 9 一人受重力方向向左里。

所以该图楼道块面多向,维度多元,充满丰富的想象力。其数学内涵就不展开了。

3. 关于"彭罗斯阶梯"等错意画,有的属于人们的感觉出错;有的在于画家利用构图视角的巧合,是精心设计的错误嫁接造成的。仔细观看图 8-39 中的阶梯可以发现,只是画法上的一种技巧而已。在实际中的模型要么有下有上,要么每级都是倾斜的,即所有的梯面都在同一水平线上,如图 8-45 所示。这样人始终在同一楼面上行走,就无所谓上楼或下楼了。

下面我们继续对类似于彭罗斯三角形式的错觉画进行讨论。图 8-46 是一个奇怪的三角形,它既像是一个立体图,又像是一个平面图。光照在物体上总有阳面和阴面,但在它身上是矛盾的。其实从图 8-47

图 8-45

复原图可以看出,在这个模型中,AB 段斜向 z 方向向上,BC 和 CD 在 xOy 平面内,A 端和 D 端相距很远。画家有意将它们连接在一起,造成了错觉,因此可以认为图 8 - 46 是把三维结构二维化了。

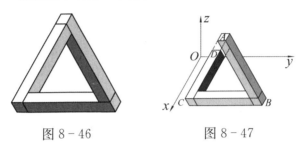

图 8 - 46　　　　　　　　　图 8 - 47

　　最后,我们再看看埃舍尔的"瀑布"是否真的会环流不息地永远流动下去。我们将其错画部分复原,把左右两塔楼画完整,如图 8 - 48(a)所示。再将图(a)进一步简化成图 8 - 48(b),从塔 A 下落的瀑布①冲击水轮机后进入水槽②,然后流到塔 B 的底部③,再流至地面④(在塔 A 的后面),又流向塔 B 的后面⑤,再转至⑥,一直流向远处。在这一过程中水始终是从高处流向低处,并没有违反物理规律。但作者利用视觉效应巧妙地将④处与塔 A 二楼⑦画接在一起,再将⑤处与塔 B 二楼画接在一起,最后将⑥处与塔 A 三楼⑧画接在一起,从而产生循环流动的奇异错觉。这与前面三角形类似,都是三维图形二维化的结果。

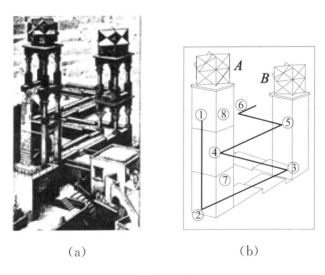

（a）　　　　　　　　　　（b）

图 8 - 48

要看懂这些图形错在何处,如何校正过来是需要智慧的,对人的启示也很多。

【引申探讨】

可以用下面一幅图测试一下你的分析理解能力。如图 8 - 49 所示,从左端观察有 4 根棒,而从右端观察只有 3 根棒,问到底有几根棒?

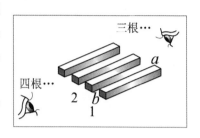

图 8 - 49

这也是一幅错视画。其实只有两边两根棒是完整的,中间的 1 根或者 2 根只有端部像,但都不能完整地通到另一端。原因是错觉将图中 1 号棒的一条面棱 ab 在端部延伸出去,看上去像 2 号棒的底棱了,无形中增加了一个 2 号端面。如果将 2 号端面移到左边建一个端面,中间的棒就成立了(靠里面也这样处理),那么总共就是三根棒了。这是画家“借棱建面”欺骗了你。

不仅是图画,有时现实环境也会造成错觉。例如我国有多地形成所谓“怪坡”。沈阳怪坡比较出名,在这段“向上”的坡路上居然水会向上流;车辆会自动向上走……实际上这是当地的自然环境及树木路桩设置造成的错觉。如图 8 - 50 所示,AB 是所谓“上坡”路面,AC 是当地误认为的水平面。因此,沿着 AB 运动就认为在上坡。事实是真正的水平面是 AD,所以实际上是在下坡,于是就有自动上滚的奇异感觉。有人曾经用大的直角三角尺做过实验,证明确实沿 AB 方向是下坡而不是上坡。

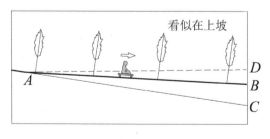

图 8 - 50

实 验 模 拟

沈阳怪坡可以用如图 8-51 所示的方法来证明是下坡。在直角三角板的上端固定一个重锤,将三角板沿 AB 方向贴近路面。稳定后,发现中垂线与三角板 EF 边之间有一个夹角 θ。多测几处,均可发现有这样的倾角。这就证明了是下坡。

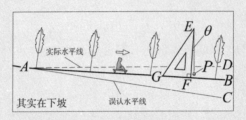

图 8-51

科 艺 融 通

从错觉画中可以看出,画家们的想法是既然二维图可以表现三维世界,那么三维图也就可以表现多维世界。他们的这种努力得到科学家们的赞赏。电影《盗梦空间》曾引用他们的作品,杨振宁先生在他的著作《基本粒子及其相互作用》中也引用了他们的作品。可见,在思维的高峰上,科学家与艺术家相遇了、握手了。

(六) 绘画有助于物理教学

前面阐述了科学与艺术的关系,下面来谈谈绘画与中学物理教学的关系,这也是笔者多年从事物理教学的一些感悟。笔者从小就喜欢画画,虽不甚精湛,却能形象地解释物理规律,对教学的帮助很大。总体来看,大致可归纳出七种绘画形式。

1. 随手式

为了使物理知识形象直观,吸引学生的注意力,可以信手拈来画一些图形。

如图 8-52 所示,几秒钟就能画出的龟兔赛跑,几乎是一笔呵成,用于运动学教学效果不错。

图 8-52

2. 分解式

对于结构比较复杂的组合体,将其分解画图,可以大大降低分析理解的难度,类似于我们常用的隔离法。如图 8-53(a)所示的指甲钳和前面梵高画作中的吊桥都可以先分解画图,再进行受力分析。

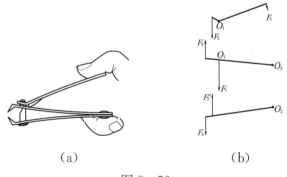

（a） （b）

图 8-53

图 8-53(b)就是指甲钳分解为三根杠杆的受力示意图,而且在图中标上字母更有利于分析计算。O_1 既是上面杠杆的支点,也是中间杠杆的动力作用点,F_2 与 F_2' 在一条直线上。

3. 分步式

有些物理过程分为几个阶段,每个阶段各有不同,这时可以把各个阶段分步画出来,原理也就明朗了。图 8-54 是电动机连续转动原理的分步图及换向器的特写图,画得虽然简单,但阐述清晰。在实际教学时,可以只画出一条边的受力情况,让学生自己画另一条边受到的力。

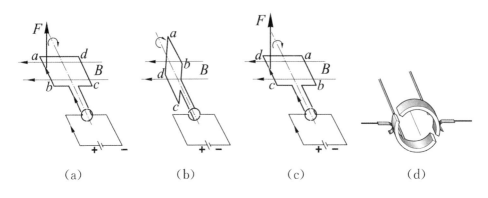

(a)　　　　　(b)　　　　　(c)　　　　　(d)

图 8 - 54

4. 投影式

将三维立体图沿着不同方向画出它的投影,变成二维图,也可以使问题大大简化。比如左手定则、右手定则、电磁感应、霍耳效应等都可采用这种画图方式。如图 8 - 55 所示,将三维的立体图分解成三个二维图:主视图、左视图及俯视图,可以帮助学生解决有关左手定则习题中的各种疑难。

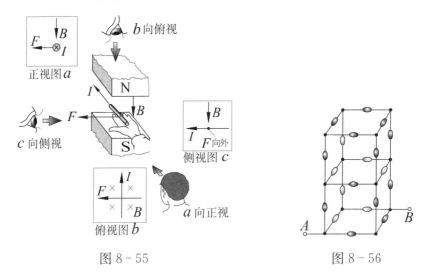

图 8 - 55　　　　　　　　　　　　　图 8 - 56

5. 变形式

在处理电路问题时,经常采用电路变形且完全等效的方法,使复杂电路变换成容易看出串并联关系的简单电路。其中常会用到数学中的拓扑变换方式,俗称橡皮模方式。在橡皮模上的电路元件只要相对位置不变,导线

(不计电阻)是可随着膜伸缩的,电路形状虽然发生改变,但串并联关系却不变。

如图8-56所示,立方体结构的每条边上都有一个1欧的电阻(点状物表示电阻,导线电阻不计),试问底端AB间的总电阻为多大? 先将立方体结构变化成上小下大的塔式结构,如图8-57(a)所示;再将它向下压缩成二维图,如图8-57(b)所示,M、N在一个等势面上,如果在AB间施加电压的话,处在这条线上的四个电阻a、b、c、d均无电流通过,所以可以去掉这些电阻;于是,电路可进一步简化成如图8-57(c)所示电路。最后,利用串并联电路特点,从里向外逐渐计算,即可求得总电阻为$\frac{11}{15}$欧。

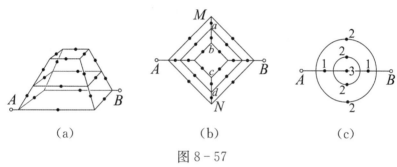

（a）　　　　　　　　（b）　　　　　　　　（c）

图8-57

6. 建模式

当学生不易理解某些现象或过程时,可画一个容易理解的模型加以说明,往往能够起到很好的效果。图8-58是共振摆实验,说明的是受迫振动与共振现象。图中支架顶部有绳或柔性横杆MN,其上面悬挂着摆长不同的三个单摆,其中A摆(质量较大)是策动摆,B、C摆跟着A摆一起振动。假如有一个与A摆摆长相同的摆,振幅将会达到最大,即发生共振(图中未画出)。而B、C摆做振幅较小的受迫振动,但周期与A摆相同。

这里学生感到困惑的是:B、C摆摆长各异,为什么周期却与A摆相同呢? 当然,我们可以这样解释:受迫振动稳定后其频率都应等于策动力的频率。但对于这

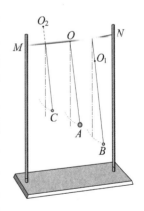

图8-58

种说法,学生仍然不太理解,可以考虑用等效摆长的方法来进一步解释:原来发生受迫振动时,摆的能量是靠软杆MN传递的。此时杆的各部分也在晃动,可以认为B摆在绕O_1点摆动,C摆在绕O_2点摆动,它们的等效摆长均与A摆摆

长相同,所以周期与 A 摆相同。这里就是靠画图来帮助学生深刻理解了这一物理原理。

7. 漫画式

漫画具有趣味性强的特点,学生看后印象会特别深刻。用漫画可以从正面直接阐述物理原理,也可以从反面来展示对物理原理的错误认识。许多著名科学家都非常喜欢用漫画来讲道理,如"薛定谔猫""麦克斯韦妖"等。

图 8-59 是一幅有名的物理漫画,名为"三人扛木过深沟"。假设他们三人的体重相同,有什么办法可以顺利扛木过沟? 当然,不能将圆木架在沟上人爬过去。比较认可的做法是用力矩平衡原理扛着木头过沟,如图 8-60 所示。图(a)中采用的方法是先让 A 过,再让 B 过,最后让 C 过,而圆木也在此过程中顺利过了深沟。这种方法看似很理想,但实际上很难做到,因为 A 凌空过沟时,B 担负着整个木头和两个人的全部重力。因此,A 要尽量靠近木头的前端,B 也适当靠前,让木头的重心偏后一些,这样 B 不必承担全部重力,也就减小了所承受的压力。

图 8-59

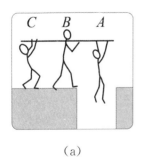 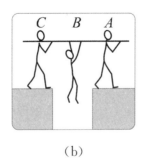 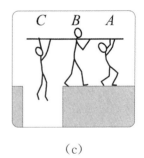

(a)   (b)   (c)

图 8-60

在图(b)中，B 处在悬空状态是最容易通过的，此时 A、C 各承担木头和 B 总重力的一半大小。

图(c)中的情况恰好与图(a)相反，做法也相类似。这个问题不但有物理意义，而且还说明了人与人之间相互协作的重要性，有合作共赢的意味。

图 8-61 是意大利漫画家曼格斯的杰作《反击》。画面很简单，一只啄木鸟在企图啄断一把大斧的木柄。作者的目的是借助物理说明一个大道理。题目叫《反击》决不只是说啄木鸟从斧头反面啄击斧柄的意思，其深刻含义是：人类用这把斧头砍光了树木、森林，使啄木鸟失去了家园及它辛勤工作的环境，作为树木的卫士它满腔愤怒，只能用自己的利嘴去啄断这把"恶斧"进行反击。所以说，这是一幅借鸟说环保的佳作。

图 8-61

作品也包涵着丰富的物理原理，啄木鸟的尖嘴啄击的面积很小，压强很大，所以很容易将斧柄啄断；斧是一根杠杆，一旦断柄，这个杠杆就无法再用来砍树了。

科 艺 融 通

将绘画融入物理教学是科学与艺术的结合。在教学过程中，不但要求教师能做到，也要求学生能做到，即能将抽象的描述用示意图、分解图、受力分析图、电路图、光路图……形象地表达出来，有助于理解和解决问题。

当然，也不是什么物理问题都要图示化、形象化。在培养学生抽象思维能力时，就不必画图辅助，而让他们去想象，特别是对于抽象能力很强的学生，过分的形象化反而会压缩他们的思维空间，不利于创新能力的培养。

参考文献

1. 教育部.普通高中物理课程标准[M].北京:人民教育出版社,2017.

2. 张越,冯容士.中学物理实验手册 [M].上海:上海教育出版社,2015.

3. 阿卜杜斯·萨拉姆国际理论物理中心.成为科学家的 100 个理由[M].赵乐静译.上海:上海科学技术出版社,2011.

4. 张越,徐在新.高级中学课本物理(试用本)[M].上海:上海科学技术出版社,2007.

5. 张越.生活·物理·社会——中学物理应用问题集[M].上海:上海科学技术出版社,2002.

6. 李政道.科学与艺术[M].上海:上海科学技术出版社,2000.

7. 宓子宏.生活与物理[M].上海:上海辞书出版社,2000.

8. 张越.神奇的压力[M].上海:上海科学普及出版社,1994.

9. 勃拉克.实用物理学(勃台物理)[M].蒋宪淞译.上海:世界书局发行,1938.

后　记

本书名《探物求理》意为"探索事物，寻求原理"，当然也有"探求物理"的意思。副标题是"手边物理实验、身边物理问题"，即表明本书由"简易物理实验"和"实际物理问题"两篇构成。前一篇强调的是巧做实验，后一篇突出的是善于应用，即力求通过这两部分内容来凸显"探物求理"的内涵。从核心素养培育的角度来看，这两部分内容都有形成物理观念、强调科学思维、重视科学探究的作用。

"简易物理实验"篇，主要描述的是手边的物理实验，所谓"手边"是指随手可得的小实验；"实际物理问题"篇主要阐述的是身边的物理问题，所谓"身边"是指贴近生活的小问题。衷心希望老师带领学生通过巧做这些小实验、回答这些小问题，以小见大，明晰其中蕴含的"大道理"，让学生感受到物理的有趣、有理和有用，从而激发学习物理的兴趣，提升动手实践能力和物理学科核心素养。这就是本书的宗旨。

"简易物理实验"，自从我高中学习物理时制成露点湿度计起一直是自己所好。走上教师工作岗位后，在吴瑞芳老师的提携下，参加了全国首届优秀自制教具评选活动；又在袁哲诚老师推荐下，与国内外同行进行多次展演、交流，使自己对小实验更加热爱。后来，参与上海科技馆展项设计，提供的方案也大都是简易物理实验。在市教研室陆伯鸿老师的邀请下，我曾经做过专题报告"物理处处有实验"，让我有机会全面总结了小实验的相关材料，从而成为本书的主要资源。

"实际物理问题"，主要源于我主编的《中学物理应用问题集》一书，以及市教研室徐淀芳主任让我负责修订的《初中物理练习部分》等许多资源。

为什么会想到写这两个主题呢？这是因为我在长期的听课中发现不少教师越来越不重视实验，尤其是高中老师，除了规定的学生实验、演示实验之外，几乎都以习题代替概念教学,代替学习过程,代替学习评价。学生们明显缺少感性认识,也不知道如何将所学知识应用到实际生活中,更不要说建模分析了。我们的学生在科技馆中走一圈,只看到奇怪的现象,不会问为什么。这跟国外将展品引进学校作为学生作业相比,相距甚远。我的愿望是:让学生通过"一把尺子一张纸、一辆车子一条路,将物理与世界连起来"。于是便萌发了撰写本书的冲动。

年迈多病的我怎么会重握鼠标写起本书?这要从九年前说起,《上海教育丛书》编委会曾建议我写本书,总结一下自己多年来的教学经验。当时书的提纲已列、材料也有了,但由于中学物理教材还有修改和培训任务,就此搁置了。近来空闲下来,在同仁们的鼓励下,才想到要了此心愿。在上海市教委教研室领导的支持下,用时九个月方能草成。

感谢上海市教委原副主任张民生在百忙之中为本书作序。感谢市教研室主任徐淀芳拨冗审读了书稿。感谢《上海教育丛书》编委会主编尹后庆、顾问夏秀蓉,以及宋旭辉等编委们为本书付梓倾注了许多心血。感谢陆伯鸿老师、管文川老师、戴金平老师对本书的编写提出了宝贵建议。感谢张溶菁老师为本书的进一步完善提出了合理而恰当的修改意见。感谢陈颂基老师为绘制插图付出了大量的时间和精力。感谢上海教育出版社副编审李祥,从编写和出版的角度给出了许多好的建议。此外,对其他一些帮助过的同行们,一并表示感谢!

本书也为青年教师提供了传承、借鉴、启示和参考的良机。鉴于编写时间仓促,有些材料可能相对比较老旧,所表述的也仅是个人愚见,一家之说,难免有误,敬请读者指正、包容。

张越

2020 年 3 月

上海教育丛书

反映先进教育思想和实践经验　传播教育教学智慧
体现上海教育改革发展的成果　引领教育教学改革

1994 年

上海普通教育史(1949—1989)　　　　　　　　　　17.20 元

　　吕型伟　主编

为了未来——我的教育观　　　　　　　　　　　　17.00 元

　　吕型伟　著

1995 年

耕耘散记　　　　　　　　　　　　　　　　　　　10.00 元

　　方仁工　著

语文教学新探——"双分"教学的理论与实践　　　　9.00 元

　　陆继椿　著

听力残疾儿童的语言教学　　　　　　　　　　　　12.00 元

　　银春铭　编著

班主任日记　　　　　　　　　　　　　　　　　　7.90 元

　　黄静华　著

1996 年

和校长教师谈教学　　　　　　　　　　　　　　　9.00 元

　　陆善涛　著

语文教学与智力发展　　　　　　　　　　　　　　7.50 元

　　周寿仁　著

幼儿心理素质教育　　　　　　　　　　　　　　　9.50 元

　　高志方　著

小学生心理辅导札记　　　　　　　　　　　　　　10.00 元

　　毛蓓蕾　著

1997 年

我和愉快教育　　　　　　　　　　　　　　　　　　　10.00 元

　　倪谷音　著

以物讲理和见物思理——谈谈中学物理的教与学　　　12.60 元

　　唐一鸣　著

语文教学谈艺录　　　　　　　　　　　　　　　　　　10.80 元

　　于　漪　著

青春期教育的实施　　　　　　　　　　　　　　　　　11.80 元

　　姚佩宽　著

幼教改革新探——"幼儿园综合性主题教育"探微　　　9.80 元

　　倪冰如　赵　赫　著

学校家长工作　　　　　　　　　　　　　　　　　　　9.30 元

　　高　峰　著

沿着未知的道路漫游——上海的 OM 活动　　　　　　9.00 元

　　陈伟新　陈玲菊　著

中学化学教与学的优化　　　　　　　　　　　　　　　10.50 元

　　何吉飞　著

少先队的自动化　　　　　　　　　　　　　　　　　　14.70 元

　　段　镇　沈功玲　著

我教化学课　　　　　　　　　　　　　　　　　　　　13.30 元

　　黄有诚　著

1998 年

走进幼儿绘画世界　　　　　　　　　　　　　　　　　9.50 元

　　李慰宜　著

文言文的教与学　　　　　　　　　　　　　　　　　　12.50 元

　　卢　元　著

家庭教育心理　　　　　　　　　　　　　　　　　　　11.00 元

　　吴锦骠　郭德峰　著

开发潜能　发展个性　　　　　　　　　　　　　　　　10.80 元

　　恽昭世　著

注重方法　自我发展——谈谈物理尖子学生的培养　　　　13.50 元

　　张大同　曹德群　著

情系操场　　　　12.70 元

　　李华丰　著

物理实验创造技法和实验研究　　　　11.50 元

　　冯容士　陈燮荣　著

探索中学英语教学成功之路　　　　8.80 元

　　陈少敏　著

思想品德课教学原则与方法　　　　9.30 元

　　顾志鸣　张振芝　著

培养数学思维能力的探索　　　　17.90 元

　　陈振宣　著

爱的奉献——工读耕耘手记　　　　8.85 元

　　周长根　著

集体的组织与培养——少先队工作回忆笔记　　　　9.60 元

　　刘元璋　著

献给孩子们的歌　　　　8.00 元

　　严金萱　著

中学历史课堂教学方法研究　　　　14.00 元

　　朱光明　著

1999 年

幼儿园"生存"课程的研究　　　　12.70 元

　　姜　勇　徐　刚　著

育人之路二十载——大同中学教改纪实　　　　9.30 元

　　王世虎　陈德生　张浩良　徐志雄　著

心与心的交流——走进小学语文教学的艺术殿堂　　　　8.50 元

　　张平南　著

中学数学思想方法的教学　　　　13.00 元

　　戴丽萍　著

跳跃的音符——唱游教学 10.50 元

  陈蓓蕾 著

和青年教师谈语文教学 11.00 元

  钱梦龙 著

让思想政治课充满活力 8.30 元

  浦以安 著

中、外幼儿教育的比较与实践 10.40 元

  钱 文 封莉容 主编

数学教师札记 12.50 元

  胡松林 著

青浦实验启示录 11.00 元

  顾泠沅 郑润洲 李秀铃 编

学会参与 走向未来 14.00 元

  张雪龙 著

感悟生命——谈中学生物的教与学 7.10 元

  王璨玛 著

2000 年

农村教育综合改革与燎原计划 12.70 元

  俞恭庆 著

小学科技活动课探索 9.50 元

  刘炳生 著

面向市场 主动适应——上海市竖河职校办学之路 9.30 元

  黄应义 著

绿色教育——中学环境教育的实践与认识 12.40 元

  周大来 著

2002 年

为了未来——我的教育观(续集) 26.00 元

  吕型伟 著

校舍建设 50 载 25.00 元

女校·女生　　　　　　　　　　　　　　　　　　25.00 元

　　徐永初　主编

探究学习与教师行为改善　　　　　　　　　　　　29.50 元

　　吴子健　编著

当好大队辅导员　　　　　　　　　　　　　　　　21.00 元

　　洪雨露　著

2008 年

有效教研——基础教育教研工作导论　　　　　　　49.00 元

　　赵才欣　著

现代学校解读与建构　　　　　　　　　　　　　　42.00 元

　　赵连根　等著

2009 年

语文名篇诵读　　　　　　　　　　　　　　　　　46.00 元

　　唐婷婷　著

用现在竞争将来——上海市南湖职业学校围绕市场办学的实践　　40.00 元

　　张云生　等著

搏动的讲台——我教思想政治课　　　　　　　　　35.00 元

　　秦璞　著

资优生教育——乐育菁英的追求　　　　　　　　　52.00 元

　　唐盛昌　著

2010 年

未成年学生不良行为的发现与教育调适　　　　　　30.00 元

　　杨永明　等著

园长的故事——幼儿园领导与管理案例　　　　　　48.00 元

　　何幼华　郭宗莉　黄铮　编著

视障教育——上海盲校百年印证　　　　　　　　　57.00 元

　　徐洪妹　编著

愉快学习　有效课堂——愉快教育学科学习设计的实践　　47.00 元

　　徐承博　等著

让每个学生在创造实践中成长   44.00 元

芮仁杰　丁　姗　著

走进游戏　走近幼儿   49.00 元

徐则民　洪晓琴　编著

我的语文修炼   35.00 元

王雅琴　著

2011 年

有效教学——金山区课堂教学实践写实   38.00 元

徐　虹　等著

教学生活得像个"人"——我的大语文教学   52.00 元

黄玉峰　著

寻找适合每个学生发展的教育之路——徐汇教育优质均衡发展

改革纪实   33.00 元

王懋功　等著

志高者能远行   50.00 元

鲍贤俊　著

满足儿童需要　成就幸福童年   35.00 元

郭宗莉　著

学校体育之心语   37.00 元

徐阿根　著

2012 年

陈鹤琴与上海教育   49.00 元

上海市陈鹤琴教育思想研究会　著

腾飞于沃土   39.00 元

任淑秋　刘夏亮　朱　瑛　编著

语文教学谈艺录(修订本)   36.00 元

于　漪　著

科技星星在这里闪烁   36.00 元

卢晓明　著

舞蹈追梦 57.00 元

  胡蕴琪 著

治一校若烹小鲜 49.00 元

  卞松泉 著

后"茶馆式"教学 43.00 元

  张人利 著

2013 年

缔造未来 60.00 元

  陈白桦 等著

家庭教育精选百例 35.00 元

  仲立新 唐洪平 编著

段力佩与育才中学 34.00 元

  陈青云 编著

"人之为人"的教育追求——我的育人思想与办学实践 46.00 元

  仇忠海 著

赵宪初与南洋模范 37.00 元

  高 屹 李雄豪 等编著

见证变革——站在上海基础教育转折点上 54.00 元

  尹后庆 著

2014 年

重规范 强实践 求创新——上海市全面实施中小幼见习教师
  规范化培训纪实 48.00 元

  上海市见习教师规范化培训项目组 编著

陶行知与上海教育 52.00 元

  屠 棠 编著

口述教改——地区实验或研究纪事 38.00 元

  顾泠沅 著

走向新优质——"新优质学校推进"项目指导手册 45.00 元

  胡兴宏 主编

墙外开花墙内香——委托管理与成功教育　　　　　　40.00 元

　　刘京海　著

生态寻梦——崇明县生态教育写真　　　　　　　　　39.00 元

　　黄　强　主编

2015 年

激发成长自觉——"中和位育"引领的求索之路　　　48.00 元

　　张建中　主编

2016 年

师道　匠心——特级教师给学生、家长和教师的 60 堂公开课　　72.00 元

　　上海市特级教师联谊会　上海教育杂志社　编著

上海课程改革 25 年(1988—2013)　　　　　　　　49.00 元

　　孙元清　徐淀芳　张福生　赵才欣　著

空间引发的学习变革——上海市市西中学"思维广场"解码　　38.00 元

　　董君武　方秀红　等著

中学化学教学设计　　　　　　　　　　　　　　　54.00 元

　　叶佩玉　著

2017 年

让孩子表现自己　让教师发现孩子——以幼儿自主学习为

　　核心的低结构活动探索　　　　　　　　　　　52.00 元

　　郑惠萍　编著

宝宝心语　　　　　　　　　　　　　　　　　　39.80 元

　　茅红美　主编

让每个学生创意翱翔——头脑奥林匹克活动 30 年　49.00 元

　　陈伟新　叶品元　等著

教育剧场——女中的创新课程　　　　　　　　　36.00 元

　　徐永初　主编

上海教研素描——转型中的基础教育教研工作探讨　34.00 元

　　陆伯鸿　著

让每一个孩子成为与众不同的自己　　　　　　　40.00 元

足迹(上、下)——上海教育故事   198.00 元

    《上海教育丛书》编委会 主编

2020 年

黄炎培与浦东中学   48.00 元

    倪瑞明 著

探物求理——手边物理实验 身边物理问题   56.00 元

    张 越 著

图书在版编目（CIP）数据

探物求理：手边物理实验 身边物理问题 / 张越著.
— 上海：上海教育出版社, 2020.7
（上海教育丛书）
ISBN 978-7-5444-9944-6

Ⅰ.①探… Ⅱ.①张… Ⅲ.①中学物理课 – 教学研究
Ⅳ.①G633.72

中国版本图书馆CIP数据核字(2020)第103548号

责任编辑 李　祥
封面设计 陆　弦
版式设计 陈　芸
内文插图 陈颂基　VEER图库　图虫创意

上海教育丛书
探物求理——手边物理实验 身边物理问题
张　越 著

出版发行　上海教育出版社有限公司
官　　网　www.seph.com.cn
地　　址　上海市永福路123号
邮　　编　200031
印　　刷　启东市人民印刷有限公司
开　　本　700×1000　1/16　印张 19　插页 3
字　　数　331 千字
版　　次　2020年7月第1版
印　　次　2020年7月第1次印刷
印　　数　1-10,000 本
书　　号　ISBN 978-7-5444-9944-6/G·8195
定　　价　56.00 元

如发现质量问题，读者可向本社调换　电话：021-64377165